大夏书系·语文之道

张正耀 著

# 领悟经典

## ——语文教学文本解读28例

华东师范大学出版社

上海著名商标

ECNUP

全国百佳图书出版单位

## [序]

## 收获领悟的幸福

我们一切的认知皆是事后的领悟。——里尔克

多年前我参加一个教学研讨活动，活动的主题是"如何准确解读文本"。大家的交流与讨论非常热烈，其中涉及了不少教学经典的解读问题。有的老师发言很尖锐，认为要突破一些相对固化思维的重围，还文本以本来面目，让文本自身来说话，要真正解读出属于文本的意义。这给我以很大的启发，并触发了我的一些思考。

犹记得刚步入语文教学"圣坛"时，我什么也不懂，对教材和教参中的说法深信不疑，对其中有可能存在的问题浑然不觉，对文本意义没有准确的教学定位。我全然不顾学生是欣然还是懵然、是茫然还是漠然的眼光，只知道拿着教材和教参精神抖擞、声嘶力竭地鹦鹉学舌，照本宣科。凭着对一些经典课文及其教参的烂熟于心，有时甚至不用备课也能上课了，因为有关文本的解读也已成为了"经典"，而我却在逐步丧失教学的激情。一段时间后，对一些经典文本的教学，我开始有了疑问：时代每天都在发生着快速的变化，有关作者和作品的资料时有新的发现，文本研究的成果也不断涌现，而一些教学经典的解读为何总是一副老面孔、一套老腔调呢？这激起了我对教

材分析的浓厚兴趣。渐渐地，我明白了：不管什么样的参考资料，只能供群体认知，而不能替代教学个体的见解，文本解读的主体应该是教师，而不是名目繁多的教参。教师不是教参的"搬运工"，也不是教参的"传声筒"，不能将教参奉为圭臬、匍匐于其下并顶礼膜拜，而要有完全属于个人的东西，进而拥有教学主体的存在感。为此，我试图改变以往在文本尤其是经典文本解读上的一些毛病：或将丰富的意蕴定于一尊，或使整体的内容支离破碎，或对明确的意旨莫衷一是，或就流传的误解人云亦云……因为我不想陷入文本误读、曲解的泥淖之中，不想失去自己的想法与判断。这样持续努力的结果是，我对一些问题也就慢慢地有了自己的认识与发现，当我意识到它们会给我的教学带来新的气息时，我的喜悦就非同寻常了。

转眼多少年过去了，我对教师与文本的关系，教师应该怎么去阅读、思考、分析、研究文本，教师怎么做才能对文本有自己的认知和领悟等问题又有了新的认识。文本是"教"之本与"学"之本的结合与统一，课堂教与学的主要任务就是教师和学生共同阅读与理解文本。无疑，阅读是基础，是条件；理解是目的，是根本。可我们恰恰在对文本特别是一些教学经典的理解上有着这样或那样的偏颇，它们影响了文本阅读的方向，致使课堂学习的航程偏离了文本的航向，使师生忘记了当初为什么出发；它们制约着文本阅读的质量，致使师生对文本的认识充满了乖谬，文本及其教学意义受到了损害，对学生思维的形成与发展造成了误导。所以，正确、准确、精确地理解文本不仅可以完成阅读任务，而且能够充分实现文本的教学意义，发挥文本的教学价值。要达到这样的目的，前提是尊重文本。只有从文本出发，切实依据文本所表现的生活情景和所抒发的情感，"披文以入情，沿波讨源"（刘勰，《文心雕龙·知音》），回到原点，回归常识，我们才能有真正的领悟，才能形成完全属于自己的认知，阅读教学才会更多地充满活气，拥有灵气。

收入本书的28篇文章，是我对部分教学经典进行个性化解读的尝试。其中有采用传统方法进行分析的，也有借助于现代文艺理论进行解构的。我试图用第三只眼睛去观、去读文本：读形象，读语言，读意蕴，读情思……

但"卑之无甚高论，多为常识而已。若觉可怪，是因为此乃一个常识稀缺的时代"（梁文道语）。所幸的是，这些"常识性"解读，多数直接来自我的实践体验，有的则间接得之于我的课堂观察，都是我的真实见闻和真切感知。

俄国诗人伊凡·亚历克塞维奇·蒲宁说："我们缺少领悟和见闻，而幸福只给予能领悟的人们。"我不敢说我属于"能领悟"的人，那需要木心所说的头脑、心肠、才能，而这些正是我所缺乏的，但我极力想收获并享有这样的幸福，因为我要的是，在教学的天空中自由地呼吸和思想。

是为序。

张正耀
二〇一七年四月于板桥故里楚水居

# 目录

## [1]

# 生存尊严的丧失

## ——孔乙己人生悲剧的另一种观看

英国作家阿兰·德波顿认为，在社会生活中，每个人都有自己的身份，也就是说都具有自己在世界中的地位。但由于种种原因，我们对自己的身份却充满了焦虑。这是因为，"身份的高低决定了人情冷暖"，所以"我们每个人都唯恐失去身份地位，如果觉察到别人并不怎么喜爱或尊敬我们时，就很难对自己保持信心"。（阿兰·德波顿，《身份的焦虑》）当这样的情景到了遭致怀疑甚至羞辱的地步，我们也就必然会失去自己的生存尊严。俗话说"树要皮，人要脸"，要想保持一个人的"自我"或"自我形象"不受损害，拥有生存的尊严才是最根本的，而这种尊严又只能源自外界对我们的尊敬，否则我们就只能陷于不断的痛苦之中，乃至命运的万劫不复之中。以这样的视角来观看孔乙己的人生悲剧，我们自然会获得一些新的认识。

从作品所描写的人物生活看，能够对孔乙己生存尊严产生影响的有这样几个因素：衣着打扮，从事职业，话语特征，为人方式。

## 一、衣着打扮

衣着打扮是人物性格特征的外显，它往往能够折射出人物的身份、职业、经济状况、社会地位、生活命运等情况。鲁迅对人物的刻画是非常注意其外貌的，如他在《祝福》中对祥林嫂的三次肖像描写，不惜笔墨对其所穿的"蓝夹袄""月白背心"等进行了反复的描绘，形象地刻画了一个生活在社会底层的劳动妇女的悲惨形象；《故乡》中他描写"头戴一顶小毡帽""颈上套一个明晃晃的银项圈"的少年闰土与"头上是一顶破毡帽，身上只一件极薄的棉衣"的中年闰土在形象上的极大反差，所体现出来的是人物在生活重压之下所呈现的状况，令人难忘。但祥林嫂和闰土的衣着打扮却不像孔乙己的长衫那样，具有极为非凡的意义。

孔乙己给人印象最深的就是那一袭长衫。短衫代表贫穷与卑贱，长衫则意味着富裕与高贵，它往往成了一种身份的象征（有趣的是鲁迅自己也是着长衫的，我们看到民国时代许多知识分子的"正装"也都是一袭长衫）。可惜的是那件长衫"又脏又破，似乎十多年没有补，也没有洗"。这是非常具有反讽意味的。如此之"脏"，当然可以认为他非常懒惰与邋遢，不修边幅却要充斯文，但从另一个角度看，这不正说明了他没有其他衣服可以换洗，生活艰难与窘迫吗？如此之"破"，当然也可以说他缺乏基本的生活能力，连衣服破了也不会补，但不也可以说明他缺少家庭的关爱，生活孤独与凄苦吗？可如此不堪入目的长衫，他为什么还要穿在身上呢？这是因为他要成为一个与众不同的人："站着喝酒而穿长衫的唯一的人。"在所有的"短衣帮"和"穿长衫"的人看来，他的这一装束既无法理解，也令人厌恶；但对孔乙己而言，却有着极为深远的影响，因为他想在社会上扬名立万，他想拥有一个与读书人身份相应的地位，他想引起别人对他的关注与尊敬。于是，他对一些有可能会影响到他身份及声望的不利因素（如穿短衫）就怀有极大的排拒乃至恐惧心理，而长衫却是可以为他带来一定的心理安慰的。不幸的是，因为贫困，他只能就着几颗"茴香豆"而"站着喝酒"；但为了自己的体面，他却必须穿着又脏又破的长衫，这是他在社交场合的"礼服"。这是他对自己的某种期望，也是对自我身份的顽固坚守，还是对自我命运的不屈抗争，以及对世俗眼光的不屑一顾。

毫无疑问，那些站着喝酒的"短衣帮"的生活情景在孔乙己看来，是没有什么实际意义的，他们的生活，是令他感到耻辱、肤浅、低贱或丑陋的，他想要同他们区分开来。他的生活中应该有更为重要的东西，而如果他缺乏了那些东西，就没有人会认为他值得尊敬，他也就不会过上心理上舒舒坦坦的生活。这在孔乙己来说必不可少的东西，正是按照传统文化习俗，少了它，就会觉得影响甚或损害读书人体面的长衫。没有长衫，则表示他已经穷到了丢脸的程度，更何况，一个人如果没有做极端的坏事，是不会那样穷的。这也就不难理解，鲁迅为什么在他最后一次出场时，特意交代一句："穿一件破夹袄"。由于极度贫困，他不得不脱去了那件他视为自己脸面的长衫，而沦为了他自己不愿也不屑为伍的"短衣帮"。前后变化的对比，折射出他思想的无奈转变，他不得不在残酷的现实生活面前低下了那高傲的头颅。这是他贫困状态的最根本特征，也是他陷于贫困之后最感到痛苦的地方，他失去了体面，随之也失去了尊严，这使他产生了极大的羞耻感。所以，当酒店掌柜向他讨要酒债时，他是那样的"颓唐"；取笑他的时候，他"却不十分分辩"；甚至于他用"恳求"的眼色希望掌柜"不要再提"他偷窃的事情，因为那是对他良好人品的怀疑与否定。

鲁迅对孔乙己衣着的描写，充满嘲讽的语言背后是不堪的辛酸。孔乙己想拥有华丽的外壳，但却给他带来无尽的屈辱。他想借此换来他人的尊重，但其人格却受到了更大的践踏。一件长衫，既反映出孔乙己独特的心理状态，又折射出了文化习俗在人们生活中的巨大影响。


## 二、从事职业

孔乙己到底是干什么的？恐怕没有人能说清楚。与众多的短衣帮相较，读过书，会识字，这是孔乙己引以自豪的事情。所以当有人竟"无知"到质疑他"你当真认识字么"的时候，孔乙己知道这是对他的轻蔑，而人在受到轻蔑时是非常容易受到伤害的，他要维护他的读书人身份，使其不受侵犯，这是他人生战场上的盔甲，于是他显示出了"不屑置辩的神气"来维护自己的尊严。即使人们责难他"偷窃的事"的时候，他也用"读书人的事，能算偷么"来捍卫读书人的荣誉。但他却没有取得读书人梦寐以求也是能够引以为傲的功名。这在一个精英崇拜的时代里是一件非常可怕的事情。在势利者眼里，一个人的社会地位和人的价值之间是完全画等号的，而才识往往能影响或决定他在社会上的地位，换言之，一个人如果没有相当的才干，他不可能有较高的声望、优裕的生活。而衡量一个读书人才干的标志，就是"进学"，可惜的是孔乙己"连半个秀才也捞不到"，这是他人生的最大失败，也是他心中永远的伤痛。人们的这一谴责，击中了目标，他"立刻显出颓唐不安模样，脸上笼上了一层灰色"。这是随失败而来的耻辱感：他虽然尽力而为了，而且他也觉得这关涉他的自尊和成就感，但是最终他却没有能够使社会上的人们信服他的价值，并因此而自惭形秽。他不但没有达到读书人的职业目标，甚至没有能力养家糊口，"愈过愈穷，弄到将要讨饭了"，这就使他完全丧失了自己应有的读书人的身份及其带来的尊严。这种情况同样给他造成了极大的痛苦。

百无一用是书生，孔乙己自然是"不会营生"的，而读书人的慵懒散漫的习性又深深地影响了他，所以他也必然是做不好抄书匠的。迫于生计，他竟无视自己读书人的身份，"降贵纡尊"地由上九流的文人而做起了下九流的偷儿才做的事——"偷窃"。这使他在"抄书匠"之外，又多了一个"小偷"的身份。这是极无自尊的一种身份。他的这一劣迹，并非为了自己的人生理想，也不是去努力缩小实际生活与对自身期待之间的差距，不可能得到人们的同情与悲悯。所以当他脸上带着如祥林嫂般大家以为耻辱的记号的伤疤出现在人们面前时，遭到了人们一致的苛刻而没有丝毫宽恕的指责与嘲弄。恐怕孔乙己至死也不会明白，读书人这一他努力维护的身份，不仅没有给他带来任何的荣耀，相反因为致命的失败，而受到了人们苛刻的品头论足，为他带来的只是羞辱；人们的这种对待失败的毫不宽容的态度，竟使得孔乙己的所作所为丧失了获得同情的权利。孔乙己应该明白：一个人的身份及由此带来的评价与德行有着紧密的联系，他要想获得人们的尊重，就必须面对人们的质疑——为什么他自认为从哪方面看都是优秀、聪明和有能力的，但却仍然那么贫困与痛苦，甚至做出为人所不齿的事情？

由此延伸开来，我们也就会对鲁迅在《药》中所刻画的康大叔有了新的认识：

驼背五少爷话还未完，突然闯进了一个满脸横肉的人，披一件玄色布衫，散着纽扣，用很宽的玄色腰带，胡乱捆在腰间。刚进门，便对老栓嚷道："吃了么？好了么？老栓，就是运气了你！你运气，要不是我信息灵……。"

由于身份特殊、职业敏感，康大叔尽管穿戴如黑社会中的小混混，也谈不上"讲究"与"体面"，但与孔乙己不同的是他身上所体现出来的优越感却很充分。这是因为，他所从事的虽然是一项为人所不齿的职业——杀人的刽子手，但由于所代表的是封建专制政权，以及所显现出来的横暴与凶残，人们除了"敬畏"，不会对他卖人血馒头这一残忍而愚昧的行为表示怀疑，相反还要如华老栓夫妇一样地对他感激涕零了。

## 三、话语特征

为了隐藏自己的失败，孔乙己只有夸大自己的优势。这是因为他的命运经常取决于他人的观点，而并不取决于事实，所以他时刻注意给别人留下一种很不一般的印象。这个优势就是他所掌握并运用的语言，"他对人说话，总是满口之乎者也，教人半懂不懂的"。这不是他说胡话，而是他生存的一种方式。可怜的是，像他这样自以为应该得到周围人们尊重的读书人，却连一个完整的姓名也没有，除了姓之外，就只有一个绰号。对人的称呼可以反映出一个人是否受到尊重以及受到尊重的程度，而鲁迅作品中有的悲剧人物，是没有完整的姓名的，典型的如阿Q、祥林嫂等，他们的卑微地位与悲惨命运可想而知。小说中没有具体说孔乙己对这一绰号的态度，但人们称其绰号时他没有反感，可见他是认可的。这"上大人孔乙己""半懂不懂的话"与他的话语特征一脉相承，如出一辙。

他所说的在别人"难懂""不懂"的话，在他正是自鸣得意之处。他充分运用这样的语言工具，这是他独有身份的象征，他想借此来炫耀自己的身份和学问；同时这又是他抵御外界进攻的武器，比如他用"君子固穷"之类做挡箭牌来掩饰他的失败，他有意混淆"窃"与"偷"的字面意义，为他的卑劣行为作辩解，似乎一有了读书人的身份，连"偷窃"也成了光明正大的事情。那些固化的文言语句，已成为他的"拜物教"。他不懂得这样的道理："一些素质和技能在一个地方能够带来较高的社会地位，而在另外一个地方则有可能变得无关紧要或为人不齿。"（阿兰·德波顿语）文化修养对那些身份显赫的"丁举人"们、对那些以读书为业并以此能够过上体面生活的真正可以穿长衫的人而言，确实是一种值得称道的素质，但如果将它运用于以短衣帮为主的日常生活中，就显得迂腐不化和缺乏理智。在日常交往的场合，他不合时宜地运用了一些书面语汇甚至是已死去的语言，如他对小伙计说"回字有四样写法"，完全是一种吹毛求疵的说法；对一群孩子说"多乎哉？不多也"，则是一种不当的语言。这些不仅不能给他带来预想中的尊重，反而会遭致更多的嘲讽，给他带来更多的羞辱。

通过语言刻画来达到形象表现人物性格、更加细致地表现人物内心世界的手法，鲁迅用得是比较多的，手法也是相当高超甚至绝妙的，对此我们可以进行比较赏析。如他反复地让祥林嫂复述"阿毛的故事"，那"我真傻……"的讲述开头，既是她语无伦次的表现，更是她想通过自己的反复讲述，引起他人的同情与关注。虽然她的本意可能不是想引起人们对她的关注，但有人听她说话，听她倾诉自己的苦难，而且在一定程度上，她已成了一个话语中心，使她的心理得到了某种虚假的安慰，也使她的精神得到了片刻的满足。但她与孔乙己如出一辙，这种反复"咀嚼"的复述，除了开始所获得的一丝廉价的同情，后来就成了人们取笑与嘲弄的话头，换来的不再是愁容与泪水，而是厌烦与冷漠。

## 四、为人方式

作为一个曾经的读书人，孔乙己拥有读书人的许多特点，如上文提到的穿长衫招摇过市，用自欺欺人的方式来显示自己的体面生活，求得名声并扩大影响；虽站着喝酒但仍然对短衣帮群氓们不屑一顾，来表示自己的清高与孤傲；说一些别人不懂的话以示有学问，来体现自己的高人一等、非同一般等。这些实际上也是他为人的种种方式，其行为上傲慢的背后藏着的无非就是恐惧。由于总是感觉自己不如别人，因此才要想方设法让别人觉得他不如自己。除此，他在其他方面也都是注意他的读书人形象的。比如他的举止是文雅的，"排出九文大钱"绝不是显示阔绰，而是一种不紧不慢的斯文，即如最后一次，也是"摸出四文大钱"，而非随便的"掏""丢""扔"。他的品行比所有人都好，因为他"从不拖欠"，虽然偶尔赊账，但也不会拖很长时间，即使无钱还酒债，也作出"下回还清"的承诺，并不再增加新的欠债。对他人的嘲笑，虽然也很气恼和沮丧，但除了为自己的"清白"气急败坏地辩诬外（那涉及对他的人格侮辱），他连高声大气也没有，尽管他生得并不弱小，他几乎早就明白"鸡同鸭讲"是无法讲清道理的现实，这又表现出他与人相处的和善与温顺。

小说中有两处写他不合时宜的举动，也是他人性闪光的一面：一是他在别人的讥笑声中分茴香豆给孩子们吃，这就注定了这一举动的悲剧性。似乎在与孩子们的分享中，他体会到做一个"施舍者"而受到的欢迎，但他没有能够充分享受这份愉悦，因为他的豆子"不多不多"，于是他的好意行为带来的是又一场哄笑。二是他知道不能与大人们谈天，"便只好向孩子说话"，殊不知孩子在那样的环境里，必然已沾染上了世故与冷漠。所以尽管他的态度是那样的"恳切"，情绪是那样的"高兴"，方式是那样的循循善诱、语重心长，但面对"我"的不冷不热，颇不耐烦，也只好"叹一口气，显出极惋惜的样子"而走开了。这使他倍加受伤，因为他自己似乎也已经知道，连孩子也把他作为一个"玩物"看待：孩子们关心的要么是有豆子吃，要么是他来了以后"可以笑几声"。几乎没有人把他当作一个读书人来看，甚至在很多时候，都不把他当作一个正常的人来看。

正如美国著名的心理学家威廉·詹姆斯所说："对一个人最残忍的惩罚莫过如此：给他自由，让他在社会上逍游，却又视之如无物，完全不给他丝毫的关注。当他出现时，其他的人甚至都不愿稍稍侧身示意；当他讲话时，无人回应，也无人在意他的任何举止。如果我们周围每一个人见到我们时都视若无睹，根本就忽略我们的存在，用不了多久，我们心里就会充满愤怒，我们就能感觉到一种强烈而又莫名的绝望，相对于这种折磨，残酷的体罚将变成一种解脱。"《孔乙己》所反映的正是这样一种现实，它"写出了具有普遍人性意义的人与人之间的漠不关心，一种痛心的凉薄"（孔庆东语）。孔乙己为人方式的价值是什么？是他能给大家带来笑声。问题是他自己并不知道这一点，他并没有认真地听取人们对他可笑甚至带点可耻行为的合理批评，对人生的失败也不敢承担应有的责任，而仍然在为自己的行为进行辩护或孤芳自赏。他更不知道，周围没有人会愿意认真推敲对他的态度与看法，人们只是将自己的认识和评价建立在一些直觉、感情和习俗之上。这也就不难理解为什么虽然"孔乙己是这样的使人快活，可是没有他，别人也便这么过"的真正原因。这是鲁迅的高妙之处，因为他由此让我们了解和认识了"公众舆论"的缺陷与可怕。不仅孔乙己是这样，祥林嫂也同样如此，当"公众舆论"对她再也没有她所预想的同情与关爱，而相反是质疑、嗤笑甚至是指责的时候，她的人生命运也就走到了尽头，她的生存价值也就彻底地没有了。

还是阿兰·德波顿说得好："很少有人只是一味地追求高雅情趣，也很少有人只是耽溺于奢华享乐，但我们每个人都渴求一种生存的尊严。"孔乙己的人生悲剧就在于：他的一言一行、一举一动都竭力想拥有一个受人尊敬的身份，那意味着他能够获得别人的尊重，但他也许永远也不会明白，正是他对自我身份的顽固坚守，使他一直处于极度的焦虑之中，这种焦虑犹如一剂慢性毒药，一步一步、一点一点地侵蚀着他的生活、思想与灵魂，以致他陷于生存的绝境。这种焦虑带来的严重后果是，由于他赖以立身的事业上的致命失败，他遭致了别人对他的极大的不信任，这为他带来了许多的屈辱，使他的精神备受折磨。终至没有人关心他是否活着，没有人去倾听他的声音，没有人宽宥他的过失，更没有人照顾他的需求。总之一句话，他的生存尊严已丧失殆尽。

## ［2］

# 情意表达的圆融周至

## ——《药》语言片段赏析

鲁迅是语言艺术大师，他的小说语言是叙事语言的典范。读他的小说，我们印象最为深刻的是取喻独特、生动形象，比如他笔下的孔乙己、阿Q，包括他在《故乡》中给杨二嫂取名为"豆腐西施"与"圆规"，甚至给代表不同生命力量的人物取名为"闰土"与"水生"，都充分体现了他语言运用的艺术匠心。不仅如此，他更多的是注重一些细部的描写，通过丰富、逼真、传神的语言，运用不同的表现手法，形象刻画出人物的特征，表达其不同凡响而深刻的意蕴。这在他的《药》中表现得特别充分。其中精彩的人物语言和丰富的心理展示应该成为我们引导学生重点赏析的内容。

关于赏析什么样的语言和如何赏析，叶圣陶先生曾经为我们指明了正确的路径："第一步在对于整篇文章有透彻的了解；第二步在体会作者意念发展的途径及其辛苦经营的功力。"这样的"功力"体现在"使情意与文字达到个完美的境界"，就是"使情意圆融周至，毫无遗憾，而所用文字又恰正传达出那个情意"。（《叶圣陶语文教育论集》）沿着这样的思路，我们在引导学生阅读理解《药》时，应该在品味语言、揣摩情意方面下功夫，让学生认识与把握鲁迅表达情意圆融周至的高超艺术。

# 一、"笑嘻嘻"的背后

作为一个悲剧故事，小说中写华老栓夫妇"笑"的语句不多，主要集中在第三部分，其中有人物的观感和判断，也有直接的叙述。我们先来看人物的观感和判断：

"老栓，你有些不舒服么？——你生病么？"一个花白胡子的人说。
"没有。"
"没有？——我想笑嘻嘻的，原也不像……"花白胡子便取消了自己的话。

花白胡子根据以往的经验，发现华老栓神情与往常有所不同："提着大铜壶，一趟一趟的给客人冲茶；两个眼眶，都围着一圈黑线。"华老栓天不亮就赶往刑场给儿子买"人血馒头"，回来之后就忙着烧给儿子吃，又要忙着张罗店里的生意，其身心疲惫的程度可以想见。不仅如此，因为儿子的病，他们夫妇一直经受着精神的折磨，最后狠心拿出了自己积蓄多年的"一包洋钱"，去买了传说中治疗"痨病"的"良药"。"人血馒头"的成功买得，给他带来了生活的希望："他现在要将这包里的新的生命，移植到他家里，收获许多幸福。"当儿子吃下那"乌黑的圆东西"时，他和妻子一边一个站在儿子的旁边，"两人的眼光，都仿佛要在他身上注进什么又要取出什么似的"。这就是他为什么会"笑嘻嘻"的内在原因，他仿佛看到了新的希望，而这种心理状态他又不自觉地显露了出来。读者完全可以想象得出，当花白胡子这样说老栓的时候，老栓的神情表现肯定是发自内心而带点得意的状态，这使花白胡子竟然很快对自己的判断进行了修正。而这也为后面康大叔的揭开"谜底"作了很好的铺垫。

直接叙述他们"笑"的内容主要出现在康大叔来到茶馆之后：

（康大叔）刚进门，便对老栓嚷道："吃了么？好了么？老栓，就是运气了你！你运气，要不是我信息灵……"

老栓一手提了茶壶，一手恭恭敬敬的垂着；笑嘻嘻的听。满座的人，也都恭恭敬敬的听。华大妈也黑着眼眶，笑嘻嘻的送出茶碗茶叶来，加上一个橄榄，老栓便去冲了水。

面对康大叔的喧嚷，华老栓和华大妈不仅对他表现得"恭恭敬敬"，而且还都"笑嘻嘻的听"。老栓夫妇对康大叔是发自内心地感激，因为他"信息灵"，为他们带来了"好运气"，可以买到为儿子治病的"人血馒头"。尽管他们为此付出了不菲的"信息费"，但善良的他们明白"知恩图报"的简单道理，所以对康大叔提供信息是非常感谢的，这让他们原先对康大叔特殊身份与地位的尊重或敬畏有了一层温情的光泽。华大妈虽然也与老伴一样因心事重重、睡眠不足而"黑着眼眶"，但她不仅为康大叔"送出茶碗茶叶"，还特地为他"加上一个橄榄"，这些看上去不经意的动作，都形象地呈现出人物的心理。尽管她因为听到"痨病"两个字，而脸色变得不好，"似乎有些不高兴"，"但又立刻堆上笑"，因为她无论从哪个方面去认识，都应该为儿子的"运气"，为儿子因此可能就会痊愈而高兴。

"笑嘻嘻"的背后，是他们的人生希望得以升起，生活幸福能够寄托，对愚昧的他们而言，儿子就是他们后半生乃至下世的物质和精神的依靠与安慰。为此，尽管是吃死人的血这种极端残忍的事，良善的他们也做得出来，并且不以为非，反而认为是自己儿子的"运气"，做得理所当然，做得心满意足，做得洋洋得意。这样的描写，可谓力透纸背，气足神完。

## 二、咳嗽声声蕴意深

次要人物华小栓，整体描写着墨不多，特别是正面描写的文字很少。但鲁迅先生却不惜笔墨侧重写了他的行为特征——一个得了"痨病"的少年那一声声撕心裂肺的咳嗽。这些咳嗽声，可谓声声入耳，不断叩击着我们的耳鼓，给我们留下了极为深刻的印象；这些咳嗽声，正可谓声声传情，既形象地说明了华小栓的病情及其发展变化情况，又预示了华小栓年幼生命、短促人生命运的悲剧结局，对故事情节的推动和小说题旨的揭示都起到了不可忽视的作用。

秋天的后半夜，月亮下去了，太阳还没有出，只剩下一片乌蓝的天；除了夜游的东西，什么都睡着。

华老栓却在这时忽然起来了，他为什么在这个时候起床？他要干什么？鲁迅借他的老伴儿华大妈的口透露了一点信息："小栓的爹，你就去么？"原来，他是要去做一件事情，但做什么事却没有交代。就在这时，"里面的小屋子里，也发出一阵咳嗽"，这"一阵咳嗽"在静寂的夜空里，是那样的清晰而刺耳，这既向我们介绍了华家的另一个成员，又使我们产生了疑问：这是谁？他怎么会发出"一阵咳嗽"？这"一阵咳嗽"与华老栓的行动有关联吗？当老栓接过老伴儿"掏了半天"的一包洋钱，预备出门但又走进里屋时，"那屋子里面……便是一通咳嗽"，由"一阵咳嗽"到"一通咳嗽"，绝非避免语言的重复，而是说明华家这一成员的咳嗽的非同寻常，其频率之高，其程度之深，都似乎在向我们暗示着什么。

开篇就连续两次写到咳嗽，实际上是要使老栓的行动与这咳嗽构成逻辑上的联系。从故事的发展部分，我们就可以非常明确地知道，为了医治儿子的咳嗽，怀着生存的希望和信心，在这样一个秋天的暗夜里，华老栓上路了。但有谁能够把他心头上儿子咳嗽的声音清除掉呢？可以说，是儿子的咳嗽声催促了他非常的行动，也是儿子的咳嗽又使得他的行动多少带有那么一份盲目。这就为刚开始的故事笼上了一层阴影，一个凄惨悲凉的故事就这样在咳嗽声中拉开了序幕。

被视为能够给老栓一家"收获幸福"的"新的生命"——"人血馒头"买回来了。当小栓吃下那"自己的性命"一般的"全忘了什么味"的"人血馒头"时，他看到他的父母那专注企盼的眼光，"仿佛要在他身上注进什么又要取出什么似的"，不知怎的，小栓有了一种莫名的紧张。小栓是一个很懂事的孩子，他知道父母对他的关爱，他甚至有点受不了父母那种急盼的爱怜的目光，于是他"禁不住心跳起来，按着胸膛，又是一阵咳嗽"。父母的爱心和抚慰，不仅没有减轻他的病痛，相反地对他产生了一种心理上的压力。无疑，小栓"按着胸膛"的不断"咳嗽"，成了老栓的心病，这也多少使老栓买"药"后的兴奋激动的心情冷却了些许，给他的心灵造成了更大的阴影，暗示了他愚昧行动的悲剧结局。

当康大叔对老栓夫妇卖弄地炫耀夸口"包好，包好！……这样的人血馒头，什么痨病都包好！"时，"里面睡着的小栓也合伙咳嗽起来"。细细推测，这"合伙"并非"呼应"和"附和"康大叔的嚷叫，而是对康大叔一种无言的抗议和反对，是对康大叔一种无言的讽刺。小栓的当即回应——咳嗽，也正说明了"人血馒头"的无效。

当一群游手好闲、麻木空虚的茶客，在茶馆里热烈地谈论着"人血馒头"时，小栓也"趁着热闹，拼命咳嗽"，他夹杂其间的声声咳嗽，与茶客们的热烈谈论虽极不相谐，却相映成趣，他不合时宜的咳嗽不时打断康大叔唾沫横飞的乱嚷乱叫。这阵阵咳嗽一声又一声，一声接一声，声声刺耳，声声令人揪心。无疑，小栓的病在这阵阵咳嗽声中渐渐加重了，他"两手按了胸口，不住的咳嗽""拼命的咳嗽"，形象地预示了小栓病症的不可治愈，打破了康大叔的无稽谎言，宣告了老栓无知行为的彻底失败。一个年幼善良、无邪美好的生命，就这样被愚昧的人们令人痛心地葬送掉了。

统观全文，小说中对小栓咳嗽的描写，主要采取了"穿插进行"的方式，运用的是局部特写的手法，与人物的主观愿望形成了强烈的反讽，可谓匠心独运，给我们留下了深刻的印象。在几分悲悯、几分同情、几分激愤的情绪中，艺术地再现了特定地域落后文化的不可理喻，人物命运不可挽救的惨痛景象，从而使"小人物"的命运与特定时代、历史命运产生了密切的联系，生动地表达了深广的主题。

## 三、夏四奶奶的"踌躇"与"羞愧"

来年的清明，夏瑜的母亲为儿子上坟，小说中这样写道：

小路上又来了一个女人，也是半白头发，褴褛的衣裙；提一个破旧的朱漆圆篮，外挂一串纸锭，三步一歇的走。忽然见华大妈坐在地上看他，便有些踌躇，惨白的脸上，现出些羞愧的颜色；但终于硬着头皮，走到左边的一坐坟前，放下了篮子。

"半白头发"，"三步一歇的走"，说明这是一个年老体衰的母亲；"褴褛的衣裙"与"破旧的朱漆圆篮"又告诉我们她的生活状况是如此的窘困，虽然那"朱漆圆篮"，包括人们称她为"夏四奶奶"，似乎还可以透露出家族以往的兴旺、富足与尊贵，但那已随儿子因"反大清"的"叛逆"行为被杀，而一去不复返了。按理说，"白发人送黑发人"的悲痛，完全可以自由、尽情地宣泄出来，但她却在发现有人看她时显得"有些踌躇"，不仅行动上迟缓了下来，就连显示悲哀的"惨白的脸上"，也"现出些羞愧的颜色"，最后不得不"硬着头皮"走到非常"难看"的儿子坟头。那么她为什么会"踌躇"并"羞愧"呢？

儿子是被朝廷杀害的，因为他犯了"反大清"这杀头的罪名，而与朝廷、皇帝为敌，这在传统的政治伦理中是"大逆不道"的；对儿子所从事并因而献身的"革命"行动，她是无法理解的，既然儿子被广泛的社会舆论认为是"乱臣贼子"，她怎么会"光荣""骄傲"与"自豪"得起来呢？由此而造成的"亲戚本家早不来了"的状况，孤立、冷眼、歧视甚至欺凌及其所造成的落寞与苦痛，长时间地咬啮着这位老母亲的苦痛的心。更何况，他们的家族地位原本不低，这从夏瑜的叔父人们都敬称为"夏三爷"也可看出，儿子死后应该安葬在有身份之人的坟地里，但现在自己的儿子只能埋在"死刑和瘐毙"者的坟地里，这又让她情何以堪？所以"踌躇"并"羞愧"就成了她自然的情绪表露。有人认为这是反映了夏瑜的革命"严重脱离群众"，应该动员他的母亲一起参加"革命"，这已经离开了特定的历史语境，现实中是绝对不可能发生的事。

当然，出于母亲的本能，她认为儿子是"被冤枉"的，是被包括叔父在内的人"坑"的，所以她自然会诅咒他们"将来总有报应"，但这不能视为她的"革命觉悟"，而是出于一个母亲对儿子的朴素情感。"一圈红白的花，围着那尖圆的坟顶"，多多少少慰藉了她那颗伤痛的心。虽然她因之更加不明白了："这没有根，不像自己开的。——这地方有谁来呢？孩子不会来玩；——亲戚本家早不来了。——这是怎么一回事呢？"新的不解乃至恐惧又围绕在她苦痛的心头，增添了她新的烦恼与忧虑。

## 四、华大妈 "卸下了" 什么 "重担"

小说的结尾，有这样一句：

华大妈不知怎的，似乎卸下了一挑重担，便想到要走……

俗话说 "看似平常却奇崛"，这是一句看似平常，其实蕴含丰富意思的话。每读至此，都不禁让人生疑："华大妈有什么'重担'"？

在乍暖还寒的清明节，"杨柳才吐出半粒米大的新芽"，天明还不久，而来为爱子上坟的华大妈 "已在右边的一坐新坟前面，排出四碟菜，一碗饭，哭了一场"，丧子之痛强烈地折磨着这位慈母的心，她 "呆呆的坐在地上；仿佛等候什么似的，但自己也说不出等候什么"。此时的华大妈，触景生情，自然想起自己的儿子，她多么希望儿子再机灵活泼地站在她的面前，在她的幻觉中，似乎又在模糊泪光里化出儿子瘦弱的身影。她也许在设想儿子在 "阴间" 里的生活景象，她也许在设想她和老栓后半生的孤独而凄凉的生活该怎么度过……她在 "等候"，她在企盼，盼望所谓的 "神灵" 出现，奇迹诞生，给她以惊喜和慰藉。

但不幸的是，非但没有什么奇迹的出现，相反地，与小栓的坟临近的夏瑜的坟上竟 "分明有一圈红白的花，围着那尖圆的坟顶"，那些红白的花虽 "不很多"，也 "不很精神"，但 "圆圆地排成一个圈"，"倒也整齐"。相比之下，小栓的坟上 "只有不怕冷的几点青白小花，零星开着"，这使得这位善良的母亲 "不觉" 吃了一惊，随即感到 "一种不足和空虚"。她的内心多么希望小栓的坟上也有那 "一圈红白的花"，以示神灵和自然对小栓的惠顾，但小栓竟没这样的好运！这无疑在这位悲痛的母亲心上扎了一刀！

华大妈原不知，也不识自己的儿子所吃的 "药" 竟是蘸了因 "造反" 而被杀死的革命者夏瑜的血，只是从康大叔口中才得知 "夏四奶奶的儿子" 杀头的血。"夏四奶奶" 是谁？她的儿子是谁？华大妈均不得而知。看着那位同样来上坟的女人 "排好四碟菜，一碗饭，立着哭了一通，化过纸锭"，她便在心里断定："这坟里的也是儿子了。"她怎么可能想到在坟场上遇到的这位 "半白头发，褴褛的衣裙" 的风独残年的老人，竟是夏四奶奶！当听到她的哭诉——"瑜儿，他们都冤枉了你"时，华大妈的内心极端地不安。她的内心虽有几分同情，几分悲悯，但更多的却是愧疚与苦痛，因为自己的儿子吃了人家儿子的血！这在善良的华大妈看来，未免太"残酷"了。她不知道怎么来面对夏四奶奶，如此残酷的现实在她的思想深处增添了难以言述的也是巨大的精神压力！

当夏四奶奶放声痛哭，企望死去的儿子"显点灵"——"教这乌鸦飞上""坟顶"时，华大妈的内心则又增添了无言的恐慌和惧怕，她多么希望夏四奶奶的祈祷能够应验，因为这样好使那位老母亲得到些许心灵的抚慰；但她又极不愿意这个祈祷真的实现，因为如果那样的话，那就应了"他们将来总有报应，天都知道"的咒语。若儿子因吃了夏瑜的血，而再在阴曹地府遭受神灵的惩罚，那华大妈的慈心如何得安？极度矛盾的心理伴随着更大的创痛、忧惧、焦虑重重地撞击着她憔悴的心灵。

所幸的是，"那乌鸦也在笔直的树枝间，缩着头，铁铸一般站着"，直至"许多的工夫过去了；上坟的人渐渐增多"也毫无动静。此时此刻，心情十分复杂的华大妈，方才"卸下了一挑重担"，心上的一块石头总算落了地。为避免再有令人惊恐的情景出现，她赶紧劝夏四奶奶："我们还是回去罢。"心中释然却并非坦然。

这看似不经意的一笔，却极有层次地刻画出在特定背景和氛围中人物剧烈多变的心理活动的历程。华大妈的精神经受着难以言状的百般折磨，究其因，这正是黑暗的封建统治对不觉悟的劳苦大众的心灵毒害的结果。

当然，话说回来，鲁迅"不恤用了曲笔"在夏瑜的坟上"平空添上一个花环"的情节，正如他自己所说，并非小说发展的必然逻辑使然，而是因为要能"呐喊几声，聊以慰藉那在寂寞里奔驰的猛士，使他不惮于前驱"。又因为"既然是呐喊，则当然须听将令的了"，而"那时的主将是不主张消极的"，为了使自己的作品"与前驱者取同一的步调"，他自觉地"使作品比较的显出若干亮色"。(《鲁迅自选集·自序》)所以他就添置了这样一个"光明的尾巴"，充分显示了他执著于现实战斗，对未来充满了信心。而这样"平空"的神来之笔，却被鲁迅运用得毫无破绽，反而更助于他对人物进行细致的刻画。

清代魏际瑞认为："诗文不外情事景，而三者情为本。"(《伯子论文》)

"有情"之文方能打动读者、深入人心。阅读欣赏的主要任务就是要让学生感受文中的蕴涵之"情"，就《药》而言，我们不能囿于陈说，机械、空洞、抽象甚至庸俗地去解构它，那只会走向感受与鉴赏的反面。因为阅读欣赏不是知识的判断，也不是科学的归类，而是透过事物的形式达到对语言情感表现性的把握。抓住语言进行欣赏，才会使阅读本身转化或提升为学生的审美体验。

# [3]

## 虚实交错，远近相生
### ——鲁迅小说中"流言"的织入技巧

　　市井生活的一个鲜明特征，是有许多的"流言"，特别是在资讯极为不发达的时代，人们获取外界信息的主要渠道就是各种各样的"流言"。即使在现代科技发展日新月异的今天，虽然信息传播的途径有很多，方式也很丰富，但"流言"传播的本质并没有根本的变化，只不过有时换了一种方式而已。所以，写市井生活，也就离不开庶民生活的这一特色。对一个人而言，他人的生活总是充满了神秘，人们总想能够从其他人的口中探听到一些自己所不了解的情况，借以满足自己的好奇心，也似乎以此证明自己的存在。但作者会受所选择叙述视角的限制，这样就容易产生悬念。所以，写市井生活，也就必然牵涉到对"流言"的处理。鲁迅的许多小说，取材于城镇生活，这使他的作品带有浓烈的写实趣味，特别是他巧妙地把"流言"织入了小说之中，为其创作带来了非常新鲜的技巧。

　　《孔乙己》的故事发生在江南小镇鲁镇上，镇上人有去酒店喝酒的习惯，这为人物故事提供了独特的场景——"咸亨酒店"，这是信息交流的一个非常合适的场所，为"流言"的产生提供了很好的条件。来"咸亨酒店"的人们，必然会在酒酣耳热之时谈论其他人的生活，不管是熟悉的，还是不熟悉的，人们都饶有兴趣地谈着，也都充满好奇地听着，然后再向更广泛的范围扩散。鲁镇人一些悲欢离合的故事，就在酒客们的口中演绎着，而孔乙己由于身份的特殊和行为的怪异而更成为"流言"的中心。从叙述角度看，受第一人称的限制，"我"的视角只限于"咸亨酒店"，加上"我"的年龄比孔乙己要小很多，有关孔乙己过往的事迹"我"无从得知，就只能从其他人的介绍中得知，这样才能解决悬念。如有关孔乙己的生平经历，"我"就只能从他人的"流言"中了解到：

听人家背地里谈论（着重号为笔者所加，下同），孔乙己原来也读过书，但终于没有进学，又不会营生；于是愈过愈穷，弄到将要讨饭了。幸而写得一笔好字，便替人家钞钞书，换一碗饭吃。可惜他又有一样坏脾气，便是好喝懒做。坐不到几天，便连人和书籍纸张笔砚，一齐失踪。如是几次，叫他钞书的人也没有了。孔乙己没有法，便免不了偶然做些偷窃的事。

很明显，如果仅有"我"的观察，孔乙己的故事是不够完整的，呈现给读者的信息是不全面的，阅读者会对作品提供的内容有不满足感。而他人的"流言"与"我"的观察互为补充，就会对"我"的叙述起到丰富的作用，使叙述虚实交错，相映成趣。这段"流言"看上去是一种客观的叙述，其实隐含了"我"及其他人对孔乙己的主观情感与态度，因为这些流传的话语中，多为孔乙己的"劣迹"，属于一种"负面"报道，这也使读者对孔乙己形成了某种"恶感"。由此产生了一种疏远的效果，进而影响读者对人物的亲近态度，扩大了人物与读者的距离。

也正因为"我"的职业所限，除了对孔乙己的以往情况不太了解之外，"我"对在"咸亨酒店"之外孔乙己的行迹也是不太清楚的，也必然要借助于"流言"才能完成对人物的描述，这使人物故事得到了自然的发展：

有一天，大约是中秋前的两三天，掌柜正在慢慢的结账，取下粉板，忽然说，"孔乙己长久没有来了。还欠十九个钱呢！"我才也觉得他的确长久没有来了。一个喝酒的人说道，"他怎么会来？……他打折了腿了。"掌柜说，"哦！""他总仍旧是偷。这一回，是自己发昏，竟偷到丁举人家里去了。他家的东西，偷得的么？""后来怎么样？""怎么样？先写服辩，后来是打，打了大半夜，再打折了腿。""后来呢？""后来打折了腿了。""打折了怎样呢？""怎样？……谁晓得？许是死了。"掌柜也不再问，仍然慢慢的算他的账。

借助于一个喝酒的人的口吻，"我"填补了孔乙己行迹的一段空白，这一叙述的好处在于使"我"进一步得以远距离地了解人物，它与"我"对人物的近距离观察和认知以及历史上的远距离了解（主要通过"流言"）形成了呼应。由于"我"对孔乙己没有多少好感，尽管是对他人话语的转述，但仍具有鲜明的主体意识：属于一种不完全引述，筛选了人物的话语；用看上去冷静、冷淡、冷漠甚至带有鄙夷等具有情感偏向的言辞替代了具有孔乙己个性特征或情感特征的语言成分，并自然流露了自己的态度。至于孔乙己"偷书""打折了腿"的真实情况如何，则无人得知；孔乙己是怎么说的、怎么做的，也无从考证。因为除了掌柜的记挂他"还欠十九个钱"之外，对这样一个在非常沉闷的空气中可以经常给大家带来"笑声"的人，没有人关心他的生活，没有人关注他的存在，甚至没有人在意他是否还活着，这样的叙述形成并加强了反讽的效果。如此"疏远"与"疏离"的叙述形式，完成了对人物的整体塑造，形象刻画了社会的"凉薄"，增强了同情感，使作品所表达的旨趣得到了形象的展示。

再看鲁迅在《药》中的叙述：

花白胡子一面说，一面走到康大叔面前，低声下气的问道，"康大叔——听说今天结果的一个犯人，便是夏家的孩子，那是谁的孩子？究竟是什么事？"

"谁的？不就是夏四奶奶的儿子么？那个小家伙！"康大叔见众人都耸起耳朵听他，便格外高兴，横肉块块饱绽，越发大声说，"这小东西不要命，不要就是了。我可是这一回一点没有得到好处；连剥下来的衣服，都给管牢的红眼睛阿义拿去了。——第一要算我们栓叔运气；第二是夏三爷赏了二十五两雪白的银子，独自落腰包，一文不花。"

……

"包好，包好！"康大叔瞥了小栓一眼，仍然回过脸，对众人说，"夏三爷真是乖角儿，要是他不先告官，连他满门抄斩。现在怎样？银子！——这小东西也真不成东西！关在牢里，还要劝牢头造反。"

"阿呀，那还了得。"坐在后排的一个二十多岁的人，很现出气愤模样。

"你要晓得红眼睛阿义是去盘盘底细的，他却和他攀谈了。他说：这大清的天下是我们大家的。你想：这是人话么？红眼睛原知道他家里只有一个老娘，可是没有料到他竟会这么穷，榨不出一点油水，已经气破肚皮了。他还要老虎头上搔痒，便给他两个嘴巴！"

"义哥是一手好拳棒，这两下，一定够他受用了。"壁角的驼背忽然高兴起来。

"他这贱骨头打不怕，还要说可怜可怜哩。"

花白胡子的人说，"打了这种东西，有什么可怜呢？"

康大叔显出看他不上的样子，冷笑着说，"你没有听清我的话；看他神气，是说阿义可怜哩！"

……

"阿义可怜——疯话，简直是发了疯了。"花白胡子恍然大悟似的说。

"发了疯了。"二十多岁的人也恍然大悟的说。


由于篇幅所限，短篇小说的场景是相对集中的，《药》的四个部分虽然分别写了刑场、茶馆、坟场，但其实是围绕"茶馆"展开的，也是围绕"药"的"购买""服用""谈论"和"药效"来展开的。这使笔墨得到了聚焦，并使叙述的内容受到了限制，作者不可能再花费笔墨在"药"的具体来源上，那会使小说的情节衍生枝蔓。就正面叙述华家的故事来说，"到哪里买药"与"买什么样的药"自然是需要有所交代的。所以插入茶客们的流言蜚语，弥补了叙述上的不足。同时人物的口头讲述，使故事的叙述具有一定的节俭性，并加快了叙述的速度，使叙述流较为顺畅地向前发展。

叙述者与读者共同欣赏了茶客们的一段闲言碎语，复原了一段不被人们所知的事实。虽然是第三人称叙述，但作者在此运用的是受限视角，也就是不超越茶客们的认知去了解事情、评判人物，所以围绕康大叔与其他茶客，作者客观地叙述了他们对事情与人物的认知、反应与评判，通过展现在外的语言、动作以及神态，形象刻画了他们内心里那些令人深思的东西。

在这里叙述者好像是相当客观可靠的，因为他所叙述的是当时人们对夏瑜之死的反应，其实正便于人物主体意识的充分体现，充分展现了封建威权专制时代里人们的思想状态。叙述者所借助的是当事者康大叔的口吻，其在人称和时态上跟叙述描写完全一致，康大叔对一位民主革命者的鄙视、嘲弄、仇恨，茶客们对大义凛然的夏瑜的气愤、对其遭遇的幸灾乐祸等荒唐成分与作品意旨显得格外不协调，从而增强了反讽的效果。这在读者和人物的话语之间拉开了一段距离，读者所希望读到的却没有在人物身上得到体现。且不谈康大叔，其他如年老的花白胡子、二十多岁的年轻人，其思想意识和情感取向也都指向了另一面，同样具有一种疏远的效果，烘托出独特的远近笔法，从而造成注解批判式的效果，使读者能以旁观者的眼光来充分品味人物话语中的荒唐成分以及叙述者的讥讽语气。这一艺术效果自然会对读者形成阅读干预，使读者对人物产生同情，并能够从中体会到作者的良苦用心，进而明白"改变他们的精神"确实是当时的"第一要务"。

在《祝福》中，由于正面叙写了祥林嫂死前穷困潦倒如木偶人的生活境况，特别是她对"我"的"灵魂"之问，已经暗示了她生命之灯的即将熄灭，再直接叙述她的死，就显得有点呆板。而叙述者"我"又想极力地躲避祥林嫂那紧接的生命追问，力图避开与她对话而可能担负的责任，尽力不去碰触自己的"不安"和"豫想"，所以借助于流言交代她的苦难死去，是非常明智而高妙的手法。

傍晚，我竟听到有些人聚在内室里谈话，仿佛议论什么事似的，但不一会，说话声也就止了，只有四叔且走而且高声的说：

"不早不迟，偏偏要在这时候——这就可见是一个谬种！"

我先是诧异，接着是很不安，似乎这话于我有关系。试望门外，谁也没有。好容易待到晚饭前他们的短工来冲茶，我才得了打听消息的机会。

"刚才，四老爷和谁生气呢？"我问。

"还不是和祥林嫂？"那短工简捷的说。

"祥林嫂？怎么了？"我又赶紧的问。

"死了。"

"死了？"我的心突然紧缩，几乎跳起来，脸上大约也变了色。但他始终没有抬头，所以全不觉。我也就镇定了自己，接着问：

"什么时候死的？"

"什么时候？——昨天夜里，或者就是今天罢。——我说不清。"

"怎么死的？"

"怎么死的？——还不是穷死的？"他淡然的回答，仍然没有抬头向我看，出去了。

　　一个生活在自己身边的人乃至曾经的同伴，不幸在新年到来前悲惨死去，除了引来众人的几句谈论之外，竟然没有产生任何的反响，也没有换来半句的同情与怜悯，甚至还遭致了鲁四老爷的怒骂。特别是短工冷言冷语的回答，其话语的简洁、语气的淡然、态度的冷漠、情绪的不耐烦溢于言表，遂有无可言喻的凄凉讽刺意味，很显然，这样的讽刺效果是正面叙述所无法达到的。

　　面对人们的谈论，故事叙述者为此而"诧异""不安"，乃至心情紧张，但其不是因为祥林嫂的死去，而是担心他们的谈话"于我有关系"，"我"试图撇清与祥林嫂之死的关系。事实上，祥林嫂的死所引起"我的惊惶却不过暂时的事"，因为一想到"无聊生者不生，即使厌见者不见，为人为己，也还都不错"，"我"也就完全释然了。这使"我"与祥林嫂这一人物拉开了距离，祥林嫂到底是什么时候死的？是昨天夜里，还是今天早晨？她又是怎么死的？是老死，穷死还是病死？不仅与短工无关，也与"我"无关了。这种距离也同样存在于祥林嫂与读者之间，因为读者从叙述者的口中无从得知人物之死的具体情况，这为读者的阅读想象和审美建构提供了极大的空间。

　　尽管如此，叙述者还是不自觉地透露了自己的情绪，他在直接叙述短工话语时，直接进入了这一人物的内心，表现了他对短工态度的某种不满，说明他在这群人中还是富有一定同情心的，所以他的叙述声音一定程度上有对祥林嫂的同情，这必然会使读者受到感染，从而引起读者的共鸣。而对"流言"采用基本无中介、生动有力的直接引用，与读者已有生活体验和基本价值判断形成了一定的冲突，叙述者的观点态度也就容易对读者产生一定的干预，使读者能够领悟和接受，并也容易对祥林嫂产生同情。

　　织入"流言"叙述人物的故事，这一手法很多作家经常用到，虽说我们有时找不到他们相互借鉴的证据，但传承和影响是肯定存在的。如师陀在《说书人》的最后部分，借杠手们的口吻，讲述了说书人悲惨的人生结局。

杠手们漫不经心、冷淡而带有嘲弄的语气，让"我"也让读者不相信这竟然是有着高超说书艺术并给人们带来影响的说书人的最后结局，由此形成了强烈的反讽效果。对人物的远距离叙述，又同时与叙述者的近距离观察以及和杠手们的对话相连在一起，有助于叙述者惆怅、无奈、愤激、同情等思想感情的表达，容易激起读者的情感共鸣。

不仅在小说中，甚至在散文中，我们也可以见到"流言"的影踪，如杨绛在《老王》的结尾部分叙述老王的死去，同样采用了"流言"，表现了"我"、跟老王同院的老李等与老王关系的淡薄。"无意"中窜入的流言，其实是对一个"卑微者"不幸人生的独特观照，其"间离"艺术所折射的是人物之间情感的"疏离"，与老王临终前给"我"送香油和鸡蛋的行为形成了鲜明的对比，其讽刺意味非常明显。杨绛通过记叙这样一个"历史上无足轻重的小人物"的悲惨命运，透露出一股对底层人的同情和理解。

鲁迅小说中"流言"的织入，丰富了叙述的内容，变换了叙述的形式，虚与实相结合，远与近相映照。这一艺术所表现的是"反讽"与"同情"这两种互为对照的叙述态度。这样的态度，无论叙述者持何种立场观点，均能较好地反映出来，因为它不仅能保留人物的主体意识，而且能巧妙地表达出叙述者隐性评论的口吻。

# 尊重体式：文本解读的基础与前提

## ——《呼兰河传（节选）》解读的一个常识性问题

在一次教学研讨活动中，一位教师执教的是萧红的《呼兰河传（节选）》。课堂导入环节，他播放了王铮亮的歌曲《时间都去哪儿了》："时间都去哪儿了，还没好好感受年轻就老了。"并相机诱导学生："正如作家萧红所说，每个人都对自己的童年，忘却不了，难以忘却。今天我们就走进萧红的童年。"整节课，教师就围绕着"萧红的童年是怎样的童年？她为什么要回忆这样的童年？"这两大问题引导学生展开对文本的研读。这样的学习安排初看好像没有什么问题，但细究起来我们就会有这样的疑问：难道《呼兰河传》这部小说中的"我"就是萧红自己？小说中所写的种种景象就是萧红曾经有过的生活？

出现这样的理解偏差，其实一点也不能怪这位教师。教学参考书中说："作者一生漂泊，历经沧桑，独居异乡，回首往事，寻找精神的归宿，想到故乡，想到亲人，想到童年，祖父就成了一种象征，代表了往事，代表了作者童年的欢乐。""萧红早年漂泊流浪，生活极不安定，回忆故乡，回忆美好的童年，成了她精神的最后寄托。作品是萧红成年后写下的，字里行间，充满了对童年生活的眷念。"这就把小说中的叙述者"我"与现实生活中的写作者萧红完全等同了起来，将作家所描写的艺术世界与作家个人生活的现实世界完全混为一谈。这种把"自传体"小说《呼兰河传》直接当作作家自己对过去生活的某种回忆与感慨，而不是视为作家根据自己对生活的认识与理解，对某种存在的生活景象的形象反映的认识，是无视小说作为一种"虚构艺术"的存在，不尊重文本体式的具体表现。

把小说中的叙述者"我"与现实生活中的写作者萧红完全等同起来，混淆了叙事作品中"真实作者""隐含作者""叙述者"这三者的关系。这是现代叙事学知识没有能够及时引入我们中学语文教学的具体反映，也是现代文艺理论学与中学语文教学实践严重脱节的直接后果。

无疑，小说《呼兰河传》的"真实作者"是在现实世界中的萧红，通过小说我们无法获知她的有关情况，尽管作品中运用了第一人称"我"，但此"我"——故事的"叙述者"同时又是小说中的人物，非彼"我"——现实中的作者自己；她只作为创作者与文本结合在一起，而不是小说中的某个人物。萧红试图表现出来的思想感情和对现实世界的某种认识与看法，我们是通过《呼兰河传》来了解的。作为虚构的人物与故事，处于创作中的人也就是"隐含作者"萧红不可能成为故事中的某一个人物，因而"作者自己"不是故事的"叙述者"。那么，为什么萧红要用第一人称"我"作为故事的叙述者呢？这种叙事方式有什么特别之处呢？

《呼兰河传》中作为一个成年人的"我"叙述自己年幼时发生的事，成年的"我"作为故事的叙述者在话语层活动，年幼的"我"则作为故事中一个人物在故事层活动，两个年龄段里，"我"对人物和事情的认识眼光是不同的。这样的安排，比较真切地展示了"我"年幼时的经历，并且通过成年叙述者的叙述揭示出其对美好、欢乐、自由的童年生活极度关注这一重要主题。成年后的叙述者"我"叙述着"我"20多年前的往事，这使她的所有话语形成了一个漫延的叙述空间。时过境迁，毫无疑问，叙述者的"我"与四五岁时的"我"存在着很大的时空距离，这也就形成了一个巨大的历史空白。这种叙述上的空白，意味着对人生历史进行意味深长的审视，是在进行一种"生命的回望"和"心灵的探索"，既回望作为一个人成长的生命轨迹，也是在探索一个人心灵发育的历程。这就为"叙述者"潜藏在文本深处的意识皈依、灵魂归宿提供了强有力的依据，暗示着"叙述者"心灵发展的必然轨迹。

"叙述者"在回忆感知、认识过的人和事时，不仅会再一次呈现出以往的一些片段，并有所感触，而且会对过去的"我"曾经拥有的思想情感作肯定或否定的评价，从而体现出一定的自省意识。小说中，叙述者"我"在回忆年幼时的言行、思想时，不时流露出一些欣喜与兴奋，那一个个幼稚的举动如今看来是多么自由自在而又可爱，祖父的勤劳、善良及对"我"的那份怜爱又是多么的让"我"回想。"我"的自由、快乐不仅来源于"我"作为孩童的天性，还因为包括慈祥的祖父，包括祖父所经营的充满无限活力的"园子"在内的家庭与自然环境，这一切都使得"我"的生活充满无限生机。

不难发现，《呼兰河传》中对"叙述者"的选择，更多的是叙事策略的考虑，这种考虑与萧红所力图表现的艺术主题是高度一致的。作为一种叙述方式，萧红当然完全可以把更具有人格化特点的主人公"我（自己）"作为叙述者，只不过那样一来，作品所呈现出来的生活景象就是另外一回事，所传递出来的情感倾向也会有很大的不同。但不管怎么说，我们对作品思想内容的解读，对作品情感意蕴的把握，对作品中人物的评价不会受"叙述者"是否具有人格化的影响甚至左右，所以有的教师用"知人论世"的方法来解读课文，直接照搬"写这部小说的时候，作者已经是一位很成熟的作家，为什么她这样怀念童年的生活"这种无厘头的问题让学生去探究，无视文本叙述方式的独特性，对文本的解读只能是削足适履，乃至牵强附会。

文中虽也有不少文字介绍了"我"的一些情况，如"我"在园子中嬉戏、玩乐，"我"与祖父的对话，"我"和祖父一起劳动，祖父教给"我"很多生活常识及生活经验，无疑，这些都可视为"我"的生活经历，"我"的成长体验。但从全文的主要内容看，特别是从对"园子中"的植物与动物的描写来看，这样的介绍与现在的"我"和后来的"我"的生活阅历和人生遭际并无更加直接的关联。"我"之所以叙述这些生活景象并按一定的语言顺序排列，嵌入它们的意义与价值，是由一些选择造成的，而进行这些选择的那个意识就属于作者自己。文中的"我"对幼时的孩童在园子中的活动进行了一些自然、生动的描述，同时描述了"我"作为一个旁观者对各种景物的观察、了解与感触。但由于年龄、身份、阅历和思想认识的一些限制，"我"相对还不成熟，也难以走近及走进园子中的那些生命的内在世界，"我"的叙述也必然有很多的片面性。这就要涉及叙事学的另一个重要概念：叙述视角。

《呼兰河传（节选）》的叙述视角是一种限制叙述的第一人称。

"我"的观察视角以园子为出发点，这使她的叙述视角受到了限制，她只能叙述她的眼睛观察到的一切，而不能叙述其所不知的内容。比如"我"在园子里面看到了花儿与蝴蝶等，经过自己的观察，她得出结论：一切都活了，一切都是自由的。但这些生命还有哪些特点，如生长、凋零、死亡等生命应有的体征，这些生命与其他生命之间的区别与联系是什么，这些生命与祖父的生活及情感有什么联系，园子中还发生了哪些故事，由于"我"没有完全见证，有的只能从祖父的口中得知，有的就压根儿什么都不知道。甚至"我"最为熟知的那些蝴蝶飞到哪里去了，也因为是"我"视线以外的事情，又未听人讲起，所以就只能以"太阳也不知道"来遮掩过去。

　　年幼的"我"对园子中的一切事物的观察，有时会表明自己的某种立场，这使得我们在理解"真实作者"与"叙述者"的关系时，容易有偏差。因为她作为园子里的一个活动者，有观察各种事物的机会，并参与了祖父在园子里的一些劳动，如种花、浇水等。展现这样的观察与参与的情形，使得"我"的情感价值判断也必然会得到显示，比如"我"只叙述了那些看来美好的景象与快乐的时光，故而"我"的叙述不可能倾其所有（此时的"我"还没有体会过生活中的痛苦与忧伤），使生活的情景更接近艺术而非"本色"，所以"我"的眼里只有劳动的快乐而无劳作的艰辛，只有生活的幸福而无生存的艰难，只有生命的灿烂而无命运的无奈，也就不可能对生活存有什么"敬畏之心"（出自教师教学参考书）。"我"的幼稚与祖父的成熟、睿智、和善的对比，更鲜明地反映出那段时光的美好。这就是"我""当时"的生活情景，而不是"对自由的向往"（出自教师教学参考书）（"向往"的往往是"当下"现实生活中所不存在的景象）。用那么多的笔墨来写园子里一切"活"的东西，体现着叙述者对一切自然、美好情景与事物的浓厚兴趣与密切关注，这样的关注只存在于"当下"，而不会关顾到以后，否则节选部分的内容与意义就不完足，那种认为"回忆童年在祖父后花园的无拘无束的自由生活，表现了亲近自然万物，亲近小生命的幸福与快乐，寄托了对故乡的怀念，对自由纯真的生活的向往"的认识只是一种想当然式的逻辑推断，而不是文本存在意义的真实反映。或许，这样的祖父，这样的园子也只有"我"才把它当作童年的"乐园"，甚至精神的"家园"，尽管后来那园子的主人"而今不见了"，园子里的一切如"蝴蝶，蚂蚱，蜻蜓，也许还是年年仍旧，也许现在已完全荒凉了。小黄瓜，大倭瓜，也许还是年年地种着，也许现在根本没有了"。

如前所述，在《呼兰河传》中出现了两个自我，一个"我"是充当现在叙述者的"我"，另一个"我"是二十多年前在花园里玩耍的"我"。这种成人叙述者和儿童叙述者的双重视角交替使用，可以体现出"我"在不同时期对生活的不同看法或对景象的不同认知程度，它们之间的对比常常是幼稚与成熟，自认了解情景的真相与已谙世事、已明就里的对比。也正是这种双重聚焦的对比，使第一人称回顾性叙述产生了一种时间流逝中的叙述张力和审美魅力。由于时间、遭际、心境、角色等的变化，叙述者"我"显然不同于年幼的小顽童"我"了。两者之间已经拉开了一段很大的心理距离。这种心理距离是幼年与成年、幼稚与成熟、撒野与安静、理想与现实之间的距离。我们能看到一个四五岁的儿童，如蝴蝶般穿行在"明晃晃的，红的红，绿的绿，新鲜漂亮"的花园里，那轻松、愉快的笑声，那活泼、跳跃的身影，但我们绝不会发现作为成年的"叙述者"在回忆那"健康的、漂亮的"一切事物时还会那么幼稚与冲动、顽皮与嬉闹、懵懂与无知，而只会在明亮、爽朗、秾丽的形、声、色的形象渲染中，体味到"叙述者"对自由、美好、温馨、神奇的生活已经逝去、对人生彻悟的平淡的情绪。所以，对"我"所叙述的生活，绝不能当成日常叙事，而是隐含着对生活透视的视线，当"我"坦言那逝去的一切"充满我幼年的记忆，忘却不了，难以忘却，就记在这里了"之时，那些充满温暖与爱的人与事物也就被净化、升华与超越了，那过去的一切就具有了非常普遍的意义。而这一切，都不能用"对自由的向往"来概括。

从叙述方式与叙述视角两个方面对《呼兰河传（节选）》部分进行解读，是努力从小说的思维方式出发，着眼于它独有的结构特点，关注它的语言特质及其所传递的情感，而作出符合文本体式的理解。这样的解读，可以厘清叙述者"我"与现实中的"作者自己"的关系这样一个基本常识。推而广之，我们对一个文学类文本的解读，必须尊重文本的体式特点，就是要按诗歌的方法读诗歌，按小说的方法读小说，按散文的方法读散文，恢复文本的本来面目，从文本特有的言说世界去认识、领会、感受、揣摩，准确把握文本的阅读价值，从而正确建构文本的阅读意义。至于说根据文体的特征对文本进行分析的方法，会变成"学习某些文艺理论教条的工具和手段"从而会丧失"文本分析自身的作用和意义"（王富仁,《文本分析略谈》）的担心是无必要的，因为在中学阶段，主要任务还是培养学生基本的阅读习惯，让学生掌握基本的阅读方法，形成基本的阅读能力，拥有个性化的阅读体验，"从中获得对自然、社会、人生的有益启示"[《义务教育语文课程标准（2011年版)》]，所以基本的阅读知识与阅读规范是必须得到尊重的。

# 这人，到底怎么了

—— 《台阶》中"父亲"的身份焦虑

英国当代著名作家阿兰·德波顿认为，社会生活中的每个人都是有自己的身份的，这种身份就是个人在社会中的位置，在他人眼中往往表现为某种价值和重要性。不管哪一个人，也不管他在生活中是处于顺境还是逆境，他都会为自己的身份而寝食不安，烦恼不已。这种焦虑的"原因甚为简单，身份的高低决定了人情的冷暖"（阿兰·德波顿，《身份的焦虑》）。

在文学家所塑造的艺术生活中，人物独特"身份"的获得与拥有途径是不同的，给人物所带来的焦虑形态也是各异的。毫无疑问，《台阶》中的"父亲"与李顺大（高晓声，《李顺大造屋》）一样，是通过建造房屋来争取自己的身份的。而这样的努力获取的过程，必然充满了憧憬、希冀的兴奋与欢乐，也必然密布着艰辛、忧劳的折腾与磨难，更会伴随着失望、郁闷的痛苦与纠结。如果以这样的视角来考察《台阶》中"父亲"的心灵轨迹，我们就可能对"父亲"的形象形成一些新的认识，乃至对小说的主题形成更为准确的判断。

## 一、焦虑之源——不甘于现状

这是一个"老实厚道低眉顺眼累了一辈子，没人说过他有地位"，他"也从没觉得自己有地位"的普通农民，与多如蝼蚁的中国其他农民一样，在常人眼里，是一个命运的"失败者"。如此失败的可怕之处在于：身份低下而危及自己的人格尊严。所以他"日夜盼着，准备着要造一栋有高台阶的新屋"，因为"台阶高，屋主人的地位就相应高"。他想通过改变现有的居住状况，来改变他的生活状态，他想得到别人的奉承、捧场的笑脸，他想得到与众不同的待遇与注目。他在期望着一种新的东西，来证明他不是一个现实世界中的"失败者"。

有了这样的生活目标，他必然会对现实状态产生强烈的不满情绪，"父亲总觉得我们家的台阶低"。这里的"总觉得"告诉我们，"父亲"对"台阶低"的现状不仅不满足，而且这种不满情绪长期困扰着他，折磨着他，因而他不知多少遍地发出感叹："我们家的台阶低！"不安于现状的后果是非常明显的，他开始陷入漫长的焦虑、郁闷、痛苦之中。具有反讽意味的是，他家原有的三级台阶其实是很不错的，那是他磨破了一双麻筋草鞋，用自己如牛一样的力气背回来的。虽然那是某种地位低的标志，但他"觉得坐在台阶上很舒服"，特别是他坐在台阶上洗脚的细节，充分反映了他原有生活的舒适与安逸。不仅如此，那三级台阶还见证了孩子的成长，伴随了一家人虽贫穷却安逸、虽卑微却舒适的生活。这与他的新的情绪很不协调，这就从中透露了一个重要信息："父亲"其实已经习惯了住有低台阶的房屋，也就是已经习惯了没有地位的生活。他的感叹与羡慕作为他对生活的高一级层次——精神追求的外显，就必然使他原有的生活平衡状态受到破坏。这种用新的希望去打破曾经的美好的行为，必然会为他的人生悲剧埋下伏笔，因为"我们给自己增多一份期望，就是增多一份负担，虽然这也可能给自己增多一份自豪"。这也是他后来为什么会发出"这人怎么了"这一人生疑问的症结所在。

当然，这样的认识可能会带来对"父亲"的客观评价问题。我们自然不会去轻易否定他为了改变自己的地位、获取人格尊严而设定的人生目标与不懈的努力，我们需要树立的应该是这样的观点：在不彻底改变农民的生存状态的情形下，在农民的切身利益和基本权益不能得到完全保障的背景下，试图通过个人的奋斗，通过对某种物质条件的改善，去争取地位并以此获得尊重是难以实现的，这是阅读这篇小说的意义价值之所在。

## 二、焦虑之中——作着艰辛准备

"父亲"是一个不仅想干事，而且说干就干的人，但要想造一座新屋，又是一件多么艰难的事情！对此，他有充分的思想准备。他开始了漫长的"准备"，这样的"准备"过程非得有足够的耐心与韧性："今天从地里捡回一块砖，明天可能又捡进一片瓦，再就是往一个黑瓦罐里塞角票。"有如燕子垒窝，有如蚂蚁搬家，有如愚公移山，"虽然这些都很微不足道，但他做得很认真"。这是一个不知疲倦的人，也是一个极为执著的人，更是一个不知艰辛为何物的人！这样一个勤劳、坚韧而又对现实生活没有丝毫要求的人，他的隐忍不拔的精神意志与高晓声笔下花了近30年时间造屋的李顺大如出一辙，这正是中国传统农民的形象写照。小说原文中对他还有一段非常具体而细腻的描写，但不知怎么被编者删掉了：

父亲光着很宽大的背脊，一个夏天就这样光着背脊。太阳把他的皮肤烧磨得如牛皮般厚实，油腻腻的，仿佛是涂了一层蜡。然而，却并不光滑，上面结满了芝麻般的痱子。痒起来时父亲就把光背靠在门框上擦，啵、啵、啵，父亲一下下擦得很有力很响。结果把那些痱子都擦破了，痱子便淌着黄水，也流着汗。黄水与汗流到他那块洗白了的围腰上，围腰很宽很长，手摸着，竟能触摸到一粒粒的汗斑。那汗斑仿佛是用油漆刷上去的，很硬实。父亲说是菜油汗，菜油吃多了的缘故。可我们家为了造屋，经常空锅子烧菜，哪有多少菜油好吃。

"父亲"为何能如此不怕千辛万苦，能够吃苦耐劳？就是为了实现造屋的理想，希望能获取做人的地位，赢得他人的尊重，找回应有的尊严。他在做着这一切的时候，始终有一份信念：我要造一座有高台阶的新屋，我能造出一座有高台阶的新屋！正是这一份信念，使得他辛劳了大半辈子，也使得他的内心充满了向往与焦灼、激动与担忧、欣喜与顾虑。小说中对此还有一个非常精彩的描写片段：

台阶旁栽着一棵桃树，桃树为台阶遮出一片绿阴。父亲坐在绿阴里，能看见别人家高高的台阶，那里栽着几棵柳树，柳树枝老是摇来摇去，却摇不散父亲那专注的目光。这时，一片片旱烟雾在父亲头上飘来飘去。

在长期的势利和世故的目光中，"父亲"深有世态炎凉、人情冷暖之感，因而他对别人家的高高的台阶是如此的关注。他那"专注"的目光中，有羡慕，有向往，有攀比，甚至有几分嫉妒；他的内心躁动不安、意忿难平，每次看到人家高高的台阶，对他来说都是一次精神的折磨，但也是一种精神的提振。他知道人生在世，要想赢得自尊，就应该时时督策自己守望生活理想，并为理想而付诸行动。这样的情绪长久地包围着他，促使他不停地谋划怎样加快准备，争取早日造起高台阶的新屋，像人家一样气派，也叫人羡慕，也能挺一回自己的腰杆。这种情绪的背后，我们不难揣测与想象到在"父亲"的一生中，因为没地位、没尊严而受到的屈辱与凌侮，而丧失的尊重与权利。许多教师在分析"父亲"这一形象时，往往停留在对其含辛茹苦、吃苦耐劳、努力追求美好生活的正面肯定上，而不能挖掘其现实行为背后所暗藏的东西，不知道这是他"知耻而后勇"的结果，更不会去深入体会他曾经有过的"低眉顺眼"的屈辱生活。有的教师竟然批评他的"盲目攀比的虚荣心"，实在是误会了他，也误解了小说的主题。

## 三、焦虑之深——无法体验成功

经过大半辈子的艰难而充分的准备，"父亲"开始建造新屋，这样的景象是非常令人兴奋的，也是令人欢欣鼓舞的。造屋的过程中，他好像有使不完的劲：搬砖头、担泥、筹划材料，精力旺盛到一天只需睡三四个钟头。他的这种兴奋情绪还表现在对待乡邻的态度上：成天乐呵呵的，跟每个人都很客气，不停地递烟、端茶。他的这一行为不是简单表达"对农民兄弟劳动的尊重"，他在用自己的热情宣示着一种情绪：你们看，我终于造新屋了，我马上就要有地位啦！殊不知，兴奋情绪的背后正潜伏着巨大的心理危机！

决定他人生的最关键的时刻终于来到了，开始造他梦寐以求的高台阶了！一幕最应该高兴的场景却让他充满了焦虑与不安、慌张与无措、荒诞与滑稽：他天不亮就起床忙碌，因为他唯恐台阶基础不牢；要放鞭炮向乡亲们"报喜"了，他却因为情绪太紧张"居然不敢放"；他在取得人生的最大成功面前，却显得极不自然，"两手没处放似的，抄着不是，贴在胯骨上也不是"，因为在他的人生字典中恐怕还从来没有出现过"喜悦"的字眼；在许多人的目光注视下，他是那样的忐忑与可笑，他"尽力把胸挺得高些，无奈，他的背是驼惯了的，胸无法挺得高"，正因为此，"明明该高兴"的他"却露出些尴尬的笑"。自己尴尬的微笑，手足无措的行为，无一不显示着他内心的情绪状态，无不反映着他的焦虑程度。

他为什么会不合时宜地有些"尴尬"呢？因为他从来没有被人关注过，他也从来没有被人尊重过，他已经完全适应了作为"失败者""低贱者"的角色与形象。而"我们对自己的认识在很大程度上取决于他人对我们的看法，我们的自我感觉和自我认同完全受制于周围的人对我们的评价"（阿兰·德波顿，《身份的焦虑》）。他完全没有任何的思想准备，尽管他期盼这一天已经很久很久了，甚至损耗了他大半辈子的人生。这是他"老实厚道低眉顺眼累了一辈子，没人说过他有地位，父亲也从没觉得自己有地位"的最生动的写照，哪怕他已经造起了象征身份与地位的"高台阶"，也无法使他驼惯了的背和低惯了的胸挺直起来、抬高起来，这为表现他后来的人生悲剧埋下了又一伏笔。不难发现，李森祥对人性的认识与挖掘是非常深刻的，"父亲"的驼背与低胸不仅是物质生活重负下的必然结果，也是他人格尊严长期受到压抑的形象标志。在作家带有调侃而幽默的语言背后，潜藏着的是痛痛的酸楚与深深的悲悯之情。有教师说这是为后面写"父亲"的"老了"作铺垫，实在是皮相之见。

### 四、焦虑之续——重返烦恼洼地

也许，"父亲"永远不知道这样的话：凡是靠外在的事物，想拥有地位的，到头来往往都以失望收场。事实上以他的生活阅历与人生经验，他也几乎不可能去超越周围的环境，不可能去摆脱农村文化对他的深刻影响，这是他用大半辈子时光去造屋的客观原因。正因为此，"父亲"的人生悲剧从他决定用造高台阶的方式来改变自己的人生地位就开始了。为造高台阶，他作出了很大的牺牲，长年的劳累，使他的精力受到了严重的损耗，体力受到了极大的透支，乃至曾经他能独自背回来的石板，却仅仅用手去托了一下，竟然就闪了腰，这是他人生悲剧的一个重要信号。对新砌好的台阶，他是那样细致地关心，除了每天浇水，还不时地去"按一按""敲了敲""踩了踩"。那"硬了硬了""实了实了""全冻牢了"的话语，倾注着无尽的担心，充满了"发现"的欣喜，弥漫着"成功"的快乐。

可怜的是，他虽然取得了世俗眼里的"成功"，但他的"身份焦虑"却没有得到丝毫的缓解。这是因为新造的高台阶并没有给他带来他所期盼的生活，反而有了许多的"不对劲"：他坐不惯那高高的台阶，因为再也不能在上面随便地磕烟灰了；从不习惯俯视别人的他，回答别人的招呼时，却显得慌张而答错了；长期以来卑微的生存状态使得他无法"骄人"（尽管他有"骄人"的理想），"他总觉得坐太高了和人打招呼有些不自在"，而竟然冒着被人家嗤笑的危险，坐到了台阶的最低一级，甚至门槛上；因台阶太高，他在挑水时竟然扭伤了腰；因为闲着没什么事可干，他"又觉得很烦躁"；他失去了在台阶上闲坐的兴趣，也不愿找别人闲聊，更很少跨出台阶，有时出去一趟，还露出"一副若有所失的模样"。"父亲"已觉察到了别人并不因为他造了高台阶就喜爱或尊敬他，他甚至对自己失去了信心，没有了良好的自我感觉。在现实面前，他的"'自我'或自我形象就像一只漏气的气球，需要不断充入他人的爱戴才能保持形状，而他人对他的忽略则会轻而易举地把它扎破"（阿兰·德波顿，《身份的焦虑》）。这是他为之苦恼、烦躁的根源。

"父亲"好似明白也似没有明白这一点，在残酷的打击面前，他只得把一颗倔强的头颅埋在了自己的膝盖里，除了留给我们他那"高低不齐、灰白而失去了生机"的头发剪影之外，他还发出了自己的人生之问："这人怎么了？"他也许在想：我明明造起了高台阶，但为什么没有获得人家的尊重呢？我的地位为什么没有得到应有的改变呢？我的努力目标难道错了吗？为什么我的生活没有以前那么自在了呢？我今后的生活还有什么追求呢？这都是一些非常发人深思的大问题，这一切的疑问父亲自己无法找到答案，显得无比的失落和无奈。

遗憾的是，教材的编者却画蛇添足，在原小说的结尾处又加了一句："怎么了呢，父亲老了。"这就把"父亲"所受到的精神痛苦、思想折磨全部归结到年龄的增长与身体的衰老等自然规律上，而极大地忽视了小说关心农民生活状态，关注农民精神追求，关注农民人格地位与人权利益等的阅读意义和价值，严重削弱了小说的主题。以小说所创作的时代背景去观照，仅靠个人努力企图获取社会地位的"父亲"只会继续陷于身份的焦虑之中。其实，生活只不过在重复地告诉我们一个道理："我们的任何一个目标向我们提供的一劳永逸的保证，按照目标本身的意思，是不可能实现的。"（阿兰·德波顿，《身份的焦虑》）小说正是借助"父亲"力图通过个人努力进而改变社会地位却最终失败的人生悲剧，为我们揭开了这样一个生活的秘密，而应验了《圣经》上的一句话："所有在暗室中隐藏的，都要在房顶上宣扬出来。"

# [6]

## 时间控制：独特而高超的叙事艺术

### ——《纪念爱米丽的一朵玫瑰花》赏读

美国著名作家威廉·福克纳的《纪念爱米丽的一朵玫瑰花》（又译为《致艾米丽的玫瑰》《献给爱米莉的玫瑰花》等）被选入苏教版选修教材《短篇小说选读》"人和故事的'家园'"这一专题。小说发表于1930年，是福克纳最成功的代表作之一。作品通过对南方贵族妇女爱米丽小姐一生悲剧的描述，形象展现了南北战争后南方文化中的旧传统在现代化进程中的失落。正如作品开头部分所说的，爱米丽的最终死亡喻示了一座纪念碑的倒下，所以对于爱米丽的"纪念"，可以说是作为南方作家的福克纳对于逝去的旧南方的无限缅怀之情。

与经典叙事手法相比较，小说在情节设置上进行了新的探索，最显著的特点是通过对时间的控制，采用"颠倒时序"的手法，把过去和现在的事件糅合起来，使故事曲折回转，波澜起伏。故事以爱米丽之死为叙述的起点，以杰斐逊镇居民的口吻进行叙事；以倒叙、插叙、预叙（闪前）的方式描述了爱米丽生前的几个主要事迹。这一手法的成功运用，充分体现了福克纳独特而高超的叙事艺术，对读者的阅读倾向不可避免地产生了种种影响。本文拟从小说中对时间控制方法的具体运用，分析其审美趣味，探讨其教学的价值与意义。

## 一、控制话语时间，营造悲剧效果

后经典叙事学理论认为，小说中的时间有两种类型，一是故事时间，一是话语时间。根据当代叙事学代表人物，法国著名的批评家、修辞学家热奈特的定义，故事时间是指故事中事件连续发生过程显现的时间顺序，而话语时间是指故事事件在叙事中的伪时序（申丹、王丽亚，《西方叙事学：经典与后经典》）。也就是说，作品的故事即情节结构表层的事件序列，具有先来后到的逻辑时序，这是一种顺时序；而话语层（构成文本的书面词语）的时间则是指作家"为了建构情节、揭示题旨等动机，常常在话语层次上'任意'拨动、调整时间"，而显现为逆时序（如预叙、倒叙、插叙等）。在《纪念爱米丽的一朵玫瑰花》中，福克纳没有遵循故事时间，而是充分运用话语时间，通过对时间的巧妙控制，引导和干预读者的阅读倾向，从而达到所要描述的悲剧效果。

根据《纪念爱米丽的一朵玫瑰花》提供的相关信息，其"故事时间"应如下表所示：

| 时　间 | 事　件 |
|---|---|
| 1861 年 | 爱米丽出生。 |
| 1870 年 | 爱米丽家房子建成。 |
| 1893 年 | 爱米丽父亲去世。 |
| 1893 年 | 爱米丽因父亲去世而生病。 |
| 1893 年 12 月 | 爱米丽被免税。 |
| 1894 年夏天 | 爱米丽遇到荷默·伯隆。 |
| 1895 年 | 爱米丽购买砒霜；<br>荷默最后出现在爱米丽家里，且随后消失不见。 |
| 1895 年 | 爱米丽家出现异味，镇民撒石灰掩盖。 |
| 1895 年 | 爱米丽在家六个月未出门。 |
| 1898 年 | 爱米丽出现，且头发变灰。 |

| 时　间 | 事　件 |
| --- | --- |
| 1899 年 | 爱米丽不再开门，也不再外出，整整 5 年。 |
| 1904 年 | 爱米丽开班教授美术。 |
| 1911 年 | 爱米丽停课。 |
| 1925 年 | 新一代官员去爱米丽家催税。 |
| 1935 年 | 爱米丽去世，镇民为其举行葬礼，黑仆托比消失不见；<br>镇民去爱米丽房间，发现了真相。 |

福克纳在描述过程中，为了审美效果，对故事时间进行了重新安排，其话语时间如下表所示：

| 时　间 | 事　件 |
| --- | --- |
| 1935 年 | 爱米丽的葬礼。 |
| 1893 年 12 月 | 爱米丽被免税。 |
| 1925 年 | 新一代官员去爱米丽家催税。 |
| 1895 年 | 爱米丽家出现异味，镇民撒石灰掩盖。 |
| 1893 年 | 爱米丽父亲去世，只留给她一栋房子；<br>爱米丽坚决不相信父亲去世，几天后才接受。 |
| 1894 年夏天 | 爱米丽遇上荷默·伯隆。 |
| 1895 年 | 爱米丽购买砒霜和男性洗浴用品；<br>荷默·伯隆最后去她家，随后消失。 |
| 1898 年 | 爱米丽出现，头发变灰。 |
| 1904 年 | 爱米丽开班教授美术。 |
| 1911 年 | 爱米丽停课，且再未出门。 |
| 1935 年 | 爱米丽去世，镇民为其举行葬礼，黑仆托比消失不见；<br>镇民去爱米丽房间里，发现了真相。 |

从上两张表格可以看出，除了最后一个情节外，福克纳在大部分情节上都作了逆时序安排。下面我们重点讨论这样几个情节，以体会其独特的审美旨趣。

1. 爱米丽的死亡和葬礼

"纪念爱米丽的一朵玫瑰花"这样的标题会让读者误认为这是一个爱情故事。但小说开头的第一段并没有立即描绘读者所认为的爱情故事里的男女主角，而是给读者提供了如下几个信息：爱米丽没有结婚，她已经去世了，全镇人都去送葬，她有一个仆人，她的房子很久都没有人进去过。也就是说，开头部分没有暗示这可能是一个爱情故事。它很清晰地告诉读者，爱米丽是个独居且非常封闭的单身女性。"我们"（作为第一人称复数叙述者，在这里指代镇上的男人和女人两种视角）得知爱米丽只有一个仆人，而且既是花匠又是厨师，这样一个分饰两角的设置，暗示读者爱米丽的经济状况颇为尴尬：她虽依然有仆人，但却只有一个。这样的开头，没有交代具体的时间，读者无法主动去推测故事发生的具体背景，因而没法根据既有经验和知识对整个故事形成大致的走向猜想。爱米丽的身份充满矛盾，她是某种纪念碑，但又是众人窥视的客体；她很多年不出门，却没有被镇民遗忘，她的死亡成为全镇人关注的大事。福克纳在小说开头，就企图给读者留下一个身份和自我个性都非常模糊的主角，引起读者的好奇和认识上的困惑。她看似举足轻重，实则只是供人八卦议论的对象。整个小镇的人群可以分成两类：一是爱米丽以及她的仆人，一是镇上的男男女女们；他们一是被关注的客体，一是观察者。读者在一开始，便被动地接受了这样一个充满着疏远、孤独、死亡气息的爱米丽形象。这样的情绪，有利于激发读者对爱米丽的同情怜悯。

2. 爱米丽被免税和催税

爱米丽的被免税是在她父亲去世后不久，而她被催税则是在 30 年后。把横跨 30 年的事情放在一起来叙述，且能得到很自然的衔接，这就需要对时序进行必要的控制。不仅如此，在小说的第一部分，作者首先插叙了一段对爱米丽所住房屋的简单介绍。在这段介绍里，作者点明了爱米丽的生活背景和所处的社会状态。随后，他并没有像读者所期待的那样，开始按故事时间详细介绍爱米丽小姐的生平，或解释爱米丽的死亡原因，或顺接前文介绍当时葬礼的场景，反而以叙述者的口吻，对爱米丽的一生作了身份评价。在未详细描述爱米丽的行动、语言、外貌、性格，而只是由读者根据情节对爱米丽形成主观印象前，这样的一种评价，会让读者直接对爱米丽的情况有大致了解，且认定这是不容置疑的。这使爱米丽的一生被总结为三个关键词汇：传统的化身、义务的象征和人们关注的对象。

在免税情节中，有这样几个细节值得我们仔细玩味：第一，该命令是由镇长沙多里斯上校在1894年颁布的；第二，沙多里斯是镇长，但人们仍称呼他为"上校"；第三，沙多里斯上校曾规定黑人妇女不系围裙不能上街；第四，免税期限是从爱米丽父亲去世到她去世；第五，沙多里斯上校还特地编造了借口来解释免税这项条款，但"这一套话，只有沙多里斯一代的人以及像沙多里斯一样头脑的人才能编得出来，也只有妇道人家才会相信"。美国内战结束于1865年，沙多里斯作为南方军人的身份早已不再存在；黑人奴隶制度从法律上已被废除。然而在1894年，他却依然颁布黑人妇女必须系围裙（黑人奴隶身份的象征）上街。从这个时间距离里，读者可以看到，在该小镇沙多里斯上校那辈即爱米丽父辈，依然严格遵从着南方传统。而到了下一辈，南方传统已经遭到冲击、质疑和反对。这向读者传达了造成爱米丽悲剧的原因之一：她代表着南方，而南方已经没落了；她对自己的贵族身份抱残守缺，依依不舍，所以她的死，象征着"一个纪念碑倒下了"。据此，读者不难推测出爱米丽处在南北社会转型期时的尴尬处境。这项免税条款是从爱米丽父亲去世时开始生效的，也就是说其父亲去世后，她连税款也无力承担。

从故事时间来看，新一辈政府官员去爱米丽家催税，是发生在1925年，即这项免税命令执行了三十多年后。作者采用逆时序的方法，将催税这个情节直接放到免税之后。这样的设计安排，使读者明白，两代人对于爱米丽家族的态度差异，背后代表的是社会的剧烈变化，这也是形成爱米丽悲剧的重要社会原因。在这个情节里，作者首先描述了爱米丽的第一次行动：她的回复。她用的信笺"古色古香"，"墨水已不再鲜艳"，这暗示了在爱米丽的世界里，已经没有了时间概念，她拒不承认时光的流转飞逝；她"书法流利、字迹细小"，这说明她是一位受过良好教育的女性；而她说自己"根本不外出"，则再一次点明了她的孤僻疏离，努力维护自己的贵族身份。在官员进入到爱米丽家后，作者描绘了爱米丽家内部的景象：光线昏暗、"一股尘封的气味"、"阴湿而又不透气的空气"、裂开的沙发皮套、"失去金色光泽的画架"等都再一次点明了爱米丽家族目前的衰败没落。

也正是在此处，作者通过"他们"的视角对爱米丽的外貌进行了带有强烈情感偏向的描述：她身材肥大、像具死尸、她的眼睛像两颗煤球。这样的描述，传递给读者的是：爱米丽没有任何作为人和作为女性的生命力与美感，她作为南方传统的化身，已无任何存在价值，南方的没落、腐朽与衰亡得到了形象的展现。根据前文的描述，读者对爱米丽形成的印象，在这里被叙述者的描述打破了。这样一个高贵身份与缺乏生命力美感的对比冲击，加深了读者对爱米丽个人的怜悯：她已几十年足不出户，却还遭受这样苛刻的形容。

随后的对话环节，很直观地描绘了爱米丽所代表的老一辈的南方传统与新一辈的价值观之间的对峙冲突。她站在门口听，不请他们坐下，这样一个矮小的女性桀骜地与他们对峙着，给读者的印象是：她依然只身在维护其身份的尊贵、其背后的传统价值，尽管势单力薄。而她身上那块挂表的滴答作响，显得如此不合时宜。读者在这样的情形中，可以读到这样的暗示：即使爱米丽坚持活在过去，但时间依然在流逝，属于她的时代真真切切已经过去。

在叙述者的口吻里，她的声调冷酷无情。在他们的理解里，爱米丽没有任何生命力，没有情绪，整个形象都很干枯。在整篇小说中，她只有两次自己发出声音。这是其中极为重要的一次。这段直接引语，好像是作者把爱米丽从那种她所习惯的独自一人的疏离与沉寂状态中拉出来，融入到当下并与之对话。然而这段对话对爱米丽来说，却显得极其怪异。她并不适应与人交谈，她只知道不断重复："你们去找沙多里斯上校。""我在杰斐逊无税可交。""我收到了一份通知……也许他自封为司法长官。""把这些先生赶出去！"她并不懂得如何为自己辩解，而且从对话内容也很清晰地看出，她主观上也不认为自己需要去辩解。在这样的场景里，她依然努力维系着自己不容置疑的高贵身份。福克纳对这段对话的设计，巧妙之处在于，他没有借助任何人的口吻，对爱米丽的言行进行评论，而是巧妙利用了上下文的设计安排。这段对话的音响效果，已经足以让读者揣摩他的情感倾向：他怜悯爱米丽，也尝试救助她脱离注定的悲剧，但很明显，这必然是徒劳而且失败的。

### 3. 爱米丽家散发异味且镇民撒石灰来掩盖异味

爱米丽家散发异味且镇民撒石灰这一情节应出现在爱米丽毒死荷默·伯隆以后，但却被安排在了第二部分的开头，而爱米丽毒死荷默·伯隆也应该在她的父亲去世之后，这种叙述者预先叙述事件及其发展过程的预叙（闪前）方式使故事发展既有明显的循环效应，又充满了神秘色彩。

在这一部分的第二段，邻家妇女说："好像只要是一个男子，随便什么样的男子，都可以把厨房收拾得井井有条似的。"因而她们对爱米丽家散发出异味并不惊异。从这里可以推断出，这些妇女们，依旧把能做好家务当作是女性的天职和骄傲，且对爱米丽的黑人仆人抱有着很明显的鄙夷。这种观念无疑是属于爱米丽同辈或其父辈的。而且她们认为，异味是爱米丽家族与外界的另一联系。因为这又可以成为大家讨论爱米丽的话题。作者一直在向读者反复强调，爱米丽在他人的世界里，一直充当着被窥视、被八卦的话题与对象，实则这也是爱米丽的可怜与悲剧之处。在镇民的理解里，她的意义便在于她是可供大家关注的客体。有那么多镇民向法官抱怨异味，说明他们确实无时无刻不在主动了解、关注、讨论着爱米丽的一举一动。这些镇民对是非的热情，与爱米丽长期毫无空间的被窥视形成对比，让读者更加同情爱米丽的处境：她没有作为一个个体存在的价值，只是长久以来被当作一个被关注的客体存在着。这是爱米丽一生的悲剧。

## 二、控制叙述时距，影响阅读倾向

作家经常用很长的篇幅来叙述较短时间里发生的事，但也经常用很少的篇幅来概述较长时间段里发生的事件，这就是"叙述时距"问题。研究者认为，叙述时距是指故事时长（用秒、分、小时、天、月和年来确定）与文本长度（用行、页来衡量）之间的关系。据此，热奈特提出，可以根据叙述时间与故事时间之间的长度之比测量两者之间的关系：叙述时间短于故事时间，即"概述"；叙述时间基本等于故事时间，即"场景"；叙述时间为零，故事时间无穷大，即"省略"；叙述时间无穷大，故事时间为零，即"停顿"。《纪念爱米丽的一朵玫瑰花》中，福克纳通过控制时距，影响叙事速度和节奏，充分运用概述、场景、省略等方式，演绎了爱米丽的悲剧，进而影响读者的阅读倾向。比如对爱米丽与荷默·伯隆相恋过程的省略，弱化了读者的美好感受；在爱米丽购买毒药这一场景中，就突出了爱米丽的绝望，以达到读者对其深表同情的目的；概述荷默·伯隆的生活经历，使读者难以对其产生具体认识，从而减轻其被杀带给读者的道德冲击。

### 1. 省略爱米丽与荷默·伯隆的相恋过程

当故事时间，或故事的某些事件没有在叙述中得到展现，就出现了省略。从故事时间来看，爱米丽与荷默·伯隆相识相恋是在1894年夏天，持续到1895年，大约半年。由于福克纳对荷默·伯隆与爱米丽之间的相恋过程以"过了不久"这样含糊的词明确地进行了省略，所以为读者留下了非常大的想象空间。荷默·伯隆的出场是北方工业文明发展带来的结果，他是来改造这所南方小镇的代表，其所代表的价值体系与爱米丽处于完全对立状态。这给了读者一个情节上的铺垫：爱米丽身为南方残留贵族，与一位北方普通工人相恋必然是一桩悲剧。荷默·伯隆在"我们"眼里，非常"高大"、"声音洪亮"、"皮肤黝黑"、爱"呵呵大笑"、用"不堪入耳的话骂黑人"、热衷于社交。这与爱米丽的形象形成鲜明对比：荷默·伯隆显得如此庸俗不堪，没有教养，没有礼貌，易于接近；而爱米丽则是个偶像，是座纪念碑，疏远高贵而不可侵犯。这些对比，都给读者留下了心理准备：他们的关系不会长久。借助于叙述者的视角，小说中写到了两人一起驾着轻便马车出游，但对这一情形的评价却聚焦在马车与马的颜色如何相称上，而忽略了车上的人——那本该是传统爱情故事的描述主角。就这样，作者故意采用省略的技巧，避而不谈爱米丽在和荷默·伯隆相处的过程中的种种反应，不直接提供给读者两人在一起时的愉快场景，好像他们没有什么愉快似的。这样读者就会降低对两人故事的美好预期值，弱化了读者对毒害恋人的爱米丽的厌恶与反感情绪。

荷默·伯隆的第二次出场依然出现在叙述者的转述中。镇民在讨论其与爱米丽的婚事时抱着窥测的态度，议论着荷默·伯隆的话：他喜欢和男人来往，"无意于成家"；他们甚至认为是荷默·伯隆抛弃了爱米丽，因为他想甩掉爱米丽。而这些与爱米丽再次形成冲突：她是女性，希望成家。所有对荷默·伯隆的描述，都没有让荷默·伯隆自己说话，他的一言一行都是被别人观察到，转述来，讨论分析。而作为一个独立的人，荷默·伯隆似乎并不存在。即使在对他的描述中，也缺乏细节，没有涉及此人的生平、行动、表情等可供读者分析其形象的描述。所以他在与爱米丽的恋情中，究竟持有什么样的立场，读者是无从考究的。

有趣的是，叙述者在后文却具体描述了爱米丽去买首饰、衣物，准备婚礼等细节。这就帮助读者构建了这样一种情景：荷默·伯隆是个品行低劣、身份卑贱、玩弄感情的人，而爱米丽则是出身高贵、富有教养、忠于爱情的人。由于对荷默·伯隆缺乏具体的描写，读者对其很难有具体感知并产生同情；而对爱米丽，读者则会拥有浓厚的怜悯。再加上两人的形象对比，爱米丽最终毒害荷默·伯隆这样的情节，原本是会对读者的道德体系产生巨大冲击的，但在作者的有意处理与引导下，这种冲击被淡化、弱化，甚至读者会认为荷默·伯隆这样的人死有余辜。爱米丽购买到的砒霜"盒子上骷髅骨标记下注明：老鼠用药"。这样的细节，似乎在暗示读者：荷默·伯隆的生命存在意义正如一只老鼠。虽然是一桩杀人事件，但凶手爱米丽却变成了读者心目中的受害者。

同样，荷默·伯隆如何被毒害这段情节也被省略。读者跟随叙述者的脚步，在小说的最后，进入到爱米丽的房间，才发现荷默·伯隆的尸体，得知其被毒害的事实。但即便如此，作者都没有在文字上直接点明荷默·伯隆被爱米丽毒害这一事实，只留给读者一些细节来让他们主动推测。读者只能出于理性，来看待爱米丽毒害爱人的残忍。可在感性上，读者感知到的只会是爱米丽在这桩爱情中，在面对厄运时，试图挣脱枷锁的挣扎：她宁可置荷默·伯隆于死地，也要永远占有他，这一匪夷所思的举动，是她人生中所遭受的最大一次失败与痛苦。

## 2. 描述爱米丽购买毒药的场景

根据热奈特的观点，最常见的场景是文本中的人物对话。这一手法使读者感到阅读文字的过程基本上等同于人物说话的过程，犹如舞台上的人物表演。也正因为如此，卢伯克将它视为戏剧化的"展示法"，即叙述者将故事外叙述者的声音降低到最低点，使观众直接听到、看到人物的言行。这在去购买毒药时的情节中表现得较为具体。对这段情节，作者没有像前文对爱米丽的描述，只让她活在别人的议论中，而是让她自己"说话"。爱米丽身为一个很少出门、很少与外界主动联系的贵族小姐，亲自去购买毒药，可见这件事对她来说意义重大。

作者首先借助药剂师这一人物，描述了爱米丽的面部表情。她"比往常更加清瘦了"，说明她生活的窘迫；她的眼神在药剂师看来"冷酷高傲"，好似没有情绪波澜；脸上的肉"绷得很紧"，可见她此刻肯定很紧张；而她的表情是"灯塔守望人"的表情，很容易让人联想到灯塔守望人在一片汪洋中，孤零零地守望着一座灯塔的执著、孤独。这就很形象地说明，爱米丽作为一个人，从来没有被他人所真正关心理解过，因而她把情绪都藏起来，她所受的教育也指导她只能自己坚持独自承受。这样的爱米丽在读者看来，是无比值得同情可怜的。

在她和药剂师的对话中，爱米丽依然显得不善言谈，她的讲话充满着一种僵硬与疏离感。她的表述非常直接："要买毒药"，"要最有效的毒药"。她并没有听取药剂师的种种介绍，而是直接问道："砒霜灵不灵？"在没有得到明确答复以后，她几乎失去了耐心，态度变得异常的坚决："我要的是砒霜。"在药剂师提出，法律规定购买砒霜须说明用途时，爱米丽则完全没有作答。她只是向后仰仰头，以便能正视药剂师的双眼。从下文读者可以得知，爱米丽购买毒药毒害荷默·伯隆只是为了永远留着他，这是她所能抓住的唯一精神支柱。除此之外，她别无选择，无可奈何。因而她在购买毒药时，显得如此执著而义无反顾。同样，她避而不答药剂师的问题，也暗示着读者，她依然在努力维护着她作为南方贵族应有的尊严。尽管时代已经变了，社会已经转型，她还是像灯塔守望人一样，执著地固守在原来的位置。这样的爱米丽是让读者痛心而且深切怜悯的。而读者对其怜悯越发加深，对其后来的杀人行为越能给予情感上的理解。这是作者强化其悲剧的技巧之一。

作者正是通过时间控制的艺术手段，打破了时空的界限，情节跳跃，结构奇突，形象地展现了时代的变迁和传统价值观念的沦丧，给读者以深刻的启迪和独特的艺术享受。

（本文系与张牧人合作）

# 变形了的信息

## ——《骑桶者》的不可靠叙述艺术

　　修辞性方法的开创人物、美国文学批评家韦恩·布思在其《小说修辞学》中率先提出了"不可靠叙述"的概念，他把"按照作品规范说话和行动的叙述者称作可靠叙述者，反之称为不可靠叙述者"。布思的学生和好友，著名的后经典修辞性叙事理论家詹姆斯·费伦对此作了进一步引申："无论何时，只要我们有一个人物——叙述者，不管这个人物是主人公、目击者，或与行动相隔甚远的转述者，可靠性的问题就是不可避免的。"（《作为修辞的叙事》）卡夫卡的经典短篇小说《骑桶者》中的"我"正是这样的一个不可靠叙述者。

　　《骑桶者》中的"我"作为"同故事叙述者"（叙述者与人物存在于同一个故事层面）（申丹、王丽亚，《西方叙事学：经典与后经典》），向读者讲述自己因穷得买不起煤想去向煤店老板赊煤，这很容易引起读者对他的同情，但他不是拎着煤桶走着去的，而是骑着煤桶飞着去的，这样一个异想天开式的举动，与读者的行为规范有了一定的冲突性。可想而知，结果他不但没有赊到煤，反而被煤店老板娘的围裙扇到了冰山区域，甚至都无家可归了，这样的结局同样不符合读者的行为规范。但就是这样一个充满"漏洞"与"破绽"的怪诞而神奇的故事，"我"却讲得神乎其神，好像真有那么一回事。很明显，在这样的故事中，"我"并没有对事实作真实而充分的报道，所叙述的一些事实以及对事实的一些判断都发生了扭曲变形，可见"我"是一个不可靠叙述者，"我"所叙述的一切都需要读者透过文本本身去重新加以认定。叙述者通过这种独特的叙事充分体现了叙述的操控性，从而达到了其特定的叙述目的。即通过塑造一个不可靠叙述者，将读者直接引入"我"正在经历事件时的内心世界，其叙述直接生动、主观片面、较易造成悬念并让读者对其生存状况和艰难处境产生悲悯的情绪，且在情感上与其产生了共鸣，从而进行生存体验和认真思考卡夫卡所营造的"一切障碍在摧毁我"（叶庭芳，《卡夫卡全集》）的严酷现实，进而产生对生存危机的焦虑，共同完成故事所要达到的悲剧性。小说由此获得了一种独特的生命力。因此，叙述者是如何伪装"可靠"的身份的，而这种"不可靠"又是如何被拆穿的，就成为我们探讨《骑桶者》不可靠叙述的重点，也成为我们探寻文本审美趣味的主要抓手。

## 一、叙事时间

叙事时间涉及"故事时间"和"话语时间"两个层面。在故事时间与话语时间的时间差中，叙述者关于所叙述事件的自我意识开始或明或暗地显现，成为造成其叙述不可靠的重要原因。我们不要把《骑桶者》的叙述顺序看作"顺叙"，因为所有的叙事都是事后记叙，叙述者在讲述某个故事时，事件已经发生过了。准确地说，《骑桶者》的话语时间是在"我"赊煤不成之后，这一特定的时间决定了叙述者从故事叙述的开头就已经是个失败者。但叙述者却仍然煞有其事地娓娓道来，特别是对于选择怎样的方式去以及所预想的美好结果，都显得那么自然，一切都像没有发生过一样。他成功地骗过了读者的双眼，使读者一直蒙在鼓里。这正是小说家对话语时间进行调控的一个常规现象：叙述者回溯过去，概述某一段时间中的主要事件，故事实际时间按照叙述者的意愿而拨动，从而使故事主要内容得以集中。这种叙述方式，可以使读者通过人物正在经历事件时的眼光来观察体验，能够更自然地直接感受人物细致、复杂的内心活动。

从叙事本质上讲，每一篇叙事作品都是以某个叙述时间作为故事开端，由此讲述主要事件的过程的，《骑桶者》自不例外，它是从故事的中间开始讲述的。所以，我们读不到一些"可靠"的信息：这是发生在什么时代的事情？这是什么地方的冬天？这是冬天的什么阶段？"我"的身份是什么？"我"有家庭吗？"我"的煤是从什么时候烧完的？"我"为什么会如此困窘？既然煤店老板说"已经给所有的顾客供应了煤"，为什么唯独"我"没有煤呢？除了自然的原因，严重缺煤的困境会不会是"我"个人造成的呢？既然是去"弄些煤来烧"，那又为什么不带钱去买呢？这些理应充分报道的"可靠"事实，都被人物的主观性所扭曲，读者看到的是一种"变形了的信息"（申丹、王丽亚，《西方叙事学：经典与后经典》），需要读者作完全而合理的解读。正是叙述者对事实报道的不充分、不完整，才给读者带来了无限想象的空间，也为读者对文本寓意性和多义性的破译提供了某种可能。有些教师在教学时，为充分考虑小说的这种叙述艺术，而去坐实理解，认为这是"发生在第一次世界大战中奥匈帝国最艰苦的一个冬天的真实故事"，这就把卡夫卡通过小说表现对现代人类生存境况的洞悉与忧虑，仅仅局限于对某一物质生活状况的反映了，削弱了小说的思想意义。

## 二、核心情节

《骑桶者》的核心情节是"我骑桶飞翔"，这本身就是非常"不可靠"的，因为无论是什么样的煤桶，都是不能飞翔的。"我"骑的是什么样的煤桶，小说中并没有明确交代，叙述的不具体给阅读者留有了理解与再造的余地，所以有人认为是"铁桶"（叶庭芳，《卡夫卡全集》），而有人则认为是"木桶"（《〈外国小说欣赏〉教师教学用书》）。但不管是铁桶还是木桶，它的飞翔都是要有一定条件的，可叙述者却避而不谈，说飞就飞，完全按照自己的意愿来行事。飞翔这一行径，与要煤这个行为，产生了巨大反差，因为飞翔是在上的行为，而煤是埋在地下的。虽然飞翔是那么的浪漫和美好，让人感到轻松愉快，但却被用来承担"赊煤"这样沉重的主题。这就注定了飞翔不可能达到预想的目的，而会使他陷入更加严酷的现实，产生更加令人心酸的结果，从而形象地表现了预想与现实之间如此矛盾、悖谬与怪诞的程度，这是极具有反讽意味的。

既然如此，那为什么"我"不是拎着或提着煤桶而是骑着它去呢？这首先是因为"我"对煤的需要太迫切了："煤全部烧光了；煤桶空了；煤铲也没有用了；火炉里透出寒气，灌得满屋冰凉。""我可不能活活冻死；我的背后是冷酷的火炉，我的面前是同样冷酷的天空，因此我必须快马加鞭，在它们之间奔驰，在它们之间向煤铺老板要求帮助。"骑着桶去肯定要比提着或拎着去速度更快。"我可以骑着它来到这里"还是为了更好地证明"我"没有说谎，"我的煤桶已经空了"，"我"确实"一星半点煤屑都没有了"。正因为"煤店老板对于我的通常的请求已经麻木不仁"，所以"我"必须用这样一种非常奇特的方式向他请求，哪怕是"一铲最次的煤也行"，以换取他对"我"的哪怕一点点同情，"如果你们给我两铲，那我就喜出望外了"。这就使"我"骑桶飞翔的荒诞又显得非常自然、真切。

现实的窘境逼使"我"做出了匪夷所思的举动，而这样的举动却不可能达到预期的效果，"骑桶飞翔"致使"我"与煤店老板之间产生了"距离感"或"疏离感"。正因为"我"在空中，而煤店老板在地下，他们处于完全不同的世界，而生活在两个世界中的人，又怎么能够形成对话、达成和解呢？煤店老板怎会伸出援手呢？所以，整个赊煤事件显得很不真实，"仿佛是赊煤者本人的一次妄想症发作的结果"（《〈外国小说欣赏〉教师教学用书》），至于到底有没有发生过，作者不说，读者也无法得知。这正是第一人称叙述的局限性，读者仅能看到聚焦人物视野之内的事物，这样就容易产生悬念。读者只能随着"我"来认知一切，对"我"所叙述的一切必须投入积极的阐释，尽量做出较为合理的推断。这其实是卡夫卡运用的一种艺术手法，"一种'间离'技巧，或曰'陌生化'手段，借以使熟悉的事物陌生化，启悟人们从另一个角度去洞察现实，进而向人们提供一条思路，认清自己的可虑的境况"（叶庭芳，《卡夫卡全集·总序》）。对这一核心情节，有的教师沿用《〈外国小说欣赏〉教师教学用书》中的说法，认为"他选择飞翔这种方式是因为他害怕失败，所以他飞着去，并且随时准备撤走"，这不仅于文本无据，而且把作品对严酷现实的反映，窄化为对"我"这一人物性格缺陷的批判，实是对文本的误读。

## 三、人物对话

《骑桶者》叙述的不可靠性还体现在人物对话这个层面。对话在小说中占了很大的篇幅，这种直接引语的形式表面上是对原话的忠实转述，实则却是通过对场景内容的选择来达到不可靠叙述的目的。这种对话形态有两类，一是"我"与煤店老板的对话，一是煤店老板夫妇的对话。非常清楚，两类对话分属不同的话语体系。煤店老板夫妇的对话主要是围绕"顾客""供应""品种""价格""买卖"等进行的，这其实只是纯商业活动，是以金钱交易为主导价值的，没有什么同情因素掺和在其中，也不会产生慈善的赊欠行为。对于煤店老板而言，只有与金钱有关的言行才能被清楚地表达、明确地接收，非金钱的言行"什么也没有看见，什么也没有听见"。由此我们可以深入理解卡夫卡如此表现现实的冷酷，是要表达在一个"异化"的社会里，人与人之间无法进行正常沟通的主题。

不少教师在引导学生分析煤店老板夫妇的形象时，多加以一定的道德审判，这样的阅读行为本身正说明了叙述者对读者的成功控制。叙述者对事件的感知是"她当然马上看到了我"。叙述者对老板娘的话的转述："外面什么也没有；我什么也没有看到，什么也没有听到；只是听到钟敲六点，我们关门吧。真是冷得要命；看来明天我们又该忙了。"以及事情的结果："她什么也没有看见，什么也没有听见；但她把围裙解了下来，并用围裙把我扇走。遗憾的是，她真的把我扇走了。"她真的什么都没有看见，什么也没有听见吗？叙述者的观察就这样一步一步地引导读者对其进行道德审判，且这正是他的目的。他甚至在最后直接告诉读者，"你是个坏女人"。而这样的批判在缺乏更多事实的情况下，不乏主观偏见，是不可靠的。

"我"与煤店老板夫妇的对话主要是"我"的请求，这样的请求很有反讽意味，这是无所依靠、处于困窘境地的青年人向生活安逸、较为富有的老年人乞丐式的哀求："煤店老板，求你给我一点煤吧"，"我只要一铲子煤"，"一铲最次的煤也行"；为了打动他们，"我"还跟他们套起了近乎："是我啊；一个老主顾；向来守信用；只是眼下没钱了"，"衷心地向你问好"，"我有了钱，就会给你的"。可是，"我"的所有这些话，却是在空中说的，尽管"我"声嘶力竭，尽管"我"无比可怜，尽管"我"信誓旦旦，但这样的对话却是无效的，不可能传到煤店老板的耳朵里，它只会和"教堂尖塔上晚钟的声响混合在一起"，"使人产生了错觉"；如此缺乏必要的信用制约、完全不靠谱的"空口说白话"，也不可能打动他们。而"寒冷所引起的没有感情的眼泪模糊了我的眼睛",也就是说连他自己在说这些话时,也没有什么情感因素了,这种不诚恳又与自己的初衷相矛盾,也与前面的请求相违背,而企望以这样的"无情"换取"有情"的施舍又怎么可能呢?

其实,正如前文所说,由于"我"和煤店老板分属两个完全不同的世界,他们拥有完全不同的生活准则和行为文化,所以"我"与煤店老板根本不会有交流的可能,"我"所预想的交流不可能产生,它只不过是叙述者的自说自话而已,这样报道的事实当然是不可靠的。这同样可以归结到人与社会的矛盾不可调和,卡夫卡借此"捏到了生命的痛处"(出自教师教学用书)。我们切不可将未能正式形成交流的原因归结为"交流方式有问题",而"交流方式的不恰当"又正是"交流者自身的性格弱点导致的"(出自教师教学用书)。那样理解,未免皮相,没有抓住不可靠叙述的本质。

## 四、价值评判

《骑桶者》还在叙述事实的同时穿插了一些价值评判,这些价值评判是从叙述者的立场作出的,它必然带有叙述者的主观因素,对故事事件的理解有很大偏颇,因而显得不可靠。这种不可靠的价值评判主要是通过对事件不准确的感知形式表现出来的,如在开头部分,叙述者说"煤店老板对于我的通常的请求已经麻木不仁",这样的评价缺乏足够的事实依据,因为后文中煤店老板自己说:"我们已经给所有的顾客供应了煤。""我"在到达煤店时,看到煤店老板在写字,老板娘在织毛衣,他们的悠闲说明他们没有说谎。这一点也得到了"我"的认同:"所有别的顾客你们确实都已供应过了"。而被供煤的所有顾客不可能都是用"非通常"的方式向他们"请求"的。那既然如此,为什么老板唯独对于"我"的请求无动于衷、"麻木不仁"、不予理睬呢?以往"我"和他们之间发生了什么事情?"我"给煤店老板所留下的印象是什么呢?叙述者肯定隐瞒了一些事实。不仅如此,老板因为成天劳作,都已得了严重的咳嗽了。当老板娘发现外面很冷时,她说"看来明天我们又该忙了",他们是如此尽职和敬业。而相比之下,"我"却显得不那么诚实与厚道。当老板娘"用围裙把我扇走"时,"我"显得气急败坏,高声痛骂:"你这个坏女人","你这个坏女人!"而她又有什么错呢?

这不只是对事实本身的误报，还是叙述者把自己的叙述意图强加于人物之上。"我"在赊煤前后，判若两人，赊煤前是那么谦卑、恭顺、忐忑，赊煤时是那么低下、谄媚、可怜、无力，赊煤不到后又那么气恼、仇视、诅咒、决绝。叙述者的主观感知与评判，清楚地显现了"我"性格上的分离，丰富了叙事的修辞效果，对刻画人物性格、强化文本张力有重要作用。

这种表面上看是对人物煤店老板夫妇的话语，实际在很大程度上是叙述者"我"说给读者听的，他通过选择对自己有利的情节片段，而不是用叙述者的直接叙述，来诋毁老板夫妇的形象，塑造自己的正确面，来实现不可靠叙述的目的。这种不可靠叙述的方式往往不易被读者察觉，因而在很大程度上蒙骗了读者，伪装了自己的可靠身份。所以"我"对煤店老板夫妇的批判，势必会影响读者对他们的看法态度，造成读者对老板夫妇的不满，认为他们是势利的、冷漠的人。难怪有的教师在课堂上引导学生分析人物形象时，要用刻薄的话语谴责他们的行为了。

这种似是而非、亦真亦假的评判还表现在对无所不在的"上帝"的评判上。在"上帝死了"（尼采语）的时代，"人类文明创造的一切努力都在向自身利益和愿望的反面转化，从而导致人的生存陷入更为全面、深刻的危机和困境"（叶庭芳语）。所以，"我"看到的天空"成了一面银灰色的盾牌，挡住向苍天求助的人"，当然这只是此时"我"对上天的一种看法，而不具有普遍意义。虽然"我"设想煤店老板"在十诫之一'不可杀人'的光辉照耀下，也将不得不把一铲煤投进我的煤桶"，但那只是"我"的臆想，并无实现的可能，因为在物欲横流的时代，人的精神家园已经丧失，那些传统的价值观、道德观早已失去了对人的行为的约束作用。我奋力喊出的"不能马上"的声音，只是和"教堂尖塔上晚钟的声响混合在一起"，那理应给人带来祥和、宁静、关爱、幸福的教堂晚钟，除了提示人们"该关门了"，"该休息了"，维持一种庸常的生活状况之外，还能拯救已陷入万劫不复境地的人们吗？"我"到了冰山区域怎么生存？以后又将到哪里去？这都是未知的，也是不堪设想的。这就是一个在充满矛盾、扭曲变形的世界里惶恐，不安、孤独、失落、迷惘，对现实世界充满陌生感和异己感，无法接受这个世界，遭遇困境而不敢改变，也无力改变这个世界的底层小人物的生存状态。叙述者就是这样，通过自己的不完整叙述以及似是而非、或虚或实的评判，表达了自己的真实内心，向读者传递了文本的主题意义，扩充了阅读的审美效果。

非常明显，《骑桶者》通过变形的叙述，传达了变形的信息，这样的叙述缩短了读者与叙述者之间的距离，使得（操控）读者成为了他的"同谋"，与他站在同一个立场，一起完成了对煤店老板的道德审判，形成了对上帝的重新认识；对以"理性"为主旨的现代社会价值法则、价值秩序的客观冷静的思考甚至怀疑、动摇和厌恶，则深化了对社会和人生的认识。读者由此对作品所体现的价值判断和审美取向有了崭新的认识和独特的感受与体验。这正是使用不可靠叙述的修辞意义。

# 无法避免的"可靠性"问题

## ——《品质》叙事艺术浅探

　　《品质》是一篇叙述者与人物存在于同一个故事层面的"同故事叙述"文本，其作者高尔斯华绥选择了一个独特的叙述者"我"充当叙述故事的角色。受传统叙事学理论的影响，大多数教师在教授这篇小说时，对叙述者的这种独特性关注得不太多，更没能从现代叙事学这一维度对作品进行具体而深入的解读，致使文本的阅读意义与教学价值受到一定的消解。本文试图借助于现代叙事学中的可靠性理论，探讨其叙事艺术特点，寻绎一些被忽略的叙事技巧，以把握其独到的教学意义。

## 一、可靠与不可靠叙述

　　美国文学批评家韦恩·布思在《小说修辞学》（1961）中提出了"隐含作者"这一重要概念，所谓"隐含作者"，就是处于某种创作状态、以某种立场来写作的作者。而故事叙述者作为人物，经常与隐含作者创造的作品规范有不同程度的距离，这种距离或者是叙述事件时前后不一致或与事实不相符，或者是进行价值判断时出现偏差，从而使得叙述经常呈现出不可靠性。针对这种情况，研究者把"是否共用隐含作者之标准"进行叙述作为检验可靠性的试金石，"言语或行动与作品常规（指隐含作者的常规）相一致的叙述者是可靠的叙述者，否则是不可靠的叙述者"。

《品质》作为第一人称叙述模式的作品，叙述者"我"不仅仅是鞋匠格斯拉弟兄故事的讲述者，还是格斯拉弟兄某一特定生活经历与人生遭际的经历者、见证者；他虽然主要担纲叙述者的诸多职能，但也表现出小说中人物角色的一些功能；他主要是向读者或他周围的人讲述格斯拉弟兄的事迹，但在看似平铺直叙的讲述中也有自己的看法与判断、评价和认识。在多重关系与多重身份之下，"我"的叙述能否做到完全真实可靠，应该成为我们对文本进行解读的一个很好的入口。正如所有的第一人称叙述故事一样，由于"我"要"服从"于故事叙述者和小说中的人物自身的身份，"我"的叙述受到了很多的限制，这就必然会出现与"隐含作者"的规范发生差异的情况，而成为不可靠叙述。同时，当格斯拉弟兄的某种情况通过"我"的叙述传递给读者时，读者也需要判断究竟是否为客观事实，是否为"我"的主观性所扭曲。不难看出，这些不可靠叙述往往涉及"我"对格斯拉弟兄的不了解或非正确非全面的理解。毫无疑问，由于种种原因"我"的叙述就必然会引起读者对其可靠性的质疑。

不仅如此，在《品质》中，第一人称"我"的叙述有时又转换成第三人称，比如对"人们"到格斯拉弟兄店铺的情形的叙述，比如通过新过户的店铺主人介绍格斯拉的一些情况，等等，这使得"可靠性"问题与故事叙述如影随形、挥之不去，难怪詹姆斯·费伦如此感叹："无论何时，只要我们有一个人物——叙述者，不管这个人物是主人公、目击者，或与行动相隔甚远的转述者，可靠性的问题就是不可避免的。"（《作为修辞的叙事》）由于叙述者参与了故事本身，"我"叙述的可靠与不可靠就可以成为我们对作品理解与认知的一个出发点。

## 二、叙述者——人物角色的不可靠性表现

《品质》故事的叙述者是一个普通顾客——"我"。叙述者"我"既是叙述主体，同时也是故事中的人物，或者说有了"我"的在场，格斯拉弟兄的故事得到了充分展开。但在大部分情况下，"我"的人物功能表现相对较弱，几乎被读者忽略，更主要的是发挥叙述的职能，讲述"我"所知道的格斯拉弟兄的故事。但叙述者的叙述功能和人物功能显然不可分割，忽略其中任一

方面都会使叙事的意义和价值大打折扣。下面对不可靠性的分析是把这两者统一在人物角色身上。叙述者——人物角色的不可靠性表现可以归结为以下三个方面。

### 1. 叙述者的身份感

"我"不论是作为叙述者还是作为人物（顾客），均有较为明确的身份感：作为叙述者的"我"在向读者讲述着格斯拉弟兄的故事；而作为故事中的一个人物，"我"是一个顾客，"我"与格斯拉弟兄有一段交往，"我"与他们交往的故事也是格斯拉故事的组成部分。客观上，"我很年轻时就认识他了，因为他承做我父亲的靴子"。"我"成年后又一直是格斯拉的主顾，这种客观地位决定了叙述者——人物的身份，他似乎能做一个较有全知功能的叙述者。主观上"我"也有自知的身份感，小说中有好几处表现了这种身份感：一是他年幼时对格斯拉店铺标志性的"橱窗里陈列着几双靴子"印象深刻，但又缺乏了解，"要想说明橱窗里那些靴子为什么老不更换，我总觉得很为难"；二是评价格斯拉弟兄所做的靴子，"只有亲眼看过靴子灵魂的人才能做出那样的靴子——这些靴子体现了各种靴子的本质，确实是模范品"，但这不是"我"当时初见靴子的看法，而是"在后来才有这种想法"，可这个"后来"是什么时候，"我"并没有明说；三是"我"很长时间无法弄清格斯拉两兄弟谁是谁，"我在早年有时候要等到跟他们定好靴子的时候，才能确定他们到底谁是谁"，但事实是当格斯拉的哥哥去世以后，"我"再走进他的店铺时，"我"仍然这样判断弟弟——"在店堂出现的正是他的哥哥"；四是格斯拉兄弟的先后死去，"我"都没有亲身见证，以至他们的死亡原因都比较含糊不清；五是"我"从事的职业与格斯拉兄弟毫不相干，并经常去国外，"我"在格斯拉兄弟的生活中时隐时现，这也使得他们两兄弟的故事断断续续。

这种身份感时时在限制着人物，提醒着"我"与格斯拉兄弟的距离。在叙述者——人物相对不成熟，叙述者也难以走进对象内在世界的情况下，叙述极易落入平庸化的陷阱。换句话说，由于受身份感的左右，叙述者的叙述往往是不可靠的。叙述者初始叙述时的年龄虽不能具体确定，但"对他们两兄弟的品格"有"模糊的印象"是"在我大约十四那年，我够格跟他定做成年人靴子的时候"。就年龄阶段判断，这样的叙述是偏向诚实可信的：比如他推断"做靴子，特别是做像他所做的靴子，简直是神妙的工艺"；比如他在得知格斯拉去世后，对格斯拉的赞赏与同情。但尽管如此，年幼的他第一次作为顾客出现在格斯拉的面前时，"我"是"羞怯"的，"我"看到的是格斯拉"含讽带刺的红胡根上，突然露出了一丝的微笑"。在成人格斯拉面前，"我"表现得很不自信；当格斯拉用"又批评又爱抚的眼光注视着靴子，好像在回想他创造这双靴子时所付出的热情，好像在责备我竟这样穿坏了他的杰作"时，"我"是忐忑不安的；当格斯拉批评人们"不要结实靴子"时，"我有一种难以描述的感觉，以为他的心里把我看成对他存坏意的一分子"，而这样的感觉自然使得包括"我"在内的所有顾客"不喜欢"；"我"最后一次向格斯拉定做靴子的时候，看到"他变得衰老极了，看了实在叫人难过"，这是"我"对格斯拉的同情，但是"我"却仍然"真高兴离开他"。由此看来，"我"的叙述又是有倾向和评价的。叙述就在这种伦理判断的矛盾中进行，顾客这一身份无论在客观或主观上都造成了这种矛盾。故而，正是"我"作为一个普通顾客的身份决定了其叙述内容的不可靠。

### 2. 叙述者的立足点

叙述者的"我"有其相对确定的位置，"我"观察和了解格斯拉的立足点是也只能是他的"店铺"，"我"的叙述也就只能围绕着他所做的靴子来展开：由店铺橱窗中陈列的靴子，到店铺里用来做靴子的皮革，再到做靴子的格斯拉弟兄。他对格斯拉的叙述表现为亲眼所见的证明、边缘化的旁观、转述他人的叙述以及近距离直接观照。由于身份的特殊，"我"亲眼所见了格斯拉的一些故事素材，这些故事都与店铺有关。在这样一个特定的场合，"我"所见到的是"最好的靴子"；"我"知道格斯拉两弟兄成天地做着"靴子的梦"，他们"热爱靴子"，他们"从早到晚坐在那里做靴子"，他们说得最多的一句话是"这是一张美丽的皮革"。由于观察的视角所限，"我"对"橱窗里陈列着几双靴子"格外关注，先后有三次叙述，形象展现了主人公对靴子品质的执著追求和人物的悲剧命运；当然，这样的"旁观"还包括人们"决不赊格斯拉兄弟俩的账"，人们到他的店铺时，"心平气和地像走进教堂那样"，虔诚又尊敬。

在这种情况下，叙述者往往会身不由己地为环境所同化，从而失去他的个性立场，叙述功能趋向单一，人物功能逐渐凸现出来。他参与到了格斯拉兄弟的故事中了，比如他去做靴子时与他们的几次对话，他试图了解他们的生活，探寻他们的内心。显然在这个时候，叙述者的叙事准则和真实作者的叙事准则是不一致的，他与隐含作者的常规也是不一致的，因而叙述者的叙述表现为不可靠。在这种情况下，"我"由边缘化的旁观到试图走近格斯拉，这表明叙述者立足点、聚焦点的位移。愈是走近格斯拉，叙述愈出现主观化的判断和评价。但令人不解的是这种位移随时有被打断的可能。"我"初次看到格斯拉，"他本人有点儿像皮革制成的人"，他的面孔特征是"僵硬和迟钝"，"只有他的蓝灰眼睛含蓄着朴实严肃的风度，好像在迷恋着理想"。这是自发的判断与评价。当格斯拉向"我"走近，并回答了"我"关于"做靴子是不是很难的事"的问题时，他的"含讽带刺的红胡根上，突然露出了一丝的微笑"。很明显，"我"对他是赞赏的。但当他责怪人们"好像不要结实靴子了"的时候，"我"却明显感觉到他的"带责备的眼光和语调"，并产生了"一种难以描述的感觉，以为他的心里把我看成对他存坏意的一分子"，而那样的感觉"人们是不喜欢"的，所以"我"自然也不会喜欢，并"很快就离开了那里"。甚至当"我"最后一次遇到格斯拉，看到他"衰老、瘦弱，不断地发抖"时，"我"的"心里有些烦闷"，并"真高兴离开他"。这时的"我"已完全放弃了自发的价值判断，选择了社会伦理价值判断，拒绝走近格斯拉。"我"虽然很喜欢他做的靴子，甚至"撇不开这位老人"，但对他的命运并没有多少的关注，"我"去看他，有时竟是为了能够"看到他的哥哥"，因为"他哥哥很老实，甚至在暗地里也不至于责备我"。这说明，"我"与格斯拉的关系其实是疏离的。

在故事的结尾，"我"从格斯拉店铺的新主人那里了解到了他的悲惨结局，"我"由衷地发出赞美——"他做了顶好的靴子"，"我"又走近了格斯拉，"我"感受到了"靴子的灵魂"，"我"体悟到了格斯拉所做靴子的"品质"。此时的"我"不再是一个客观的叙述者，客观报道事实的同时，直接参与了对人物和事件的评价。这一仅限于对靴子"品质"的评价是作为"人物"的"我"直接发出来的，不能完全代表隐含作者的某种价值判断，从而显示了评价的不可靠。

由此可以推断，叙述的不可靠性出自社会伦理价值判断意识对叙述者——人物的左右，最终决定了其立足点、聚焦点，进而影响叙述的见证度。当"我"最后看到格斯拉时，叙述表现为烦躁、气闷，虽然是超近距离的观照，"我"却对格斯拉整个生存状态感到吃惊：六十刚出头的人却"仿佛已经七十五岁了"，十分的"衰老、瘦弱"，"不断地发抖"，非常迟缓的动作，以及脸上只有细看皮靴时才会恢复的"镇静"气色；但"我"跟他的交谈始终只有一个话题——靴子，而对他的生活情景除了转述他自己的话以外，"我"既没有任何评价，也没有半句的关心；"我"不但再一次错认他为他的哥哥，"我"甚至都没能敏锐地观察到他行将走入人生末路的悲惨命运。格斯拉给"我"留下的最深印象就是他"做了顶好的靴子"，正是在这样的叙述中，"我"和格斯拉完成了互不了解的对视。

3. 叙述时间

《品质》的叙述时间很有特点，明显具有散文化倾向，小说没有清晰的时间顺序，没有一个中心事件，所叙述的事件之间也没有必然的逻辑联系，同时由于故事情节淡化，运用我们熟知的小说情节发展的一般顺序的一些知识是无法读解的。但尽管如此，文中还是有一些表示时间的概念，如草蛇灰线蜿蜒其中，作为叙述的线索，以提醒读者注意。

站在成年"这时"的角度，叙述者开始了他的叙述，但很快他把时间拉回到年幼时，中间又穿插回忆了与格斯拉交往的几个片段，这使得他对所经历的事件不能准确排列在时间的轴线上，记忆和叙述似乎失去了时间序列，几乎所有的时间概念都是不明确的，简言之，叙事是模糊的、不准确的。限于叙述者的具体情况，隐含作者有意创设了人物从自我感觉出发的时间序列，因而故事初始的时间线索是"我很年轻时就认识他了"，但这"很年轻时"与"年轻时"的区别在哪里呢？叙述者没有交代，所以"年轻时"并没有具体的时间，而是一个模糊的"那时"。这是一种完全私人化的时间概念，叙述者并没有理性的常规时间概念，而是采用一种形象化、感觉性的事件与时间结合的方式。

这种方式在文中应用相当广泛，如："我还记得"，"大约十四那年"，"有一天"，"在早年有时候"，"有一次"，"差不多穿了两年"，"后来"，"过了很久"，"不久以后"，"过了一年多"，"有一天晚上"，"一个星期以后"……这样的时间线索对读者来说显然是不充分的。与其说这是一条时间线索，毋宁说这是一条事件线索，"我还记得""在早年有时候""差不多穿了两年"之类直接就是叙述者对事件的感觉。其实这种事件与时间结合的私人化的时间概念在小说中还有一些变形，如："我清楚地记得"的并不是事件本身，而是他所提的一个问题——"做靴子是不是很难的事呢？"，以及格斯拉"含讽带刺"的胡子；"我离去时，他是个六十岁的人，我回来时，他仿佛已经七十五岁了"，"离去"的时间只有"一年多"，人物的面目竟然发生如此大的变化，而且明确说是"七十五岁"，这就只能是"我"的一种错觉。这样的叙述时间是独特而有个性的。

生活中的我们对时间概念的接受往往受制于选择什么样的方式表达时间，这种表达在生活中是很明确的，比如某年某月某日某时发生了什么事情。但在叙述者看来，有时时间并不重要，他所关注的只是事件本身。这样一来，在表达时间的方式上就会有一些独特的地方，比如我们跟小孩讲故事时就常以"从前""过去""古时候"来起头，至于这"从前""过去"与"古时候"到底是在什么时候，是不需明确的，也是无法深究的，但在实际讲述效果上却更加具有神秘色彩，所以在很多情况下，我们更习惯于用事件说明时间。高尔斯华绥正是悉心选择了"我"的时间叙述方式，在某种有意或无意的遮蔽与模糊中以一种"伪现在时"进行叙述，同时也把读者置于不可知的时空状态，使理性时间在叙述中渐次退席，凸现了事件超越时空的意义。毫无疑问，与我们孩提时从那些"从前""过去"的讲述中得到的是永恒的记忆，听到的是那些永远具有经典意义的事件一样，高尔斯华绥是在有意创造这种叙事的永恒。从叙事的技巧层面看，正因为这种叙述时间存在着极大的不可靠性，所以故事的魅力不断得以显现。

## 三、不可靠叙述的阅读意义

如前所述，与叙述者的身份、阅历、职业及其认识能力相关，叙述者的叙述表现了其在事实报道上的不可靠和在伦理评价方面的不可靠，从故事的叙述结构来看，叙述者几乎完成了他的任务，但隐含作者似乎并不愿意就此打住，他通过种种叙事技巧编织了读者无法回避的反应。

如果说《品质》这篇小说给我们提供的格斯拉的故事是显性的，是意义分析与关注的焦点的话，那么我们往往忽视了叙述者。很多教师教学时并没有把他当作作品中的一个人物来看待，对他所作出的评价也较为简单，诸如用幼稚、好奇、有同情心、讲究美观实用、追求时髦之类的词来概括他。这是对叙述者所应有的感知与认知的简单屏蔽，对他所做出的是某种社会伦理的批判。这就不难解释为什么有的教师让学生讨论面对格斯拉的悲惨遭遇"我"应该怎么办的问题。

"同故事叙述允许人物角色与叙述者角色不完全一致，这有助于更大的叙事目的。也可以展示不一致运作本身的魅力。"（戴卫·赫尔曼，《新叙事学》）正因为故事叙述者的"我"与作为人物的"我"不是一回事，所以作为人物的"我"是叙述者的"我"描述、观照、叙述的对象，两者并不能完全重合。由于人物的"我"在故事中有较长的一段时间跨度，"我"的那些知识、感知与现在叙述故事的"我"的知识、感知是不一致的。难道是因为"我很年轻时就认识他了"，而"他做了顶好的靴子"，所以就来讲述格斯拉的故事？格斯拉兄弟的命运到底意味着什么？时隔许多年以后的叙事意义何在？这些认知的空白告诉我们，叙述者对自己动机的报道和读解都是很不充分的。

这种不充分读解表现在叙述中所恪守的是客观甚至带有调侃性质的叙述：格斯拉"有点儿像皮革制成的人"；要确定他们到底谁是谁需要通过有没有说"我要问问我的兄弟"来判断；他们成天沉睡在靴子的梦中。但随着作者对格斯拉艰难处境的逐步了解，这种叙述却变得激愤起来：在他满是褶皱的面孔上，看到了"惨痛的东西和惨痛的奋斗"；当发现"他变得衰老极了"时，"我"的情绪非常"难过"，乃至在最后走近他的店铺所在地时，"我发现他的姓氏不见了"的时候，"心里很不舒服"。这样，叙述者就下意识地把自己区别于"旁人"，在瞬息之间超越庸俗，靠近到叙述对象的生活与精神层面。但他的这种努力，并不意味着他对格斯拉弟兄的认知与感知就相当完备，所以他只能转述格斯拉死亡的消息及其原因，他自己也对其"饿死"表示怀疑。叙述者的表述显然是矛盾的，甚至他对橱窗里陈列着的几双靴子的叙述也是如此：如果说靴子的命运是人物命运的缩影，那么靴子本身难道会从"模范品"，变得"失去了孤高的气派"，最后换了一个能迎合新潮流的主人之后却又依然漂亮？我们稍作推敲，会感觉到叙述者很困难地绕了一圈，他究竟是要表达什么呢？究竟是出于何种动机在完成这样自相矛盾的叙述？正是在感知与认知的矛盾中叙述者完成了对格斯拉的叙事，而把判断与评价留给了读者。

与叙述者所传达的事实形成明显对照的是，高尔斯华绥与我们交流的是人性的高贵、品质的纯洁、社会化大工业生产背景下传统产业与工艺艰难生存的可悲、道德理想的逐渐失落乃至沦丧、人们不知顺应时代发展社会变化的可叹、如何看待对人和事物"品质"的追求以及怎样坚守为人做事的"品质"。他在与我们一起为过去的美好记忆和当下的沉重现实而冷静、敏锐并带有几分痛苦地思考。在他非常节制而理智收敛的叙事行为中，"他坚信读者有能力读解出他的种种间接表达后面的真意，并在叙事的关键时刻把握好我们自己"（张晓勇，《重新审视可靠性》）。

# 原来应该这么写

## ——《七颗钻石》课文与最新修订版译文的比较分析

新修订的七年级语文课本依然选入了列夫·托尔斯泰的童话《七颗钻石》，其所用的也仍是《读者》2000年第22期卷首语的同名文章，而《读者》又是从2000年第3期《校园文摘》中转载过来的。这篇文章出自列夫·托尔斯泰晚年所编著的《生活之路》一书。《生活之路》于1996年由南开大学文学院王志耕教授初次翻译，1998年由漓江出版社出版，2006年中国人民大学出版社出了修订版，2015年商务印书馆出了最新修订版。从时间上推断，《校园文摘》所转载的应该是王志耕译文的初版。王志耕的译文是根据列夫·托尔斯泰全集（90卷）的第45卷翻译的，这个故事的俄文出处如下：Толстой Л. Н Путь жизни // Полн. собр. соч. в 90 томах. Т. 45, М.: ГИХЛ, 1956, c.392. （译文：托尔斯泰《生活之路》，见《托尔斯泰全集》第45卷，莫斯科：国家艺术文献出版社，1956年，第392页。）根据初版、第一次修订版和最新修订版，原文均在其第二十五章"舍弃自我"的第四部分"对他人真正的爱只有舍弃自我才能实现"中，为第9小节，独立成篇，只有序号没有题目，"七颗钻石"应是转载者所加。

对照王志耕的最新修订版译文，笔者发现课文与其共有13处不同，它们所涉及的主要是一些词句，虽说这些词句对译文原貌没有太大的改变，对学生理解文意也没有太大的影响，但从让学生明白"原来应该这么写"（鲁迅语）的角度看，我们还是应该从语意表达的合理性和准确性来仔细推敲这些不同之处，让学生读到更准确、更贴切的译文。

**课文与最新修订版译文比较一览表**

| 所在段落 | 课　文 | 最新修订版译文 |
|---|---|---|
| 第一段 | 1. 许多人及动物都焦渴而死。<br>（初版、《读者》与此同。） | 1. 许多人和动物都焦渴而死。<br>（第一次修订版与此同。） |
| 第二段 | 2. 当她醒来的时候，拿起罐子一看，罐子里竟装满了清亮新鲜的水。<br>（《读者》与此同。） | 2. 当她醒来的时候，拿起罐子一看，**险些把里面的水洒出来**。罐子里竟装满了清亮新鲜的水。<br>（初版、第一次修订版与此同。） |
| | 3. 她匆匆忙忙，没有注意到脚底下有一条**狗** | 3. 她匆匆忙忙，没有注意到脚底下有一条**小狗**<br>（初版、《读者》、第一次修订版与此同。） |
| 第三段 | 4. 罐子里的水还是满满的。 | 4. 罐子里的水还满满的。<br>（初版、《读者》、第一次修订版与此同。） |
| | 5. 小姑娘往手掌里倒了一点水 | 5. 小姑娘**把**水倒在手掌里一点<br>（初版、《读者》、第一次修订版与此同。） |
| | 6. 小狗把它舔净了 | 6. 小狗把它**都**舔净了<br>（初版、《读者》、第一次修订版与此同。） |
| | 7. 我反正**就**要死了，还是你自己喝吧。<br>（《读者》与此同。） | 7. 我反正**都**要死了，还是你自己喝吧。<br>（初版、第一次修订版与此同。） |
| | 8. 又把水罐递给小姑娘。<br>（《读者》、第一次修订版与此同。） | 8. 又把水罐递**回**给小姑娘。<br>（初版与此同。） |
| | 9. 正想凑上水罐去喝的时候<br>（《读者》与此同。） | 9. 正想**要**凑上水罐去喝的时候<br>（初版、第一次修订版与此同。） |
| | 10. 突然从门外走进来一个过路人，讨水喝。 | 10. 突然从门外走进来一个过路人，**要**讨水喝。<br>（初版、《读者》、第一次修订版与此同。） |
| | 11. **接着**从里面涌出了一股巨大的清澈而新鲜的水流。<br>（《读者》、第一次修订版与此同。） | 11. **随着**从里面涌出了一股巨大的清澈而新鲜的水流。<br>（初版与此同。） |

续表

| 所在段落 | 课　文 | 最新修订版译文 |
|---|---|---|
| 第四段 | 12. 而**那**七颗钻石越升越高（《读者》、第一次修订版与此同。） | 12. 而**这**七颗钻石越升越高（初版与此同。） |
| | 13. **升到了**天上（初版、《读者》、第一次修订版与此同。） | 13. **升到**天上 |

　　从上表可以看出，属于1998年初版与最新修订版不同的有1和13两处，属于《读者》转载与最新修订版不同的有1、2、7、8、9、11、12、13等8处，属于第一次修订与最新修订不同的有8、11、12、13等4处，属于课文与各版本均有不同的有3、4、5、6、10等5处。从前后三种译文看，译者对一些文字经过了不断斟酌与反复推敲的过程。与最新修订版相较，课文中有文字增加的，有词句删减的，也有直接改换为其他词语的；涉及的主要是词语，也有句子；词语中有实词，也有虚词。其中除了1、8、11、12、13等5处与初版或第一次修订版译文相同外，其他都有所不同。下面按照行文顺序进行比较分析，看其"应该"还是"不应该"这么写。

　　（1）从词性看，"及"与"和"都是连词；两者的功能也没有区别，都是连接名词"人"和"动物"的。一般而言，"及"所连接的内容有主次之分，而"和"则是表示一般的并列。改"和"为"及"，也许与我们对"人"与"动物"的生命认识有关，但在文中，作者是把人与狗一样对待的。相较而言，"及"的书面语味道更浓一些；而童话的语言特点是口语化，要用孩子的口吻说话，所以用"和"更好。译者可能也意识到了这一点，所以后来的两次修订都改成了"和"。

　　（2）"险些把里面的水洒出来"这一句是承接"拿起罐子一看"而来的，小姑娘睡得迷迷糊糊的，醒来以后拿水罐的动作肯定是比较随意的，甚至是鲁莽的；她不知道里面已经有水，所以用力时不会加以注意，这就会出现"险些把里面的水洒出来"的情况。这句话一方面比较自然地写出了人物动作的过程和具体的情景，另一方面也更能写出水罐的神奇，"罐子里竟装满了清亮新鲜的水"给小姑娘带来的惊喜也就显得非常自然。这使得故事叙述有了曲折，也更加符合生活情理。

（3）如果是"一条狗"，那就可以是"小狗"，也可以是"大狗"；但下文有"小狗哀哀地尖叫起来"，所以用"小狗"肯定比"狗"更加明确。

（4）"还"和"还是"同为副词，在此处都是用在出乎意料的句子里，增强出乎意料的语气，并含有惊讶、赞叹的意味。但仔细推敲，"还"的语气急促，而"还是"则相对较为舒缓，作为以讲述为主要特征的童话语言，自然要激起孩子的阅读兴趣和充分的想象力，朗读时，"还"的表意效果自然要比"还是"好一些。

（5）从便于朗读看，"小姑娘往手掌里倒了一点水"似乎要比"小姑娘把水倒在手掌里一点"顺畅一些，好读一些。但译文所用的是"把字句"，用"把"是对水的一种处置方式，这样更能突出水的重要性。正因为水太珍贵了，所以小姑娘是有意识地倒了"一点"，而不是随意地倒了一点，这样动作的主观性更强，也更能体现出小姑娘的心理状态。

（6）单从"一点水"来看，"小狗把它舔净了"是完全可以的。但问题是这样的"一点水"却非同寻常，来之不易，加上"都"字，就更能说明小狗是"全部"、一点儿不剩地舔净了那一点水，这也能写出小狗对水的强烈渴求，也与开头的景象描写相呼应。从故事讲述看，有了"都"字，就显得更为夸张，这正是童话语言的特点。

（7）"就要"是表示在很短的时间里即将发生或出现某种事情或情况，"就要死了"是"快要死了""将要死了"的意思；"都……了"有"已经"的意思，"都要死了"也就是"已经要死了"的意思。很明显，"就要"表示的多为对未来情况的预测，而"都……了"则有既成事实之意。从"许多人和动物都焦渴而死"与母亲正在生病来看，用"都……了"更符合实际情况，也更能体现出母亲"舍弃自我"的美好品格。

（8）小姑娘把水罐带回家，交给了母亲，而母亲"又把水罐递回给小姑娘"，多了一个"回"字，写出母女俩动作的往返，而"递"则是单向的行为。这"回"是"回答""回复"，也是某种"回绝"，而"递"则没有这么丰富的意蕴。这既是母亲对女儿"舍弃自我"行为的回答与奖赏，也是母亲对女儿真正关爱的体现，有利于突出母亲的形象，有利于凸显童话的主题。

（9）"想"是一种心理愿望，而"要"则是这种愿望的行为即将发生，一个"要"字写出了小姑娘渴望喝水的强烈程度。从动作的前后相承性看，"想"与后面的"突然"出现的情况联系不够紧密，而有了"要"则使所写的情景趋于紧张，也便于叙述的异峰突起，增强故事的可读性。

（10）从语意表达看，"要"和"讨"似乎有点重复，因为它们在"希望得到，请求"的意思上是一致的。但如果通过"还原"的方法来推想当时的情景，这"突然"走进来的一个过路人，必然会与母女俩有一个简单的对话，而对话的主要内容应该就是他"想要干什么"，这是他的一种强烈希望，也是他的一种坚定意志，这正是"要"字所能表达出来的。从一般情况看，有他的"要讨水"，也就可能有母女俩希望他"不要讨水"（舍不得给他喝），无疑，这对表现母女俩"舍弃自我"的精神能起到很好的铺垫作用。

（11）"接着"表示"某一动作、行为或情况紧跟着另一动作、行为或情况的发生"，"随着"是"某一动作、行为或情况伴随着另一动作、行为或情况而发生"，后者的前后关联性更强一些。毋庸置疑，从水罐中"跳出了七颗很大的钻石"在前，"涌出了一股巨大的清澈而新鲜的水流"在后，后者是伴随着前者而产生的；对生存都有困难的人们来说，从水罐中跳出了钻石并非人们的迫切希望，涌出的巨大水流才更让人感到欣喜万分，"随着"能写出人们的这种惊讶与喜悦之情。这就写出了水罐的巨大神奇，更写出了"舍弃自我"带来的巨大力量与无限的影响力和感召力。

（12）"那"表示远指，"这"表示近指。前面说"从水罐里跳出了七颗很大的钻石"，这七颗钻石其时还应该在母女俩的眼前，而"那七颗钻石"则应该离她们比较远了，这不符合当时的情况；"这就是人们所说的大熊星座"则还是对这七颗钻石的近指。很明显，远指"那"与近指"这"前后不一致，容易使人误会为两个不同的对象，而译文都用的是近指"这"，前后所指是一致的。据王志耕先生说，托尔斯泰原文最后一句为：А семь брильянтов стали подниматься выше и выше и поднялись на небо и стали теми семью звездами, которые называются Большой Медведицей. 所以他的初译和最新修订译文为："而这七颗钻石越升越高，升到天上，变成了七颗星星，这就是人们所说的大熊星座。"

（13）"了"是表示某种动作的完成，用"了"即指这七颗钻石在"升到"天上以后不再会有变化，但事实上它的神奇变化还在继续："变成了七颗星星"，也就是说直到成为"七颗星星"时，它的变化才全部完成，所以此处不能加"了"。从朗读效果来看，连续两个"了"也容易使语言板结，缺少变化。最新修订版中都将其去掉了，也说明译者认识到了这一点。

从以上简略的比较分析，我们可以形成这样的初步印象：最新修订版的译文比较准确而简洁，注意到了特定情境之下人物的语言、行动、心理的特征，关注到了事情发生、发展的逻辑，更加体现了童话语言及其故事讲述的特点。

选择怎样的版本作为课文，或者对一些选文进行必要的改动，是见仁见智的事情，但我们的选择与改动应该有充分的理由与充足的依据，应该不影响原文的意思表达、不影响我们对文本的阅读理解、不影响我们对文本独特"言说方式"的欣赏。从以上13处不同的具体情况来看，我们还是要能掌握并选用最新的版本。为了对托尔斯泰的伟大和出版社的声誉负责，王志耕先生坚持"绝不为表达顺畅而损害原文的意思"的翻译原则（王志耕，《生活之路·修订版说明》），这样的原则也应该成为我们选编课文乃至对文本进行准确解读的原则。王志耕先生的译文先后经过两次大的修订，为了"尽可能做到表述更简明、更准确"，在最新修订过程中，他还约请了其他专家，对全部译文进行了"一字一句"的修订（王志耕，《生活之路·修订版说明》），其最新修订译文应该是比较可信的，理应得到我们的关注。

需要补充说明的是，关于这篇课文，我曾经因为一些疑惑，给译者王志耕教授发了电子邮件（见文后附），向他请教一些问题。王先生当即就给我回了信（见文后附），他在信中的解答使我茅塞顿开。他的信帮我解决了几个问题：一是译文的版本问题，让我顺利地找到了初版、第一次修订版和最新修订版，明白了文章中一些语句的前后变化情况；二是童话的主题问题，在我所听的课中，教师都把其定位为"爱的奉献"，这一大方向是对的，但比较笼统、模糊，几乎每位教师都会在课上播放歌曲《爱的奉献》，虽然"煽情"，但却让学生有点厌烦。而作家所要表达的主题却是"只有舍弃自我才能实现对他人真正的爱"。两者的区别在于：前者是人物行为的结果以及对行为的评价，后者则是人物行为的一种方式、途径。后者与文本内容更加契合，主题也更为明确。三是澄清"大熊星座"与"北斗七星"的关系，我国所说的"北斗七星"只是"大熊星座"中最亮的七颗星，两者不可混淆，不能简单地由"七颗钻石"就自然地衍变为"北斗七星"，而要尊重作家原文和译文。

**附：王志耕先生与笔者的通信**

尊敬的王教授：

您好！

非常冒昧，来信打搅您！

我是一名中学语文教研员，前几天听一位初中语文老师执教列夫·托尔斯泰的《七颗钻石》，课文的最后一句话是："那七颗钻石越升越高，升到天上，变成七颗星星，这就是人们所说的大熊星座。"老师对"大熊星座"进行了解释，说大熊星座就是"北斗星"。对其解释，有老师在课后问我两个问题：大熊星座只有"七颗星星"吗？大熊星座就是"北斗星"吗？由于对这篇课文接触不多，我当场没能作回答。

课后，我翻阅了一些教材，发现最后一句有所不同：人教版三年级下册第 19 课的最后一句是："变成了七颗星星。"语文 S 版三年级上册第 17 课的最后一句与苏教版相同，西师大版第七册第 22 课最后一句是："变成了七颗星星。这就是人们所说的北斗七星。"

再查由刘瑞琴翻译的《七颗钻石》( 新蕾出版社 2011 年 5 月版 )，最后一句也是"变成了七颗星星"。

这同样使我产生了疑问：列夫·托尔斯泰的原文中到底有没有"这就是人们所说的大熊星座"或"这就是人们所说的北斗七星"这句话？如果有前者，或把前后两种说法合起来说，理解上就会有一些困难，因为从天文学知识来说，大熊星座肯定不止"七颗"，"大熊星座就是北斗星"的说法是不准确的。如果有后者，其说法还好理解一些。当然，也不排除列夫·托尔斯泰的原文中引用了俄国对大熊星座或北斗星的某种传说。

《七颗钻石》出自《读者》2000 年第 22 期，是由您翻译的，由于是杂志的转载，我不知道您的译文到底是怎样的，也不知道您的译文在哪本书里，所以特来信向您请教。

我还想向您请教的是：您翻译的原文出自哪里？版本是什么？在俄国，有关于大熊星座和北斗星的相关传说吗？

恳望得到您的不吝赐教，以解教师教学之惑！

很不好意思，给您添麻烦了！

谨祝冬安！

张正耀敬上<br>2015.1.30

张先生您好！

托尔斯泰搜集过很多民间故事，这是其中之一，收录在他晚年所编著的《生活之路》中，这个书是我译的，1998年在漓江出版社初版，后来人大出版社出过几版，今年商务印书馆出了最新修订版。我的译文是根据托尔斯泰全集（90卷）的第45卷翻译的，这个故事的俄文出处如下：Толстой Л. Н Путь жизни // Полн. собр. соч. в 90 томах. Т. 45, М.: ГИХЛ, 1956, с.392.（托尔斯泰《生活之路》，见《托尔斯泰全集》第45卷，莫斯科：国家艺术文献出版社，1956年，第392页。）中文出处如下：托尔斯泰《生活之路》，王志耕译，北京：中国人民大学出版社，2006年版，第385页。

托尔斯泰原文最后一句为：А семь брильянтов стали подниматься выше и выше и поднялись на небо истали теми семью звездами, которые называются Большой Медведицей.

我的译文为：而这七颗钻石越升越高，升到天上，变成了七颗星星，这就是人们所说的大熊星座。

至于有文本改为"北斗七星"，我想是附会。大熊星座当然不只七颗星，但托尔斯泰不是科学家，这个故事也只是借"科普"的名来传达他的思想，即"只有舍弃自我才能实现对他人真正的爱"，这是这个故事所在章节的小标题。俄罗斯民间也一般把这七颗星视为大熊星座，或者把大熊星座就理解成这七颗星。俄国也把这七颗星俗称为"斗"或"大斗"，也有含糊地称之为"极星"的，古代俄国人也曾靠它来识别方向。

谢谢您的认真态度！

祝快乐！

王志耕<br>2015.1.30

# 交错互见，相映生辉

## ——《孔雀东南飞》中人物形象塑造艺术赏析

《孔雀东南飞》是中国汉乐府民歌中最长的一首叙事诗，最早见于南朝徐陵的《玉台新咏》，题为《古诗为焦仲卿妻作》。诗歌讲述了刘兰芝嫁到焦家为焦母不容而被遣回娘家，兄逼其改嫁，新婚之夜兰芝投水自尽的悲惨故事。

这首诗最大的艺术成就是塑造了刘兰芝这个鲜明的人物形象。全诗围绕刘兰芝叙写了家庭中的一些恶势力无情地将她一步一步地逼向死亡的过程，着重刻画了刘兰芝面对这些恶势力，面对残酷的摧残，勇敢而顽强地抵抗，经受着严峻的考验，并最终完成自身生命的反抗。作者对人物的刻画不惜笔墨，浓墨重彩，充分运用了个性化语言描写、动作描写、肖像描写等描写手段细描细绘，使人物性格特征表现得异常鲜明。这是文本描写的重点，也是教学时绝大多数老师比较注重的方面。

但我们还要注意的是，诗中同时描写了焦仲卿、焦母、刘母、刘兄等近十位人物。这些人物或重点刻画，如焦仲卿、焦母，或一笔带过，如刘母、刘兄；或正面刻画，或间接介绍。这些人物的言行都集中在刘兰芝身上，都是围绕刘兰芝来展开的。这些人物的一言一行，无一不从各个侧面反映出刘兰芝独特而丰富的性格特征，可谓交错互见，相映生辉。从这样的视角引导学生去把握人物形象，是比较新颖而独特的，能够取得意想不到的教学效果。

## 一、仲卿意中的爱妻

虽然与刘兰芝一起生活的时间不算太长，但作为丈夫，焦仲卿已经深深地体会到了夫妻恩爱的甜美，他也对自己的妻子有深入的了解。当他得知妻子决意"自遣"时，如晴天霹雳，感到无法接受。他爱自己的妻子，为拥有这样的爱妻而得意与庆幸——"儿已薄禄相，幸复得此妇"，一个"幸"字透露出他们夫妇生活是幸福的。同时他知道妻子也是爱他的，因为他们曾经有过山一样的盟约、海一般的誓言——"结发同枕席，黄泉共为友"，所以他才敢冒"不孝"之名去责问母亲："女行无偏斜，何意致不厚？"这在向来懦弱而听话的他来说，是极不平常的行为。他甚至在母亲的雷霆之怒下仍不让步，坚决地表明了自己决绝的态度："今若遣此妇，终老不复取（娶）"。由此可见，在他的心目中，妻子是世界上最美的女人，妻子是世界上最爱自己的人，这样的好妻子值得自己终身去爱，哪怕献出生命也在所不惜。

唯其如此，他才会劝慰爱妻"不久当归还，还必相迎取"，并又一次发下了爱的誓言："誓天不相负！"在得知自己的爱妻将再次出嫁的消息时，他对妻子的行为产生了误会。他为爱的失去而痛苦、失望乃至绝望，他义无反顾地拒绝了母亲为他的婚姻所作的安排，尽管那是美丽无比的"罗敷"。他甚至不顾母亲的苦苦哀求，甘冒"不孝"的罪名，决定用生命去践行自己的诺言，因为他不能接受妻子对他的"背叛"。他的所有言行，都说明了妻子在他的心中有着无人可以替代的位置，他们夫妇爱得甜蜜，爱得真挚，爱得深沉。可是他万万不可能想到的是，正是他对妻子的坚贞爱情，因与封建礼教"子甚宜其妻，父母不悦，出"（《礼记》）的野蛮规定格格不入，所以埋下了悲剧的种子。

## 二、焦母眼中的倔媳

与焦仲卿对妻子的认识、态度相反，在焦母眼中刘兰芝是一个不懂礼教、无法驾驭的媳妇："此妇无礼节，举动自专由。"《礼记·本命》中载妇有七去：不顺父母去，无子去，淫去，妒去，有恶疾去，多言去，窃盗去。焦母迫害刘兰芝首先用的正是第一条。至于刘兰芝有哪些"无礼节"的行为，她根本就没有"举证"，只是凭自己的主观印象，而妄下的断语。而这与刘兰芝从小就知书识礼的情形是相矛盾的，这不是刘兰芝自我的标榜，从后面刘母略显激动的反应中也可以得到旁证。

尽管刘兰芝是那样的美丽漂亮，那样的善良多情，那样的勤劳能干，但是焦母就是不认可这个媳妇。她甚至不惜在儿子面前说媳妇的坏话，挑拨他们夫妻感情，这很不可理喻。我们可以想象得到，她们婆媳平时的关系是非常紧张的。在儿子面前，她愤愤不平："吾意久怀忿，汝岂得自由！"蛮横、霸道的嘴脸显露无遗。她无视儿子的感情，也无视他们夫妇家庭生活的完整，暴跳如雷，大发雷霆："吾已失恩义，会不相从许！"在儿子已经向她明确表示为了践行爱情的誓言而准备献身的时候，她仍然执迷不悟："慎勿为妇死，贵贱情何薄！"在她生活的词典里，只有自己的情绪发泄，而无儿子的心理感受，充分表现了她的自私与专横。

她为儿子所寻找的，是她心目中的"东家""贤女"，但其选择的标准也是前后矛盾的，因为她反复向儿子介绍未来的媳妇"自名秦罗敷，可怜体无比"，"窈窕艳城郭"，也就是说她所看中的只是其美貌而已，而从诗中对刘兰芝的描写看，刘兰芝的外貌是完全符合她选媳的"标准"的。由此可见，她决意让儿子休妻的理由并不充分，她完全是在滥用她作为家长的威权，借用礼教的大棒对自己认为"举动自专由"的媳妇进行无情迫害和残酷。

## 三、刘母爱中的贤女

俗话说"知子莫如父"，同样"知女莫如母"，刘母对女儿是最了解的。一见到自己的女儿不迎自归，她感到很诧异——"阿母大拊掌，不图子自归"，因为她初以为是女儿的过错才造成了这样的结果。为培养和教导女儿倾尽了心血："十三教汝织，十四能裁衣，十五弹箜篌，十六知礼仪，十七遣汝嫁，谓言无誓违。"这也从另一个方面印证了刘兰芝对焦仲卿的自我陈述。这样一位心灵手巧、能干勤劳、知书识礼、素养全面、忠于爱情的好女儿，却被焦母无情地赶走，刘母内心的痛苦可想而知。她十分相信自己的女儿——"汝今无罪过"，但她又不明白这样的好女儿何以会"不迎而自归"，在得到女儿的肯定回答"儿实无罪过"后，"阿母大悲摧"。对一位母亲而言，最大的心愿是看到子女们成家立业，幸福美满，而自己也能在晚年享受天伦之乐。但随着女儿的被遣回家，她的这个心愿落空了。她不仅为女儿感到委屈，更为女儿以后的生活担心与忧虑，也为自己生活理想的破灭而痛苦。

尽管她非常想让女儿有一个好的生活归宿，但当媒人来为女儿说媒时，她却非常尊重女儿的感情，先后两次委婉地拒绝："贫贱有此女，始适还家门。不堪吏人妇，岂合令郎君？幸可广问讯，不得便相许。"这充分显示了一个母亲对女儿幸福未来的勇敢担当。在女儿被其兄逼迫而不得不答应改嫁时，她对女儿的再次婚姻又转而充满了关心，她仍然认为女儿应该体面地出嫁："适得府君书，明日来迎汝。何不作衣裳？莫令事不举！"这些都说明，她对女儿的生活以及未来的幸福充满了关爱，她认为自己的女儿是最美的。

## 四、媒人口中的美人

刘兰芝被遣回家刚刚十多天，前来求亲的媒人就登上了刘家的门。这又从另一个侧面反映了刘兰芝的美貌与为人品行在地方上是有口皆碑的，要不然怎么这么快就会有媒人来访呢？更何况县令与太守怎么会知道刘兰芝其人呢？特别是在交通不太发达、信息较为闭塞的"野里"，媒人———一种专门从事婚姻介绍的人员就显得非常重要了。一个被小小府吏家赶出门的已婚女子，为什么会受到县令、太守的青睐？

千万不要以为县令和太守是要娶刘兰芝回去做"填房"或小妾，如果是那样，情形又当别论。县令家是为"年始十八九"而"窈窕世无双""便言多令才"的"第三郎"来求婚的，太守则是为"娇逸未有婚"的"第五郎"，两家的儿子都正值青春年少，可谓"翩翩美少年"。而且从世俗的观点看，他们的家庭情况也不般配，完全是一种"屈尊"求婚。他们看上刘兰芝的不是所谓的"门当户对"，甚至毫不介意也毫不忌讳她曾有过婚姻史，并且是被人家的婆婆赶出家门而"名声有亏"的事实。但太守在得知刘兰芝答应了婚事时，"心中大欢喜"，并当即确定结婚的良辰吉日，安排人员做好所有的准备工作，婚礼的豪华排场、隆重热烈的程度空前，与焦母对刘兰芝的态度形成了鲜明的对比。这都说明，刘兰芝在人们的印象中是一位出类拔萃的好女子，她不仅形貌美，而且行为美，品德美，在当地较大范围里有极广泛的美誉。

## 五、小姑目中的好嫂

在传统的家庭中，姑嫂之间是有一些"利益冲突"的，这与封建家庭中女子的地位有关。作为女子，身为媳妇的嫂子在家庭中的地位很低，她"在家从父，出嫁从夫，夫死从子"，而公公和婆婆对待女儿与媳妇的情感态度是不同的，所以她们在家庭中的地位是有差别的，姑嫂间的矛盾也就难以避免。古代许多家庭故事中，小姑与其母合力欺负嫂嫂的情节屡见不鲜。但善解人意、懂得关爱的刘兰芝则不是这样。

刘兰芝嫁到焦家时，"小姑始扶床"，"扶床"者，应该是刚在蹒跚学步，年纪尚幼，什么也不懂，什么也不会。做嫂子的自然有责任去照顾她，陪伴她。以刘兰芝的善良品格，不难想象她在生活方面对小姑是倾心关爱的，因此她们也就有了深厚的感情，虽是姑嫂，却情同手足了。在焦家仲卿对兰芝虽"守节情不移"，但兰芝却因"贱妾守空房，相见常日稀"而不能尽情享受爱情的甜蜜；面对刁钻而心肠狭窄，蛮横而充满专制的婆婆的挑剔与责难，苛刻与无情，兰芝在焦家可以倾诉衷肠的也就只有小姑了。几年之后"小姑如我长"，说明她们在一起度过了一段非常愉快、美好的时光。但不幸的是，这样的一个好嫂子、好姐姐却因母亲的专横而不得不离开自己了，小姑的内心是非常难过的。兰芝在"却与小姑别"时，"泪落连珠子"，两人抱头痛哭，其情悲凄。刘兰芝叮嘱小姑"初七及下九，嬉戏莫相忘"，可见两人平时特别是在"初七"和"下九"这些传统的妇女们欢聚的日子里是在一起"嬉戏"的，但那一切的欢乐都成了过去，只有留待以后回忆了，只有希望小姑能够不忘记自己。短短几句话，刻画出了刘兰芝与小姑情感之好、之浓、之深，对小姑的依依不舍，更可看出刘兰芝是一个重感情的好女子。诗中虽然没有对小姑以及刘兰芝与她以往生活的直接描写，但从刘兰芝与她分别时说的话可以看出，在小姑的生活中和心目中，嫂子都是一个大大的好人。

## 六、刘兄言中的傻妹

与性格相对懦弱的焦仲卿不同，刘兰芝的这位仁兄性格较为急躁和暴戾，他根本无法理解妹妹的行为和心理感受；在对待感情的问题上，他也远远没有焦仲卿那样多情而忠贞，他显得更加世俗而功利。在自己的妹妹被婆家遣回家后，他没有半句安慰的话；他也没有帮助妹妹去争取一点"合法权益"，他更不可能去体会与尊重妹妹的内心感受和情感需要。

封建社会里，妇女因为没有独立的社会地位和经济地位，出嫁前主要由父母抚养，出嫁后靠丈夫养活，一旦被丈夫家休弃回娘家，那就只能依靠自己的父兄了。妹妹的回家，刘兄认为是个沉重的负担，所以他"怅然心中烦"，看着妹妹在家吃闲饭心里不爽。所以，他急于要甩掉这个包袱。在他看来，"女攀高门"是理所应该、天经地义的事情，所以他对妹妹竟然不知天高地厚拒绝太守家的求婚非常恼怒："作计何不量！先嫁得府吏，后嫁得郎君，……其往欲何云？"言下之意，你怎么这么傻呢？以前你嫁的不过是一个没权没势的小小府吏，而现在却是堂堂的太守家的公子，真可谓天壤之别，你还有什么要考虑的？难道还要我做兄长的抚养你一辈子？一张势利的市侩嘴脸毕露无遗，与他认为的"傻妹妹"形成了鲜明的对比。在阿兄的威逼利诱之下，刘兰芝没有作任何的辩解，无助与无奈的情绪涌上心头，只好"仰头答"："理实如兄言"，"处分适兄意，那得自任专！"其实，刘兄眼中的"傻"妹，正是一个重感情、讲情义、明事理、知进退、守信用的人。

## 七、寡妇心中的知音

相对于有完整家庭和稳定家庭生活的妇女来说，寡妇的命运是非常悲惨的。一个妇女出嫁后，其后的大半生所依靠的对象就是自己的丈夫，一旦因为种种原因而不幸失去丈夫，寡妇的生活之艰难可想而知。婚姻约束对追求个性自由的妇女来说，诚然是巨大的痛苦与折磨；但对没有社会地位、没有生存能力的妇女来说，却又是一种依靠；特别是对于婚姻美满、家庭幸福的妇女来说，婚姻无疑代表的是生活的稳定、精神的安慰。甚至到了一千几百年以后，清末民初之时，这种情况还继续存在。鲁迅笔下的祥林嫂不就是因为不幸失去了第一个丈夫而生活无着的吗？她又不幸因为第二次做了寡妇，而遭致生活乃至精神上更沉重的打击。

在诗的结尾，故事叙述者满怀同情地提到了这一生活中的"弱势群体"。在埋葬刘兰芝和焦仲卿的地方，"中有双飞鸟，自名为鸳鸯，仰头相向鸣，夜夜达五更"。这成双结对、日夜厮守、相向而鸣的鸟儿，多么像那一对到死也永不分离的人儿啊！或者我们甚至可以说，这一对鸟儿就是他们两人的化身，后来的经典爱情故事《梁山伯与祝英台》中的梁山伯和祝英台不是化身为翩翩双飞的蝴蝶了吗？这必然使得"寡妇起彷徨"（寡妇兴起了痛苦的感伤）。在孤苦伶仃的寡妇眼里，刘兰芝是幸福的，虽然她有生之年没有充分享受这种幸福，但她死了以后却能和自己相爱的人儿在一起，也就心满意足了。而这是多少生前凄苦、身后凄凉的寡妇们所奢望的情景啊！君不见，祥林嫂虽然极想死了以后与家人团聚，那样她就可以见到她的"阿毛"了，但她最害怕的也是这件事，因为两个死鬼丈夫在"阴司"都要争她，"阎王"只好把她锯开来分给他们。带着空前的精神负担，怀着极大的对死亡的恐惧，祥林嫂绝望地离世了。从这个意义上说，刘兰芝的结局是寡妇们对未来美好景象的一种向往，她本人也成了寡妇心中的知音。

## 八、世人话中的怨妇

全诗用叙述者的口吻，对刘兰芝的悲惨故事进行了讲述；并站在世人的角度，对刘兰芝和焦仲卿的不幸命运倾注了一腔同情。在"小序"中，借用"时人"的语气，表达了"伤之"的感情。诗的一开头就出现刘兰芝的自我诉说，其激愤之情溢于言表，正是"时人"眼中的一个怨妇形象。在传统的爱情故事中，表现"怨妇"主题的一般为"痴情女子负心汉"的模式，男子对女子的"始乱终弃""喜新厌旧""移情别恋"等是非常重要的原因。而本故事则不同，它所刻画的刘兰芝所"怨"的对象不是所爱的丈夫，而是专制的婆婆，"君家妇难为！妾不堪驱使"是她"自遣"的真正原因。

在故事讲述中，叙述者用浓墨重彩对刘兰芝的穿着神态、与婆婆和小姑的告别、与焦仲卿的分别场景等进行了极度的渲染与刻画，贯注了浓浓的情感。有时甚至不顾故事叙述的"规则"而自己从故事中跑了出来，直接穿插进自己的话语:"生人作死别,恨恨那可论?念与世间辞,千万不复全!"情不自禁地倾诉自己的感情,表达对刘兰芝和焦仲卿的极度惋惜与极大同情。在故事的结尾,还意犹未尽:"多谢后世人,戒之慎勿忘。"叙述者的满腔怨气和愤恨之情毫无保留地表露了出来。这种显明的主观认识与价值评判,极大地影响了读者,使读者的思想情绪也向刘兰芝倾斜,在为刘兰芝掬一把同情之泪的同时,情不自禁地涌起了对焦母的极大"怨恨",以及对焦母、刘兄所代表的专制家庭势力的无比愤恨。

综上所述,《孔雀东南飞》对刘兰芝这一人物形象的刻画采用了交错互见的手法,这也是我国传统叙事艺术手法之一。其他人物的言行对主要人物的刻画或互为印证,或相互补充,或鲜明对比,可谓众星托月,使得刘兰芝这一艺术形象熠熠生辉,在我国叙事文学史上写下了浓重的一笔。

# [ 11 ]

## 昂奋开朗的情绪宣泄

### ——《将进酒》主旨句浅探

　　北京大学周先慎教授对李白咏酒诗的代表作《将进酒》有这样的评价："作品本来是诗人在失意之时感叹人生短促，主张及时行乐的，但写来却是大气磅礴，充满了一种英气勃发的豪迈精神，使人读后不仅没有感受到消极，反而为一种昂奋开朗的情绪所感染。"（《中国文学十五讲》）这样的评价代表了长期以来人们的主流认识，也是极为正确的。教学中，我们应该沿着这样的方向去整体把握诗作的主旨。遗憾的是，有的教师却没有能够从全诗出发，对诗作的题旨和情感把握发生了偏差，其中最为典型的，就是把"钟鼓馔玉不足贵，但愿长醉不复醒"视为诗作的主旨句。

　　清代著名文艺理论家刘熙载认为："凡作一篇文，其用意俱要可以一言蔽之。扩之则为千万言，约之则为一言，所谓主脑者是也。……主脑既得，则制动以静，治烦以简，一线到底，百变而不离其宗，如兵非将不御，射非鹄不志也。"（《艺概》）他言下的"主脑"，也就是我们今天所说的"主旨"或"主题"。从为文的目的看，任何一篇文章（诗歌）都要表现一个具体而明确的题旨，表明一种鲜明的情感态度，而这些又是通过能够"一言蔽之"的概括性语句体现出来的，这样的语句就是能御兵之将、志鹄之射的主旨句。那"钟鼓馔玉不足贵，但愿长醉不复醒"这两句能够概括或提炼出诗歌的题旨吗？显然不能。

　　从诗句的意思看，这两句说的是："钟鼎玉帛（版本有异——笔者注），这种富贵排场的享乐，我以为不值得重视，我只愿意永远醉着不醒。""'钟鼎'是'钟鸣鼎食'的简用，'玉帛'是富贵人的服御。这四个字就代表富贵人的奢侈享受。诗人说，这些都不足贵重，只要有酒就行了。"（施蛰存，《唐诗百话》）句意重点很明显在后一句上。从宴饮的情形看，酒友岑夫子和丹丘生可能会对"烹羊宰牛且为乐，会须一饮三百杯"不以为然，因为喝酒本是为了调节生活节奏，为的是能互诉衷肠，只要有欢聚尽兴的乐趣就行了。但是李白不这样认为，他不仅频频劝酒，请他们不要停下手中的酒杯，而且为了他们能够畅饮，能够尽兴，还高歌一曲，让他们尽情地痛饮，哪怕烂醉如泥，哪怕长醉不醒。很明显，这不是表示对权贵的蔑视，而是"今朝有酒今朝醉"的一种最为直白的宣示。从主旨句要能统领全诗内容的作用看，如果以这样的诗句为主旨句，那么全诗所写的主要内容就是李白劝好友喝酒，不停地喝酒，直到大家喝趴下为止。那么这首诗一直为人们所称道的豪情，其所表现出来的旷达不羁的个性，喝酒的真正目的与意义又怎么能够体现出来呢？

认为"钟鼓馔玉不足贵，但愿长醉不复醒"是主旨句，也可能与教科书的注释有关系。教科书中把"钟鼓馔玉"注释为"富贵利禄"，这样的解释是一种误导，教师在引导学生理解时就容易往"对权贵的蔑视"的思路上走。其实，"钟"与"鼓"的本义都是指乐器，古代在祭祀或宴享时用，"必将撞大钟，击鸣鼓，吹竽笙，弹琴瑟"（《荀子·富国》）。而"馔玉"是指珍美如玉的食品，《词源》中所举的例句就是李白的这两句诗。与此相关的还有"钟鸣鼎食"这一成语，说的是"古代富贵之家，列鼎而食，食时击钟奏乐"的带有某种仪式味道的豪华景象。有的教师在帮助学生理解此句时，没有考虑词语的本义，片面抓住其与"富贵之家"相关的一面，同时又受李白另一首诗中的"安能摧眉折腰事权贵，使我不得开心颜"（李白，《梦游天姥吟留别》）所表达情绪的前置影响，所以为了强调他的"反抗精神"，就必须说他与"富贵利禄"对抗，而全然不顾"钟鼓馔玉"的本意是指宴饮的一种排场与豪奢。殊不知，李白说这话的时候，正是"千金散尽"而"少钱"的时候，无法讲究排场，也不能讲究菜肴的质量，那就只好宽慰一下酒友：今天的宴饮不需要有击鼓鸣钟那样的排场，也不需要什么精美的食品，有酒才是最重要的，正所谓"持此足为乐，何烦笙与竽"（李白，《秋浦清溪雪夜对酒，客有唱山鹧鸪者》）。在李白看来，那样的排场对他来说一点也不重要，那些精美的食品他也不稀罕，他所需要的就是能够喝个痛快，"分明感激眼前事，莫惜醉卧桃园东"（李白，《携妓登梁王栖霞山孟氏桃园中》）。要珍惜这样的大好时光，今朝有酒何不醉？至于"曲尽酒亦倾，北窗醉如泥"（李白，《夜泛洞庭寻裴侍御清酌》），正是他的所愿，哪怕就此了结自己的生命又算得了什么？这是他追求的一种生活状态乃至一种境界。

主旨句是"一语为千万语所托命，是为笔头上担得千钧"（刘熙载语），其对全篇题旨的统率作用极为重要。如上所述，如果把"钟鼓馔玉"这两句诗理解为主旨句，那由此我们所见到的就会是一个嗜酒如命的李白，一个只会贪图享受的李白，一个除了酒什么也不顾的李白，一个对生活持消极、颓废态度的李白，就是一个如王安石所批评的"其识污下"（指世界观庸俗——笔者注）（施蛰存语）之人。这样的李白有什么可爱之处呢？又有什么值得学生仰慕之处呢？退一步说，这首诗歌的教学价值体现在哪里呢？

从诗题看，《将进酒》本是乐府鼓吹曲辞中汉铙歌，其"歌辞原文，因为声辞杂写，故不能了解其意。只有第一句是'将进酒'，后世文人拟作，都是吟咏饮酒之事"（施蛰存语），李白借用乐府古题，而"歌其宴饮之乐"（裴斐、刘善良，《李白资料汇编》），"所以一作《惜空酒樽》"（喻守真，《唐诗三百首详析》）。"题目意绎即'劝酒歌'，故古词有'将进酒，乘大白'云。"（虞世南，《唐诗鉴赏辞典》）这些解释诚然不谬。但我们的认识不能仅仅停留在这样的层面上，明代的胡震亨对此这样认为："太白于乐府最深，古题无一弗拟，或用其本意，或翻案另出新意，合而若离，离而实合，曲尽拟古之妙。"（《唐音癸签》）这是非常高妙的见解。如果把"钟鼓馔玉"这两句诗理解为主旨句，我们就不能领悟李白"出新意如化工生物于枯根，朽卉而发鲜葩"（裴斐、刘善良，《李白资料汇编》）的艺术匠心，也就不能把握其"填之以申己意"（萧士赟，《分类补注李太白诗》）的写作意图。

作为诗眼的主旨句是诗歌的"通体之眼"，"乃神光所聚"，诗的"前前后后无不待眼光照映"（刘熙载语）。这样的"照映"就是诗歌所抒发的感情，一旦舍此，我们就不能认识主旨句"开阖变化，一动万随"（刘熙载语）的重要作用。李白写这首诗的真正目的是什么？"借古题抒发自己的情怀"（程郁缀，《唐诗宋词》），他所要"申"的又是何意？"与尔同销万古愁"正是对其的正面回答。基于这样的认识，我们认为该诗的最后一句"与尔同销万古愁"才是真正的主旨句。

其实，诗作的一开头，如"空中起步"（刘熙载语），诗人诉说了他无法遏止的"悲愁"：时光流逝，如黄河入海一去不再回头；人生苦短，旦暮之间青丝成了白雪。在壮阔而无情的大自然面前，人生苦短易逝，生命渺小脆弱。此时的李白年已半百，曾经的豪情万丈在残酷的现实面前被击打得粉碎。这是李白的悲哀，但也是李白的壮怀，极度的愤慨被他用极为豪放的方式宣泄了出来：这是在悲叹人生易老，更是在慨叹怀才不遇。

但诗人没有一味地沉浸于这样的情绪之中，他选择了用饮酒的欢乐来排解如此深广的愁绪，这正是"何以解忧，唯有杜康"（曹操，《短歌行》），"人生达命岂暇愁，且饮美酒登高楼"（李白，《梁园吟》）。于是，他的笔锋一转，尽情地挥洒如椽巨笔，泼墨而成一曲酒的颂歌。在诗中，喝酒的气氛是热烈的，喝酒的情绪是高昂的，喝酒的方式是放浪的，喝酒的态度是达观的，"万斛才雄，千钟喜醒"（裴斐、刘善良，《李白资料汇编》）。诗人忘却现实，傲视千古，睥睨圣贤，可谓"豪情勃发，元气淋漓！"（程郁缀语）看上去，李白暂时忘却了现实，忘记了人生的理想与目标，忽略了所遭际的排挤与打击，"浮云能蔽长安日，万事纷纷一醉休"（裴斐、刘善良，《李白资料汇编》）。但即使在如此旷达之中，"人生得意""天生我材""千金散尽""且""但愿"等词句，特别是古往今来"寂寞"的"圣贤"和"怀抱利器无所施"的"陈王"，又无一不在曲折地说明，他虽然豪气冲天，狂妄不羁，但难掩满腹牢骚、满腔怨愤、满怀愁绪。这些内容"实地立脚"（刘熙载语），为在尽情渲染欢乐之时，突然迸出"与尔同销万古愁"这一结句作了充分的铺垫。

这"警辟出奇"（喻守真语）的结句，使得全诗"绝处逢生"（刘熙载语），"与开篇之'悲'关合，而'万古愁'的含义更其深沉。这'白云从空，随风变灭'的结尾，显见诗人奔涌跌宕的感情激流"（虞世南，《唐诗鉴赏辞典》）。这样的结尾，非常明白地告诉我们，他借用古题写作此诗的真正目的是借酒浇愁，以酒销愁。诗人此时的"且为乐""杯莫停""长醉不复醒"，正是悲愤的变奏，具有王夫之所说"以乐景写悲"的效果。所以，诗歌的感情基调不是"乐"而是"悲"与"愁"，诗人描画的不是一幅"行乐图"，而是一首"劝愁歌"。在潇洒豁达、率真狂傲、豪迈奔放的背后，滚涌的仍然是怀才不遇的愤懑，也是万古以来几乎全部有抱负、有胸襟、有才干的文人有志难申、功业无成的压抑、苦闷、憋屈和愤慨，这就使诗作所抒发的感情具有了非常普遍的意义。

我们需要深入思考的是，李白为什么要"解千般愁""销万古愁"？这是因为李白对现实还没有完全失望，对生活还有热爱的激情，对未来还有自己的期盼，他的"奋其智能，愿为辅弼，使寰区大定，海县清一"（李白，《代寿山答孟少府移文书》）的"济苍生""安社稷"的理想抱负还没有完全破灭，"歌且谣，意方远，东山高卧时起来，欲济苍生未应晚"（李白，《梁园吟》）。"经世济民的理想虽然很难实现，但在李白却是不能轻易放弃的。"（周先慎语）这就是李白在诗中所申之"意"与所出"新意"。由此可见，"与尔同销万古愁"就是烛照全诗之眼，正乃主旨之所在，除此，诗中的其他语句都不能传达出如此丰富的内容。

# 辛勤劳动场景的形象再现

## ——《四时田园杂兴》题旨刍议

　　语文四年级下册第 23 课古诗词三首中选入了宋代著名诗人范成大的《四时田园杂兴》。配套的教师教学用书围绕着诗歌的内容、主题、思想情感及其语言特点等几个方面，对其进行了这样的解说：

　　《四时田园杂兴》的作者是宋代诗人范成大，诗人描写了乡村农人耕织以及儿童学着大人的样子耕种田地的情景。展现了农家夏忙时热烈的劳动场面，塑造了农村儿童天真、勤劳、可爱的形象。尤其是后两句写得意趣横生，意味深远：那些孩子们，他们不会耕地也不会织布，但却在茂盛成阴的桑树下学种瓜。这些孩子们从小耳濡目染，喜爱劳动。这是农村中常见的景象，十分有趣，也颇有特色，表现了农村儿童的天真情趣，流露出诗人对热爱劳动的农村儿童的赞扬。全诗语言平白、朴实、自然，具有浓浓的生活气息。

　　从这段话我们不难看出，教师教学用书的编者认为该诗所着重描写的对象是"童孙"（儿童），主要展现的是儿童的生活情景，重点塑造的是儿童的形象，着力表现的是儿童的"天真情趣"，侧重表达的是"对热爱劳动的农村儿童的赞扬"，深情吟唱的是乐观、昂扬、向上、欢快的调子。我们甚至可以由此推断，该诗被选作小学课文，主要原因可能正是诗中写到了

"童孙"。

这种说法影响很大，不少教学辅导材料都作了沿用，如薛金星主编的《小学教材全解》中这样说："这两句（诗的后两句）写的是农村常见的景象，十分有趣，也颇有特色，表现了农村儿童的天真情趣，流露出诗人对热爱劳动的农村儿童的赞美。"《特级教案》中的说法也与此类似："前两行写乡村男耕女织、日夜辛劳，表现了诗人对劳动人民的敬重；后两行生动地描写了农村儿童模仿大人参加力所能及的劳动的情景，流露出作者对热爱劳动的农村儿童的赞扬。"至于一些研究杂志以及网上发表的各种"教案设计""说课稿""课堂教学实录"等，几乎无一例外都持这样的认识。

其实，这是一种误读。

## 一、对诗歌内容的误读

作为一首表现农村生活情景的七绝，诗人是这样来描写的："昼出耘田夜绩麻，村庄儿女各当家。童孙未解供耕织，也傍桑阴学种瓜。"诗的前两句写的是大人的劳动情景：正是夏忙时节，男人白天在田里除草，妇女忙完了白天的家务活后，还要在晚上搓捻麻线；这些成年人各司其事，日夜忙碌，没有闲暇的时候。这种辛勤、紧张、繁忙的劳动生活，在农村是很常见的，如唐代诗人白居易在《观刈麦》一诗中曾有很概括的描写："田家少闲月，五月人倍忙。"宋代诗人翁卷在《乡村四月》中也直接写道："乡村四月闲人少，才了蚕桑又插田。"他们的辛劳、苦累我们完全可以想见。这充分体现了诗人对农村生活的观察细致，对农民生存状态的体贴入微，对农民艰苦劳动的深切同情。从这两句中，我们丝毫看不出农人的闲适与自在，轻松与愉悦，有的只是"耕织"的辛苦、"当家"的艰难、生活的辛酸和身心的疲惫。这就为全诗奠定了情感的基调。

不仅如此，诗人还把他的笔触深入一步，那就是对本来不应该忙碌，而应充分享受"美好"童年时光的小孩子们（童孙）的描写——"也傍桑阴学种瓜"，他们与大人们一样"也"要参加生产劳动。这里的"也"透露出的是一种无奈之态，一种为生计所迫而不得已之举。所以，他们的"学"绝不是一种顽皮的举动与嬉闹的过程，而是实实在在的劳作！相比于"耕织"来说，"种瓜"虽不十分繁重，儿童应该能够胜任，但"种瓜"程序繁多，它需要整地、松土、挖穴、点种、浇水、施肥、除草、看瓜等日复一日的劳动，对孩子来说，一点也不轻松！这当中，虽有劳动的乐趣以及收获的喜悦，但对应该嬉戏玩耍却要参加繁复的劳动的孩子来说，他们有多少"天真情趣"呢？更何况，这一切他们都不会，他们全要一点一点地去"学"。在"学"的过程中，他们所收获的除了生活经验，也有劳动的苦与累；除了欣赏劳动成果的喜悦，也有品尝可能遇到的失败的苦痛。这样的"学"不是一种主动行为，而是在大人教育下甚至呵斥下的被动应付，这既与唐代诗人胡令能笔下的"蓬头稚子""侧坐莓苔草映身""学垂纶"，也与宋代诗人辛弃疾笔下的"无赖""小儿""溪头卧剥莲蓬"有根本的区别。因为"种瓜"毕竟不是玩耍，不仅要参与劳动的整个过程，掌握劳动的技术，还要担负劳动的责任，劳动质量的高低也会影响一年的收成！这与唐代诗人白居易所写的"妇姑荷箪食，童稚携壶浆"（《观刈麦》），宋代诗人杨万里所写的"田夫抛秧田妇接，小儿拔秧大儿插"（《插秧歌》）等异曲同工，完全是农忙时的"全家总动员"，哪里是一种"热爱劳动"的表现呢？

诗人实际上是从更加深入的层面告诉我们，不能参加劳动、不会劳动的小孩子们尚且这样，那么，那些正在担当劳动重担的成年人又是怎样的忙碌！前后四句诗全面地反映了农村夏忙时繁忙的劳动场面和农民辛勤劳作的生活景象。这是诗歌中所常用的烘托手法，即通过"未解供耕织"的孩童"学种瓜"这一侧面描写，生动地烘托出农忙生活的紧张气氛与繁密节奏，这与元代诗人刘洗所写的"三月四月江南村，村村插秧无朝昏。红妆少妇荷饭出，白头老人驱犊奔"（《秧老歌》）中对"红妆少妇"与"白头老人"的刻画有异曲同工之妙。但教师教学用书却把它理解为一种铺垫艺术，认为所写的重点是"童孙"而不是"当家"的"儿女"，并把理解的重点放在了后两句上。这就割裂了诗歌的整体内容，消解了诗歌的生活意义，削弱了诗歌的艺术效果，也误会了诗人所表达的感情。

对诗歌内容的误读，还体现在为课文所配的插图上。该插图有几个明显的错误：一是男子肩扛的是犁，这是耕田的农具，而非"耘田"的农具，在稻田里除草的工具叫"耘田器"。二是女子在纺棉线，而不是"绩麻"，因为她身边的箩筐里放的是白色的线团，不是棕黄色的麻丝。"绩麻"是把麻丝捻成一根根能用来织布的线，"是指将麻纤维披开、接续起来搓成线的过程"（陈维稷，《中国纺织科学技术史·古代部分》）。三是三个人出现在同一个画面中与诗歌所写时间跨度不一致，男子"耘田"与小孩"种瓜"在白天，而女子的"绩麻"是在夜里，不可能同时出现。四是三人的衣着与时令不合，其时已进入栽秧结束以后的稻田管理阶段，江南农村早已进入炎热的夏季，图中人物衣服明显偏多。五是人物脸谱化，为突出所谓的劳动快乐、赞美劳动人民的思想主题，图中的扛犁男子面色红润，面带微笑，纺线女子面部安详，衣着整洁，男孩的衣着也很整齐。这与农忙时节人们因忙碌而显得劳累、疲惫、憔悴、脏乱甚至有点邋遢等完全不一致，凡是稍有农村生活经历的人都很清楚这一点。（如学生理解有困难，可让他们去观察一下现在的"农民工"。）这在历代诗歌中也都有形象的描写，如唐代诗人崔道融在《田上》中云："雨足高天白，披蓑半夜耕。人牛力俱尽，东方殊未明。"宋代诗人张舜民的《打麦》中有"田家以苦乃为乐，敢惮头枯面焦黑"的诗句。元代书画家赵孟頫在题耕织图之《耕·六月》中则很形象地写道："当昼耘水田，农夫亦良苦。赤日背欲裂，白汗洒如雨。匍匐行水中，泥淖及腰膂。新苗抽利剑，割肤何痛楚！"而插图中的人物形象则完全被美化了，让人看不出艰辛劳动生活所留下的痕迹。

## 二、对诗歌性质的误读

钱理群先生曾批评过一种分析作品的线性思维模式："时代的苦闷——作家必定时时、处处陷入单一的绝对苦闷中——他写出的每一作品必定是充满了单一的绝对的苦闷感。"其实，解读作品的根本，是对其表达的内容具体而深入地分析。凭借作品外在因素得出的理解，必须与作品自身的深层结构的蕴涵相一致，相融洽，相印证，否则都不能作为"这一篇"解读结论的充分依据。

范成大在晚年所写的《四时田园杂兴》共有六十首诗，也许与他起的总名称有关，长期以来我们都已习惯将其笼统地称为"田园诗"。而一提到"田园诗"，我们又往往把它与自然、清新、质朴、悠闲、安逸等生活景象以及对劳动人民的赞美之情等等同起来。这样来理解田园诗是不全面的。学术界普遍认为，田园诗的内涵一般而言有狭义与广义之别，狭义的田园诗实际上是指讴吟农村宁静悠闲生活的牧歌，而反映农家疾苦的诗歌，则属于广义的田园诗范畴。很明显，范成大的《四时田园杂兴》应属于广义的田园诗。

不仅如此，研究者们还对"田园诗"这一诗歌类别进行了系统的梳理，对"田园诗"这一概念也进行了科学的界定。钱锺书先生在《宋诗选注》中认为，我国的田园诗有三条发展线索：一是《诗经·豳风·七月》作为中国最古的"四时田园"诗，叙述了农民一年到头的辛勤生产和艰苦生活；二是陶潜的《怀古田舍》《归田园居》等重在表现"陇亩民"的安定闲适、乐天知命，内容从劳动过渡到隐逸；三是元稹的《田家词》等诗重在批判"地保公差这一类统治阶级的走狗以及他们所代表的剥削和压迫农民的制度"。到了范成大的《四时田园杂兴》，把这三条线索打成一个总结，"使脱离现实的田园诗有了泥土和血汗的气息，根据他的亲切的观感，把一年四季的农村劳动和生活鲜明地刻画出一个比较完全的面貌"。也就是说，范成大的《四时田园杂兴》中有三类内容：第一类是农民艰辛的生产劳动，第二类是农民安定闲适的生活景象，第三类是农民所受到的压迫与剥削。不少研究者把他所写的第一类诗歌称为"农事诗"。有专家认为，田园诗发展到宋代已发生了很大的变化，这些诗"描写的重点已从歌咏田园风光，转而直接描写农民的疾苦和农事活动……诗人们虽然由于出身各异，社会地位不同，但大多关心农业生产，熟悉农村情况，对农民有较深厚的感情，故能写出深刻反映农村现实生活，具体、真切、生动、充满浓郁生活气息的农业诗歌，因而这些诗歌如果还继续称之为'田园诗'，似乎已不大确切，故称之为'农事诗'"（陈文华，《宋元明清时期我国农事诗概述》）。宋代农事诗"客观反映出那个时代新兴的耕作方式、新型的生产劳动工具以及新出现的生产劳动项目"（刘蔚，《论宋代农事诗的时代特征》）。

由此我们可以看出，范成大所写的组诗《四时田园杂兴》与过去那种远离现实单纯描写农村自然风光的田园诗有着本质的区别，他把传统田园诗"对农村风光的欣赏，逐渐转移为对农村生产的重视和对农民命运的关心"（陈文华，《宋元明清时期我国农事诗概述》）。他将农业生产劳动作为主要对象，把田园诗推进到一个新的境界，"田园诗又获得了生命，扩大了境地，范成大就可以跟陶潜相提并称，甚至比他后来居上"（钱锺书语）。范成大的

《四时田园杂兴》"可以作为农事诗在宋代已臻成熟的标志，因为再用传统的'田园诗'概念已经不能准确概括'农事诗'的特点了"（陈文华，《宋元明清时期我国农事诗概述》）。

从以上的论述中，我们可以得出一个非常明确的结论：范成大的这首诗不是传统意义上的"田园诗"，而是一首典型的"农事诗"。诗人所表现的绝不是农村恬淡闲适、宁静和平的生活景象，而是农家辛勤生产劳动场景的形象再现。据此我们可以这样来概括它的思想内容：这是一首反映农村中紧张劳动气氛和富有生趣生活的诗歌。诗人用清新的笔调、细腻的手法，描写了一幅热烈的劳动生产的图景，形象表达了对农民辛勤生产、艰苦生活的深切同情。

# 都是"中心论点"惹的祸

## ——《师说》教学的一个关键问题

一篇文章之所以能够成为经典，或是因为思想的新颖、观点的明确，或是因为行文的缜密、结构的严谨，或是因为笔法的整饬、语言的灵动，或是这些优点兼而有之、蔚为大观。毫无疑问，韩愈的《师说》自然属于最后一种。但很长一段时间以来，我们对这一文本的认识与理解却往往偏于一隅，只抓一点，不及其余，或者自我设限，削足适履，胶柱鼓瑟，致使一篇内容并不艰深、语言明白晓畅、教学价值极为丰富的文本，却落得一个众说纷纭、争论不休、莫衷一是的结果。究其因，都是由于我们过于执著于寻找所谓的"中心论点"，拘泥于对"中心论点"的理解与把握而造成的。

## 一、文体是"说"而不是"论"

几乎所有的语文教师都认为，这是一篇典型的"议论文"。首先因为文章的题目中就有鲜明的文体标志"说"，"说"就是一种以阐释、议论、论辩为主的说理文章（虽然也有例外，如柳宗元的《捕蛇者说》就是一篇纪实性散文，但毕竟是少数）。再以内容而论，也是以"议论"为主要表达方式的，而议论的目的"是针对有争议的问题、模糊不清的现象谈认识，提出自己的立场、观点，让别人接受；批评某些社会现象，否定错误的观点与看法，促进社会进步"（胡勤，《议论文语体新认识》）。有这两点在，《师说》怎么会不是议论文呢？从大的方面看，这样的认识并没有错，根据《师说》的题目和表达特点来界定其文体特征，把握住了文章的主要写法，便于学生了解文章的写作特色。但由此所带来的教学问题可能是：一旦将其作为典型的议论文，那么，一些所谓"议论文"写作理论及其特征的名词术语等静态知识，就会一股脑儿地奔涌到我们的脑海之中，我们就会自觉或不自觉地运用这些"理论"，并套用极度统一的议论文格式进行教学，引导学生按照议论文的一般写作规范进行具体而深入的解构。但在语言实践中，并"没有哪一种文体叫做议论文，只有杂文、随笔、文学评论、短论、社论、政论等"，那些"伪文体"知识只会使我们的教学陷入严重僵化的形式主义泥淖之中。（潘新和，《语文：我写故我在》）

曾几何时，在学习《师说》时，我们通常是按照这样的路径引导学生解读的：

1. 开头提出观点。
2. 中间两段运用对比等方法，从正面或反面展开具体论述。
3. 结尾处交代文章写作缘由。

初一看，这样的解读思路好像完全符合《师说》的写作思路，但这种典型的议论文解读路径真的适合《师说》吗？如果运用这种方式去解读，理应非常方便、快捷、有效，但直到现在，为什么还是有那么多教师感到"难教"、那么多学生感到"难学"呢？

中国文学史发展的一个不争事实是：在我国古代，整体来看，对议论这一文体的系统论述是有所缺乏的。虽然在众多的古文献如《吕氏春秋》《韩非子》中有关于议论文写作技巧的讨论，比如强调说服策略——揣摩对手的思想，或者运用历史类比和历史先例，包括语言运用技巧等，但直到三国时代，曹丕才在《典论·论文》中第一次把"论"列为一种文体，并认为其适宜说理。晋代的陆机在其基础上有进一步的阐发，他第一次把"说"看为一种文体，并对"论"与"说"进行了明确区分："论精微而朗畅"（精辟缜密，语言流畅），"说炜晔而谲诳"（奇诡诱人，辞彩有光）。（《文赋》）但他们的讨论仍然是零散的、碎片化的，不成体系，缺乏系统。到了南北朝时，刘勰在他的《文心雕龙·文体论》中才专辟一章较为完整地对"论"与"说"这两种文体进行了阐释。特别是对"论"与"说"的异同点讲得比较充分。他认为"说"和"论"既有一致处，但又有差别。"一致的是'说'离不开'论'。差别的是'论'重在'研精一理'（精密研究一个道理——笔者注），'说'要'言咨悦怿'（要使人喜悦，让人容易接受——笔者注）；'论'重在建立理论，'说'重在说服人；'论'要成为权衡，建立准则，'说'要解决问题，随机应变。"（周振甫，《〈文心雕龙〉译注》）从他们的论述中，可以明确的是："论"侧重于逻辑的严密，而"说"则重在语言的畅达。由此我们可以准确地把握"论"与"说"的写作特征，这对我们明确《师说》的文体特征极有价值。无疑，韩愈的写作是严谨的，他清醒认识到了"论"与"说"的界限，正确把握了"论"与"说"的写作关系，没有把"说"当作"论"来写，更没有用"论"来代替"说"，否则他就应该用"师论"而不是"师说"来做题目了。可我们在解读时，为什么就忽略了这一点呢？

尽管如此，在韩愈之前的文学创作及其理论建设，对"议论文"这一文体的写作并没有结构上的明确要求，更没有发展出像古希腊、罗马那样的专业化、制度化的文体训练。这与我国文学传统中的一个倾向密切相关："不看重赞美之词，而看重对作家真实感情的令人信服的再现，以及作家对社会和政体问题强烈而且通常是批判性的关怀。"（孙康宜、宇文所安，《剑桥中国文学史》）真正成熟而完备的"议论文"写作规范要到明清时代科举考试时的"八股文"才完全建立起来。但即使这样，古人对"说"的文体特征也是非常清楚的，如明代杨慎说："正是非而著之者，说也。"清代王士禛则说得更具体："予惟说者，释也，述也，解释义理而以己意述之也。"将其与"论"划清了界限。所以，韩愈写作《师说》这一"议论文"时，不仅没有系统的议论文写作理论支撑，也缺乏我们今天意义上的议论文写作实践的模仿与超越。这也是由我国古人虽然不乏逻辑能力，但却缺少逻辑训练的现实所决定的。

韩愈以前，文坛上盛行的是骈文，"这种风格绮靡浮艳，既不易写也不易懂的贵族化文体，逐渐变为反映现实交流思想的桎梏，严重地阻碍着散文的健康发展。"（黄岳洲、茅宗祥，《中华文学鉴赏宝库》）为振衰除弊，韩愈奋力倡导古文运动，反对六朝以来的骈俪之风，提倡散文写作，大胆进行文体、文风和语言的革新，而《师说》正是"古文"写作的光辉典范。

韩愈的古文"自儒家、名家、法家入，故其言峻而能达"（恽敬语）。"韩子之文祖于孟子。"（贝琼语）儒家孟子散文富于论辩性，名家、法家的文章讲究逻辑辨析，韩愈深受他们以及汉代贾谊、晁错散文的影响，也写出了以说理缜密透彻见长的"古文"。但对韩愈而言，"古"不仅牵涉到伦理操守，更影响他的散文写作风格和修辞层次。他所提倡的"古"体并非复制任何一个特定古代文本的风格，而是充满想象力和高度个人化的，这也正是他的追求和仰慕的特质。为此他提出了"气盛言宜"（《答李翊书》）的文气说，强调文章的形式取决于内容，而内容又取决于作家的思想修养。他极力反对模仿任何特定的古代文本的风格，认为写作时要抛弃所有陈词滥调（"惟陈言之务去"），"故有倚天拔地之意"（刘熙载，《艺概》），最终使文字达到自发地、完美地流泻出来的境界。他是最不愿意受什么写作"规范"约束的，在他看来，"陈言""非必剿袭古人之说以为己有也。只识见议论落于凡近，未能高出一头，深入一境，自'结撰至思'者观之，皆陈言也"。（刘熙载，《艺概》）所以，写作时应"师其意，不师其辞"（韩愈，《答刘正夫书》）。因此，韩愈在《师说》中所体现出来的"古"文风格，只是"唐代"的一种散文风格，它虽然"脱胎"于先秦和某些西汉散文，其"最近孟子"（张裕钊语），但由于其强烈的现实针对性和表达上的更加活泼自如而得以"换骨"。

由此，我们不难得出这样的认识：《师说》的文体是"说"而非"论"，其作为一篇唐代散文，具有"古文""散论"的特征。韩愈"约六经之旨而成文"（《上宰相书》），虽"所志于古者"，但却"不惟其辞之好，好其道焉耳"（《答李翊书》），故能"精能变化"（刘熙载，《艺概》），写出了这样一篇独创、新颖而又充满一种沛然莫之能御气势的赠序。在这样的前提之下，我们要还文本以本来的历史面目。那些试图以今天的"议论文"文体特征以及写作套路去解读《师说》的做法，离开了韩愈的时代语境、认知语境和写作语境，实属以今律古，胶柱鼓瑟，缘木求鱼。

## 二、"中心论点"本不存在

如上所述，既然"论"与"说"这两种文体浑言虽同，但析言有别，那么，我们对《师说》的理解就只能用"说"的话语系统，而不能用"论"的话语系统。当我们把"说"定位于对某一道理的陈述并能够随机应变地说服人，解决现实问题时，我们再用以阐释并建立抽象理论为目的的"论"的写作规范去认识与判断"说"，那就南辕而北辙，难以自圆其说了。

众所周知，所谓议论文的"中心论点"，就是作者在文中所提出的立场、观点、主张，认识、见解、看法。就一般议论文的内容安排而言，作者会围绕"中心论点"展开这样的论述：

是什么？——提出观点：阐释有什么样的立场、观点、主张，认识、见解、看法。

为什么？——分析观点：分析为什么要提出这样的立场、观点、主张，认识、见解、看法（有什么现实意义），进行正反论证。

怎么办？——解决问题：作者认为怎样做才能使他的立场、观点、主张，认识、见解、看法落到实处。

回到《师说》上来，如果把"古之学者必有师"视为中心论点，那么韩愈就应该这样论述：

是什么？——提出观点：古代求学的人必定有自己的老师（或者说"在古代不存在没有老师的学生"）。

为什么？——分析观点：为什么认为古代求学的人必定有自己的老师呢？这样说话的理由、依据是什么呢？从正反两方面进行论证。

怎么办？——解决问题：古代求学的人是怎么从师学习的呢？我们从中可以得到哪些启示呢？我们怎样做才能像古人那样取得学业上的进步呢？

但是，《师说》全文的思路安排和内容结构却是这样的：

第一段：先从正面说学者肯定有师，再从反面说无师不能解惑，然后提出对师的看法：凡先闻道者，皆可为师。

第二段：先说古之圣人犹且从师，今之众人耻学于师，故圣益圣，愚益愚；接着说一般人知为子择师，而己则耻于从师，是小学而大遗；再说巫医乐师百工之人不耻相师，而士大夫则不知有师道，甚为可怪。

第三段：以孔子的言行说明教学相长，不耻下问的道理。

第四段：说明作《师说》一文的动机。

令许多教师和学生不解的是，韩愈所写的，与他们所认为应该写的根本不是一回事，特别是他没有就"为什么"与"怎么办"进行论述，也就是说他根本没有围绕"古之学者必有师"这句话来写，这使对"中心论点"的寻找与分析的努力成了无根无据的游谈。退一步说，他虽然开宗明义地这样表述了，但这样的大白话并不是他独创的什么"见解"，也不是他区别于别人的什么"认识"与"看法"，而是一个"放之四海而皆准"的"真理""公理"或"常识"。当然，我们可以说，在一个"师道之不传也久矣"的时代，这样的公理、常识却成了非常稀缺的东西，确实有重新提出并予以明确与阐述的必要。但既然是一种公理、常识，它所反映的只是某种客观事实，那就不是作者自己的主张，是不需要进行判断与推理的。这就好比说"每个人都有自己的祖国"一样，是一个不需要论证的话题，因为所有人概莫能外；而只有"我们应该爱自己的祖国"才是一个有现实乃至历史意义的话题，才有论述的必要。联系课本中的其他古代论说文，我们同样不难得出这样的认识。如苏洵的《六国论》，他如果把"六国是肯定会灭亡的"作为自己的论点，那就没有论述的必要，因为那只是陈述了一种现象，或者承认了某种历史事实；"六国破灭，非兵不利，战不善，弊在赂秦"才是他自己对历史的看法，也才有论说的意义。有意思的是，他的儿子苏辙在同题文章中，同样是论述六国灭亡的原因，却提出了"当时之士虑患之疏，而见利之浅，且不知天下之势也"这一迥然不同的看法，好似与他的父亲唱对台戏，而这样的"不同"才是有意义的，也是需要进行论证的。

如果把"古之学者必有师"看为中心论点，那么上述的"为什么"和"怎么办"就应该成为论述的重点内容，但韩愈却没有紧扣"古之学者"是否"必有师"去写，特别是文章的大部分笔墨都与其无关，只是在文章临近结尾部分，他才提到了"圣人无常师。孔子师郯子、苌弘、师襄、老聃。郯子之徒，其贤不及孔子。孔子曰：三人行，则必有我师"等与"古之学者"

有关的话。而这样的举例却又给许多教师带来了误判，以为是对"古之学者必有师"的论证。殊不知，他列举的孔子事例及其言论，是为了证明"圣人无常师"，要像圣人那样不耻下问，并由此得出自己的另一个认识或者结论："是故弟子不必不如师，师不必贤于弟子，闻道有先后，术业有专攻，如是而已。"这与"古之学者必有师"这一所谓的"中心论点"之间有很大的距离。因为"古之学者必有师"是对"古之学者""师"之有无的判断，而"圣人无常师"则是对从师标准的理解与认识，不耻下问是从师学习的态度与途径。

尤须引起我们注意的是，如果"古之学者必有师"是中心论点，那么在文章的主体部分，就要紧紧围绕它从正反两方面展开论述。好比我们要论证"勤奋出天才"，就需要先正面论证"勤奋确实可以诞生天才"，再反面论证"懒惰只会培养蠢才"。可以进行正反对比的，只能是同类的对象，这样才具有相连性和可比性。那么与"古之学者"相对的是什么人呢？今之学者。韩愈要进行古今对比论证，就要先正面论证为什么"古之学者必有师"，再从反面论证为什么"今之学者必无师"（肯定没有老师）。显然，他没有这样论述。即使他所批评的"今之众人"、"于其身"的一般人、"士大夫之族"等，其身份也都不是所谓的"学者"（求学的人），又怎么能够与"古之学者"形成对比呢？

同理可证，《师说》中的其他句子都不能作为"中心论点"。

## 三、"师道"才是"说"的中心

我们认为该文不存在什么"中心论点"，但并不是否定文章有明确的"说"的中心。那么，韩愈要"说"的中心是什么呢？统观全文，不难看出，这一中心就是"师道"。对此，清人吴楚材、吴调侯在《古文观止》中早有论述，称其"通篇只是'吾师道也'一句"，可谓确论。

学界一般认为，《师说》一文写于唐德宗贞元十八年（802年）左右，当时韩愈担任四门博士时。（方成珪，《昌黎先生诗文年谱》）他写这篇文章的背景和结果，柳宗元在《答韦中立论师道书》中谈得很具体，他说："孟子称'人之患在好为人师'。由魏、晋氏以下，人益不事师。今之世不闻有师，有辄哗笑之，以为狂人。独韩愈奋不顾流俗，犯笑侮，收召后学，作《师说》，因抗颜而为师。世果群怪聚骂，指目牵引，而增与为言辞。愈以是得狂名，居长安，炊不暇熟，又挈挈而东，如是者数矣。"这段话很形象地说明了韩愈所生活的时代，存在着严重轻视师道的不良习俗，只要有拜人为师者，就要受到社会舆论的嘲笑攻击。韩愈为了反抗流俗，以继承儒学道统自居，而通过师承关系更好地提倡、推广儒学和提倡古文，"直接孔孟薪传"（薛雪语），"作此以倡后学也"（吴楚材、吴调侯，《古文观止》），以求"抑邪与正，辨时俗之所惑，居穷守约""求知于天下，亦不悖于教化"（韩愈，《上宰相书》），而开宋明理学家之先声。这是一种蔑视流俗毁誉的勇敢行为，也是勇于振衰除弊的责任担当。

其实，韩愈之所以被当时的士大夫讥为"狂妄"，还与当时的政治背景有一定关系。当时朝廷朋党之争开始萌发，讲究门第的一派，攻击科举出身的一派"附党背公，自为门生"（方以智语）。因此，士大夫之间，为了避嫌，忌言师生关系。但韩愈却敢于违抗世俗之风，"从其徒游，锐意钻仰，欲自振于一代"，其"发言真率，无所畏避"。（《旧唐书·列传第一百一十》）他不但大力提倡从师之道，而且将大量才学之士聚集在身边，谆谆教诲他们，为他们谋求利益。比如他曾经不遗余力地帮助过大散文家和著名儒家学者李翱、著名诗人孟郊、张籍、贾岛等，聚集在他身边的这些才学之士，被时人称为"韩门学子"。而他在《师说》中热情嘉勉的李蟠（于唐德宗贞元十九年即 803 年中进士），也正是其中的一个代表。这样的言与行，确实表现了很大的政治勇气。

在韩愈笔下，"师道"有两层意思。一是"求师之道"，指虚心向老师请教的风尚，"师道之不传也久矣""师道之不复，可知矣"中的"师道"即为此意，这是对现实的批判与自我主张的彰显。二是"以道为师"，即学道，"吾师道也"就是"我以道为师"，这是勇敢地提倡与大力地呼吁。而什么是"道"呢？就是以孔孟思想为主导的儒家"道统"，是"修己治人之道"（曾国藩语）。"师者，所以传道受业解惑也""道之所存，师之所存也""闻道有先后，术业有专攻"中的"道"都是同一个意思，这与他所提倡的"古文"是完全一致的，难怪前人认为"师者，所以传道受业解惑也"一句，乃"一篇大纲领"（吴楚材、吴调侯，《古文观止》）。至于"余嘉其能行古道"之

"古道"，则既指从师而学的古之学者之道，也指其所"好"的"古文"、"通习"的孔孟学说。而他所提到的"业"，是"古文六艺之业"（曾国藩语），指的是包含着"道"又足以为立言典范的"三代两汉之书"（韩愈，《答李翊书》），也就是以儒家经典为主的古代典籍及关于古代语言文字的知识，而不是如有的人所说的"知识、技能的操作"（王俊鸣，《〈师说〉的解读与教学》）。因为他"一生学道好文，二者兼营，故往往并言之"（曾国藩语）。而这两层意思有着非常紧密的联系：要"以道为师"，就必须继承与发扬"求师之道"；提倡"求师之道"的根本目的，是为了更好地"以道为师"。

围绕以上两层意思，文章说明了必须"师道"和从何"师道"的道理。具体内容简析如下：

第一段作概括的正面论说，第一句话说"古之学者"，是为了否定轻视师道的当今学者，并和结尾"余嘉其能行古道，作《师说》以贻之"呼应。韩愈用孔孟儒家之"道"的有无作为选择老师的唯一标准，"传道"是从师的基础。并说"无贵无贱，无长无少，道之所存，师之所存也"，一反当时盛行的世族门第观念和论资排辈思想。

第二段运用三组对比，从反面批判轻视师道的行为，他认为只有士大夫尊师好学，才算得恢复了"师道"，所以特别指责了当时士大夫不重视师道的不良风尚。

第三段与第一段相照应，以孔子为例进一步从正面具体说明"师道"的重要和从何"师道"的观点。鲜明地表现出能者为师、教学相长的卓越教育思想，完全是对传统师道观念的大胆挑战。

第四段说明作《师说》一文的动机，嘉许李蟠没有受到时代风气的影响，不以从师为耻，并能明了"师道"（"好古文，六艺经传皆通习之"），这实际是举示典范，进一步提倡"师道"。

很明显，这篇说明"师道"的文章，既有对轻视"师道"社会风尚的严厉批评，又有对如何"师道"的精辟阐述。整篇文章有正面论证和反面批判，有抽象阐发和具体举例，有一般议论和示范提倡，环环紧扣，层层深入，有破有立，虚实结合。谈理论，不是空发议论；摆事实，不是现象罗列。同时，布局和写法也富于变化，"句句硬接逆转而气体浑灏自然"（吴汝纶语）。如第一、三、四段阐述比较简单，第二段的论说描述则较为详细，繁简有别，详略分明。又如第二段三组对比结尾的写法也不一样。第一组是在疑问揣测中予以否定。第二组是在斩钉截铁中加以批判。第三组是在感慨喟叹中进行讽刺。这样写就不显得平板单调。因而，该文在结构上做到了既严谨有序，而又灵动多变。

长期以来，我们更多地关注于《师说》的形式要素，特别是对所谓"中心论点"的偏执性理解，而未能充分考虑到韩愈此文乃染上了特定话语情境下公共写作的浓烈色彩，没有能够读出其中敢于担当的精神、勇于开拓的思路、质疑批判的思维、推陈出新的内容，没有能够结合他所处的时代特点、思想追求、文学提倡等因素而作出历史性的准确解读。

## [14]

# "确然正议"的推本之论

## ——苏洵《六国论》重读札记

　　明代的袁中郎在《三苏文范》中对苏洵的《六国论》有这样的评价："此篇论六国之所以亡，乃六国之成案。其考证处、开阖处，为六国筹划处，皆确然正议。"在袁中郎看来，苏洵此文立论明确，论述有据，思维缜密，结构谨严，雄辩恣肆，确能充分体现他的文风。这样一篇经典文章，百读不厌，确有重读、细读的必要。

　　《六国论》是苏洵所写的系列政论《权书》中的一篇，关于《权书》的写作，苏洵曾经这样自述："洵草茅贫贱者也，愚朴自负，不识忌讳，惟知天下之事有不便民者，辄抗言之。言之不足以快愤懑，奋笔而书之。近所著《几策》一篇，《权书》十篇，凡二万言。虽不知王公大人可以当其意否，而自谓尽古今之利害，复皆易行而非迂阔浮诞之言也。"（《上张文定公书》）可见，他虽"处江湖之远"，却心怀天下，忧国忧民。他紧密联系实际，有感而发，不作虚言，针砭现实。一般认为，此文作于北宋皇祐三四年（1051~1052年）至至和元年（1054年）之间，至和二年（1055年）苏洵因张方平之荐而任成都学官，他上书为谢并拜谒，呈上了所写的《权书》《衡论》等文，得到了知益州张方平的盛赞。嘉祐元年（1056年）时，他送苏轼、苏辙兄弟进京应试，张方平又向翰林学士、文坛领袖欧阳修进行了推荐。苏洵又呈上了所写的《权书》《几策》《衡论》等22篇文章，得到了欧阳修的大力赞赏，并为之延誉，称其文有荀子之风。一时间，苏洵在京文名

大盛。"后生学者皆尊其贤，学其文，以为师法，苏氏文章遂擅天下。"（曾枣庄、金成礼，《嘉祐集笺注·前言》）

关于这篇文章的写作主旨，由于相关资料的匮乏，我们无从直接了解苏洵的写作意图，而与其同代的人，甚至其子苏轼、苏辙也没有具体的论述。目前所见到的评论，都是明清时代一些学者的。如上文提到的明代袁中郎，他说此文"末影宋事，尤妙"，清代的储欣进一步对其进行了衍说："谓此悲六国乎？非也。刘六符来求地，岁币顿增，五城十城之割，如水就下，直易易耳。借古伤今，淋漓深痛。"而清代的高步瀛不仅直接引述了明代何景明的话——"老泉论六国赂秦，其实借论宋赂契丹之事，而卒以此亡。可谓深谋先见之识矣"，而且补充说明了一些历史背景："宋真宗景德元年，与契丹主（圣宗）为澶渊之盟，宋输辽岁币银十万两，绢二十万匹。仁宗庆历二年，契丹遣萧英、刘六符至宋求关南十县地。富弼再使契丹，卒定盟加岁币银绢各十万两匹……此宋赂契丹之事也。至于西夏，亦复有赂。庆历三年，元昊上书请和，赐岁币绢十万匹、茶三万斤。……此虽非割地，然几与割地无异，故明允慨乎其言之也。"（《唐宋文举要》）这些论述，都明确无误地认为，苏洵用借古讽今的手法，对当时北宋朝廷的对外政策提出了严厉的批评，表达了自己对国事、对处理国家和民族关系的态度："为国者无使为积威之所劫哉！"

这种写作意图，从苏洵到了京城之后，还将这些文章呈献给了当时的枢密副使田况，并先后上书枢密使韩琦，宰相富弼、文彦博，仁宗皇帝，一再阐述自己治国、治政、治兵的观点和主张等举动中也可得到一些验证。如在他的另一篇文章《审敌》中，就表述得更加直接、清楚、明确："北胡骄恣为日久矣，岁邀金缯以数十万计。……天子不忍使边民重困与锋镝，是以虏日益骄，而赂日益增，迨将凡数十百万而犹慊然未满其欲，视中国为外府。然则，其势又将不止数十百万也。夫赂益多，则赋敛不得不重；赋敛重，则民不得不残。故虽名为息民，而其实爱其死而残其生也。名为外忧，而其实忧在内也。"在他看来，夷狄之患，是宋朝的内忧。契丹志在灭宋而不在犯边，利在受赂而为灭宋作准备。应该停止赂贿，不为敌之恐吓所动，并作好应战准备。这与《六国论》最后语重心长的告诫是完全一致的。

比较六国与宋朝的情形，似有许多不同之处。如六国与秦国皆为周王分封的诸侯国，它们的地位平等，彼此之间虽然相互攻伐、战争不断，但日渐衰微、名存实亡的周王室毕竟还是天下共主。用今天的话说，秦与六国的战争，尚属于"国内战争"。而宋与契丹、西夏则不同，它们之间没有类属关系，它们各有自己的地盘，也各有自己的国名、王朝、皇帝（国王）。虽然契丹、西夏也曾向宋朝俯首称臣过，但那不过是一种外交策略。它们之间的战争，应该属于"国际战争"。

再说，六国中的韩、魏、楚三国贿赂秦国的是土地，所丧失的是国家主权。而宋王朝用以"贿赂"契丹、西夏的主要是银币、丝绸、茶叶等，属于战争赔偿性质，而不关涉主权。在苏洵出生七十一年前（公元938年），是后晋皇帝石敬瑭把燕、蓟十六州割让给了契丹，而宋朝建于960年，与割地无关。宋真宗咸平六年（1004年），"契丹求关南地，宋不许，乃有澶渊之役"。面对契丹的无理要求，宋真宗态度很明确："契丹如贪岁赂，乃国家细事。或求关南之地，当以理绝之。"最后以岁银绢议和。庆历二年（1042年），契丹要求割地，宋仁宗命令谈判的使臣"不许割地而许增岁币"。直到宋神宗熙宁七年（1074年），辽国派使臣来言："代北对境有侵地，请遣使同分画。"朝廷上下意见不一，最后是王安石的意见占了上风："将欲取之，必固与之。"这才有了割地求和，"以笔画其地图，以天章阁待制韩缜奉使，尽举与之。盖东西弃地五百余里"。（王称，《东都事略》）这时，苏洵已经去世近十年了。苏洵如果在世，或许会与王安石有一场笔战（他本来就看不惯王安石），而直斥其为"卖国"。但对这位"中国十一世纪的改革家"（列宁语），我们谁会认同这样的判断呢？尽管如此，前人指出，苏洵之意"力主用兵，所见最确"，文章"起落追寻六国致灭之由，归之赂秦，确实推本之论"。（蔡铸，《蔡氏古文评注补正全集》）

有意思的是，尽管苏洵极力反对割地求和，但他的儿子苏辙并不这样看。宋哲宗元祐初年，司马光等大臣们商议弃兰州（与现在的甘肃省兰州市有别）。苏辙谓："增置州砦（寨），坐困中国，愿决计弃之。""遂降诏，除元系中国及西蕃旧地外，候送到陷没人口，当就委边臣分画给赐。"（王称，《东都事略》）由于情势不同，所考虑问题的角度有别，我们不能由此轻言苏洵为"主战派"、苏辙为"主降派"，苏洵是"爱国者"、苏辙是"卖国贼"。

需要指出的是，从宋真宗与契丹议和，到宋仁宗再次增加岁币，将近四十年的时间内，宋朝与契丹之间基本没有发生大的战争。事实上，从1004年宋与辽订立和议之后，结束了宋辽之间长达四十余年的战争，形成了"生育繁息，牛羊被野，戴白之人，不识干戈"（北宋宰相富弼语）的局面，此后宋辽边境长期处于相对和平的状态一百多年。同时，宋朝也节省了巨额战争开支，岁币30万的支出还不及当时用兵费用3000万的百分之一，避免了重兵长年戍边所造成的过量徭役和赋税压力，以极少的代价换取了战争所难以获取的效果，宋与辽的社会经济也都得到了发展。从庆历三年（1044年）宋与西夏订立盟约之后，情况也基本一样。这一点，苏洵没有能够认识到，这与他所处的情境和看问题的角度有很大关系。

　　对宋与契丹、西夏的和议政策，与宋太宗开始确立的"兴文教，抑武事"（李焘，《续资治通鉴长编》）的治国理念有很大的关系，继而"真宗以礼币结隆绪，仁宗以信义怀宗真，圣人一视同仁，兼爱南北，盖如此"（王称，《东都事略》）。有的资料上说"苏洵面临的是外患严重，宋王朝无力抗御，用金帛资敌，以求苟安"，这是将宋朝完全比附六国了，是对史实的片面夸大，于史并无实据。事实是，宋与契丹、西夏先后大小有几十次的军事交锋，双方互有胜负。北宋历代皇帝也一直致力于解除边患，在苏洵所生活的年代里，并没有发生过严重的丧权辱国之事。

　　至于有的教师说宋与契丹、西夏的和议，是宋王朝"对于契丹、西夏的入侵一味贿赂妥协、苟安偷生的外交政策"（李一凡，《苏洵散文研究》），这一政策"助长了契丹、西夏的气焰，加重了人民负担，极大地损伤了国力，带来了无穷的祸患"。这种高度概括并且带有一定情绪的表述，也并不是历史的真实，只不过沿用了一些不太客观的说法而已。众所周知，宋王朝是我国历史上经济、文化、教育最繁荣的时代。史料记载，到北宋末期，首都开封人口有一百万，全国人口在四万到三十万的城市有三十个，人口在一万五千的城市有六十个，人口四千至五千的郡治与县治约有四百个。到南宋时，首都杭州有一百五十万人口，其他许多城市，尤其是长江三角洲地区的城市，几乎是和首都同样重要的商业和文化中心。城市的高度发展，是国家经济、文化繁荣的显著标志。有人研究，宋朝年财政收入高的时候曾达到16000万贯文，北宋中后期的一般年份也可达8000~9000万贯文；北宋末年，京师的一套豪宅价值几十万贯，以购买力折算为今天的人民币，少说也得 5000 万元以上；即使是失去了半壁江山的南宋，财政收入也高达 10000 万贯文。如果以 1 两白银兑换 1 贯铜钱的话，那么，16000 万贯文就相当于 16000 万两白银。对经济实力非常雄厚的宋朝来说，区区几十万岁币又算什么呢？这也与战国时韩、魏、楚用土地"陪邻"有本质的不同，不可混为一谈。

这样说，不是对苏洵所提主张的完全否定，他在《审敌》中所提出的"天下之大计不如勿赂。勿赂则变疾而祸小，赂之则变迟而祸大"的观点诚然正确。但我们也要看到包括《六国论》在内的《权书》中的文章，用他自己的话说，是"平居之所云"，"而其一日仓卒之言，又何足信邪？"（苏洵，《答雷太简书》）虽说这是他的自谦之词，但以苏洵当时的身份、地位来看，也是实情。毕竟，他不在权力中心，没有参与过国家大政方针的制定工作，对国内、国际的情况并不全面了解。再说，没有任何史料证明，宋朝之"积弱"是"贿赂"的结果，宋朝之亡应该归于"贿赂"。常识告诉我们，北宋亡于金，而非契丹和西夏；南宋亡于元：两宋都不是因为"贿赂"而使国力削弱而亡的。我们不能把苏洵对宋朝的暗讽，作为对宋朝对外政策的直接抨击；也不能把他对宋朝的提醒乃至警告，当作宋王朝灭亡的预言。

《六国论》教学中还有一个小的知识问题，不少教师在向学生介绍苏洵时，仍然称其号为"老泉"，这是不确的。据苏氏研究专家曾枣庄考证，明清两代就对此多有怀疑，认为"老泉"并非苏洵之号，而是苏轼之号。因为苏洵同时代人未有称苏洵为"老泉"的（苏洵自己，包括他的儿子苏轼、苏辙也都没有这样称呼的），这是其一。其二，唐宋避讳很严，如唐代大诗人李贺就没有得到科举考试的机会，原因是进士的"进"字与李贺父亲名字中的一个字同音，因此李贺必须避讳。而苏轼却有"宝公骨冷唤不闻，却有老泉来唤人"的诗句。其三，略晚于苏轼的叶梦得就明言"老泉山人"为苏轼晚年号（《石林燕语》）。其四，元代的王恽曾经见过苏轼的《上清储祥宫碑》，落款为"老泉撰"；明代的焦竑、娄坚等人都曾见过"东坡居士老泉山人"八字印章。（曾枣庄，《老泉非苏洵考》）大型权威工具书《辞海》中也明确说："旧传号老泉，今人已订其误。"我们不能再以讹传讹了。

　　对经典的重读，不应简单地仰慕，也不该庸俗地吹捧。而是用今天的眼光去审视已有的认识，用更多的事实去弥补曾经的不足，用审慎的态度去拥有属于自己的洞察与判断。

[ 15 ]

# 是记游，更是论学

## ——《游褒禅山记》的谋篇经营艺术赏析

　　自秦汉以来，人们在以写景为主的记游散文中经常以自然物象象征人的品德、比喻人的处境、表达人的认识，在景物中注入富于个人色彩的生命感受，这就使它们有了一个非常鲜明的传统——"思理为妙，神与物游"（刘勰，《文心雕龙·神思》），在抒写对景物的审美体验的同时，融入或寄予作者对社会或人生的体悟与感慨。如晋代陶渊明的《桃花源记》，借对理想蓝图的描画，而隐含对当时社会的对照与批判；南北朝时吴均的《与朱元思书》，借外在风物抒写内心追求；唐代元结在《茅阁记》中以茅阁借喻"贤人君子为苍生之麻荫"，在《菊圃记》中以旧圃之菊栽而复失、失而复栽借喻"贤人君子自植其身，不可不慎择所处"，在《右溪记》中则为右溪在现实中的落寞处境而惆怅难平，借山水以吐胸中抑郁之气；至于唐代柳宗元在《永州八记》中则把这种手法运用到了极致，名为写景，实为抒情或言志，笔下所写之景，乃是满足"言为心声"之需，极为典型地表现出了这一特征。

　　王安石继承并发扬了这一传统，他的《游褒禅山记》显然不能简单地视为一般的"游记"。作为一位立志革新的未来政治家，作为一位立志改变颓废文风的文学家，王安石的写作力图"有补于世"。他所说的"世"明显地包括了政治和文学两方面，并且文学又是为社会政治服务的，这与传统的"文以载道"的观点是一致的。这使他在"游山"的同时，想到了"治学"，甚至想到了"处世"。关于这一点，近代大学者梁启超早就明确指出——"荆公则学人之文也"，用今天的话说，就是王安石的这篇游记是一篇学者的随笔，看似记游，其实论述了学者治学的道理。

## 一、记游中暗喻论学

文章是这样开始的："褒禅山亦谓之华山，唐浮图慧褒始舍于其址，而卒葬之；以故其后名之曰'褒禅'。今所谓慧空禅院者，褒之庐冢也。"这与我们常见记游散文中对景物的介绍有很大的不同，它不是对褒禅山进行纯客观的写景，而是侧重于对"褒禅山"（华山）名称由来的考证，三言两语就理清了褒禅山与唐朝和尚慧褒以及慧空禅院的关系。这正是王安石具有学人实证精神的具体表现。

按照一般游记的写法，在接下来的文字中，作者应该对褒禅山的环境有一个概略或具体的描述，但他却这样说："距洞百余步，有碑仆道，其文漫灭，独其为文犹可识曰'花山'。今言'华'如'华实'之'华'者，盖音谬也。"看上去是对"仆碑"的介绍，其实是对"华山"（花山）之名由来的进一步考证，指出今人所读的错误。作者游山的注意力集中到一块倒地的石碑上，并加以仔细辨认，这与一般游人只关注景物有很大的区别。对一块仆碑的记述，其实是为后文的抒发感慨作铺垫、埋伏笔："余于仆碑，又以悲夫古书之不存，后世之谬其传而莫能名者，何可胜道也哉！此所以学者不可以不深思而慎取之也。"叙述与议论的前后呼应，使自己的认识和见解落到了实处，不使读者感到突兀。

细加推敲这样的感慨，其实更多的不是"感叹"而是"悲叹"，他所想到的也不只是这块"仆碑"以及"花山"的名称，而是历史上与此相类似的许多情况，用作者的话说就是："何可胜道也哉！"所以，他由此向所有的"学者"发出了忠告：对世界上的万事万物都要有"深思慎取"辨伪存真的严谨态度，切不可像一般游客那样，对所见的景物匆匆放过。

"盖音谬也"之"盖"，说明王安石对人们读错"花山"之名的情况只是一种推测，但在抒发感慨时却又由此作出了肯定的判断，由此读者可能会对他判断的准确性产生怀疑。但实际上他是有所交代的："音谬"的原因是因为"碑仆道，其文漫灭"，而普通的游客并不会去对它的读音较真。此处的"其文漫灭"就好比"古书之不存"，作者正是通过这一现象，探究了其中的深层原因，得出了自己的结论，阐发了一个道理。这是从个别到一般，由"华山"的"音谬"概括出社会上辗转讹误、相沿失实的普遍情况。针对这种情况，而提出"学者不可以不深思而慎取"的见解，这又是从具体到抽象，概括出研究事物必须去伪存真的道理。这段议论一正一反：从反面加以否定，批评"谬其传而莫能名"；从正面加以肯定，强调"深思而慎取"。这正是倡导一种严谨的治学态度和认真的求实精神。

不仅如此，正如前人所评价的：本文"一路俱是记游，按之却俱是论学"（吴楚材、吴调侯，《古文观止》）。所以"论学"是贯穿全文始终的。如记述游华山洞的经过时，先写前洞平坦，再写后洞幽深、昏暗、寒气袭人。不仅对前后洞的不同景色进行了简明扼要的比较，而且对游览的情况也进行了认真的观察，并有了自己的发现：前者游人多，后者游人少。其实做学问也是这样，人们喜欢一窝蜂、赶时髦，拣容易出成果的做。"入之愈深，其进愈难，而其见愈奇"则告诉我们，游玩的路越来越难行，而景色却越来越奇特，这也很有点像做学问、搞研究，"无限风光在险峰"。再如文中叙述了"有怠而欲出者"，而作者"遂与之俱出"，最后写出洞之后悔恨没有能够极尽游览之乐。这与做学问的过程非常类似，有人在做学问时有一点困难就退缩了，到最后一事无成，乃至抱恨终生。作者把探幽寻胜的过程与学者做学问进行对应，入之愈深，则所获越多也益精，只有不屈不挠地深入探索，才能登堂入室，得以享受观赏"世之奇伟、瑰怪、非常之观"的快乐，到达学问的至高境界。

不难看出，在集中记游时，作者是时刻不忘以游山来暗喻治学的，为此他对所记游的内容进行了精心的选择，剔除了与治学没有什么关联的景物以及游山经历中的相关事情，可以说"没有多余的话，没有多余的字眼"（叶圣陶，《文章例话》），巧妙安排却又不露痕迹，充分显示了构思的高超匠心。

## 二、论学以游山为喻

有了游山的具体经历和切身体会，抒发自己对治学的感慨也就显得水到渠成了。作者由游山自然想到了古代的学者观察天地、山川、草木、虫鱼、鸟兽，往往能得到一些东西，并得出那完全是他们苦心探索、务求深入的结果的认识。并使读者自然联想到一般人，在做某项工作或者从事某种事业的时候，只想或只能走平坦的道路，只在近处盘桓，像游山的人大都只在前洞看看一样。他们不愿或不能走到艰险和深远的地方去，可是世间的"奇伟、瑰怪、非常之观"总是在"险远"的、人迹罕至的地方，所以，他们总是不能享受到成功的喜悦。

沿着这样的思路，王安石回答了学者治学时经常碰到的一个非常现实的问题：做学问要想"有得"，需要哪些条件呢？非常巧妙的是，王安石没有离开游山而空洞、抽象地谈什么大道理，而是处处紧扣游山时的种种情形，把游山与治学紧密结合起来。在他看来，首先要"有志"，也就是有自己的愿望或理想，因为"奇伟、瑰怪、非常之观，常在于险远，而人之所罕至焉"，有梦想才会有未来，没有愿望或理想是不可能到达的。要想成为有成就的学者，必须有远大的志向和明确的目标，然后为了实现自己的理想而去努力奋斗。"重要的不是成功，而是奋斗。"（赫伯特语）奋斗的意义远大于成功。其次，还要能够"不随以止"，也就是不轻易放弃自己的努力，不轻言失败。在遇到艰难与险阻时，能够有攻坚克难的勇气和必胜的信心，不畏艰险，勇往直前。再次，还要有"力"，也就是要有必备的物质条件，"力不足者，亦不能至也"。做学问、搞研究是要有一定物质条件的，没有物质条件作基础，学问不可能做下去，也不可能做得好。这样的见解即使放在今天，也非常具有指导意义。即以现代科技发展为例，如果仅有远大的理想、目标和坚强的意志是不够的，因为科学技术事业，除了自我的愿望和精神外，还必须有一些必备的客观条件。比如一定的经济实力、科学技术力量、物质与人文环境条件，以及来自不同领域的多方力量同心协力等。做学问、搞研究是要尊重客观规律的，如果不能实事求是，不知道量力而行，而是一味盲目与蛮干，那势必要招致失败，甚至要受到惩罚。

在这三个条件中，王安石认为"尽吾志"，为实现自己的愿望作最大的努力最为重要。这是因为，"然力足以至焉，于人为可讥，而在己为有悔；尽吾志也，而不能至者，可以无悔矣，其孰能讥之乎？"由于某种客观原因，有些奋斗者虽历尽艰难困苦却与成功无缘，或者因为各种原因没能看到成功，但他们的奋斗为后继者开辟了道路，提供了宝贵的经验教训，这样的奋斗仍具有重大的意义。人们总希望通过自己的努力而获得成功，但往往事与愿违，尽了力不能获得成功的事屡见不鲜。如果只是因为尽了力却不能成功而一蹶不振，那怎能获得成功？所以，失败了并不要紧，只要你认为在这条路上尽了力，自己问心无愧就行了。只要生命不止，就奋斗不息；只要没有成功，就继续努力，就算最终与成功失之交臂，也是没有什么遗憾的，因为"尽志可以无悔"。

在这里，王安石还向读者传递了另一种认识：不能单以成败论英雄。他后来试图通过变法，努力改变宋王朝"积贫积弱"的局面，并排除重重阻难，进行了艰苦的努力，但最终没有成功。他尽了他最大的努力，可以说对朝廷、对国家、对自己的理想问心无愧。他也因此成为我国历史上杰出的政治家之一，曾经被列宁誉为"中国十一世纪的改革家"。所以这篇文章，我们可以把它看为一篇"政治宣言"，其"形在江海之上，心存魏阙之下"，"吟咏之间，吐呐珠玉之声；眉睫之前，卷舒风云之色"（刘勰，《文心雕龙·神思》）。从这个意义上说，他又何尝不是用"游记"的形式来表达自己对政治改革的决心呢？

本文是王安石34岁时的作品。四年后（1058年）他给宋仁宗上万言书，主张改革政治；十六年后（1070年）拜相，不顾保守派的强力反对，大刀阔斧地积极推行新法，他的"变法"，如果没有坚定的信心与顽强的意志是根本无法进行下去的。他在《答司马谏议书》中，大义凛然、义无反顾地表白："如君实责我以在位久，未能助上大有为，以膏泽斯民，则某知罪矣；如曰今日当一切不事事，守前所为而已，则非某之所敢知。"这表明了他变法的坚定态度，从中可以看出，他是个具有坚强毅力的改革家，尽管受到种种阻碍，也毫不动摇退缩。正如他自己后来所说：天变不足畏，人言不足恤，祖宗之法不足守。其坚强意志、坚定决心以及大无畏的气概溢于言表。所以，"尽吾志也，而不能至者，可以无悔矣，其孰能讥之乎？"所展现的正是这样一个具有坚定意志和百折不挠精神者的形象。他似乎已经非常清醒地预料到，尽管他有志于改变北宋"积贫积弱"的局面，推行富国强兵政策，但改革不可能一帆风顺，必将遇到重重阻碍，要成功，"志、力、物"缺一不可，但"物"与"力"不可强求，一个人要想对国家有所贡献，所能做的只有"尽吾志"。可以说,"尽吾志"思想正是王安石这位"拗相公"实行变法的思想基础,也是他所主张的文章应"有补于世""以适用为本"思想的具体体现。

这篇文章以深邃的思想、高远的旨趣、坚毅的品格、顽强的追求与奋斗精神给后人以很多有益的启示,这也正是这篇文章成为"补世"力作的重要原因。现代民主思想的先驱李大钊先生说:"绝美的风景,多在奇险的山川;绝壮的音乐,多是悲凉的韵调;高尚的生活,常在壮烈的牺牲中。"其思想认识与王安石可谓一脉相承,且赋予了更新的意义。从这个角度看,本文所论又岂仅仅是"论学"呢?

综上所述,王安石借游山来说明治学的道理,指出做学问要"深思慎取",要有自己的见解与看法,不可道听途说、人云亦云;做学问不能浅尝辄止或半途而废,而要克服困难坚持到底;做学问要有明确的目标,沿着预想的道路坚定地走下去,以无愧于自己的"内心"。文章前半写游山时,已经暗喻治学,后半写治学又处处以游山作比喻,有如"独照之匠,窥意象而运斤;此盖驭文之首术,谋篇之大端"(刘勰,《文心雕龙·神思》),使得记游和论学两者在文中互相渗透而不可分割,足见谋篇时经营之妙。

# 不应成其为问题的问题

## ——《五人墓碑记》写作背景辨正

苏教版高中语文必修三教学参考书中对张溥《五人墓碑记》一文的写作背景作了这样的描述：

明代天启元年（1621 年），明熹宗即位，奸臣魏忠贤为司礼监秉笔太监，掌握大权；后又兼掌特务机关东厂，实行专权，竭力镇压反对派官员。在朝任职的东林党人多次上疏熹宗，反对魏忠贤邪恶势力；要求关心民生，反对横征暴敛；反对专制统治，要求允许知识分子议论朝政。东林党人的这些主张符合人民的愿望。但是由于熹宗庇护，魏忠贤势力炎焰张天，东林党人一再受到迫害镇压，许多正直的东林党官员被革职、贬调，有的被逮捕酷刑致死。江南人民深受阉党之害，同情并支持东林党人。

天启四年（1624 年），苏州丝绸行业工人因不堪阉党的剥削压迫起而罢工。天启六年（1626 年），魏忠贤死党、巡抚毛一鹭以煽动罢工的罪名逮捕周顺昌，忍无可忍的数万苏州民众聚集街头，与东厂爪牙发生冲突。他们砸官府，杀缇骑，毛一鹭躲进厕所才免一死。一场群众自发反抗阉党的暴动震动了江南。

这场斗争被镇压后，朝廷在苏州大肆捕人，市民颜佩韦等五人挺身而出，承担责任，慷慨就义。不到一年，熹宗死去，阉党倒台，魏忠贤被即位的明思宗贬往安徽凤阳守陵，途中畏罪自杀。此后，东林党及周顺昌案得以昭雪。苏州人民倡议公葬颜佩韦等五义士，一夜之间，把毛一鹭为向魏忠贤献媚而建造在虎丘山塘的魏忠贤生祠夷为平地，在它的废基上修建了五义士的墓，并立了墓碑，张溥为此写了这篇碑记。

这段短短五百多字的介绍，其中的许多表述却是对历史的遮蔽与掩盖、讹误与粉饰，与历史事实有很大的距离，使原本不成其为问题的内容，给文本教学带来了很多问题，实有辨正之必要。

## 一、关于"东林党人"

依教参的说法，"东林党人"是一种党派或政治团体，其有在朝的，也有在野的，这一说法受长期的"政治图解"影响，其实并不准确。据《明史》记载，"东林"一词，出于明神宗时代，其时因为神宗"怠于政事，章奏多不省。廷臣渐立门户，以危言激论相商"，"宰辅大臣为言者所弹击，辄引疾避去。吏部郎顾宪成讲学东林书院，海内士大夫多附之，'东林'之名自是始"。以致"一贯持权求胜，受黜者身去而名益高"。万历二十二年五月，阁臣王锡爵曾经对顾宪成说："当今所最怪者，庙堂之是非，天下必欲反之。"顾宪成这样回答："吾见天下之是非，庙堂必欲反之耳！"（《东林始末》）很明显，"东林党"原本指的是与顾宪成政见相同者或学术见解类似者，其主要行为特点是"以危言激论相商"（"清议"），他们并不是一个有组织的政治团体。

在东林书院，顾宪成提倡孔孟之道，"力辟王守仁'无善无恶心之体'之说"，在讲习之余，"往往讽议朝政，裁量人物。朝士慕其风者，多遥相应和"。（《明史》）而在朝中，则是另一番情景："凡救三才者，争辛亥京察者，卫国本者，发韩敬科场弊者，请行勘熊廷弼者，抗论张差廷击者，最后争移宫、红丸者，忤魏忠贤者，率指目为东林，抨击无虚日"，乃至于"盈廷如聚讼"，"更相倾轧，垂五十年"。（《东林始末》）可见，"东林党"之称号在顾宪成身后主要指与己相忤者，凡政见不同（或有利益冲突）的人都可被他人视为"东林党"，从词汇的情感色彩看并非表示褒赞。即使在魏忠贤当道之时，一些被称为"东林党"的人，"又各以地分左右"，如魏大中因驳苏松巡抚王象恒，致使"山东人居言路者咸怒"；他驳浙江巡抚刘一焜后，又招致"江西人亦大怒"。（《明史》）这样看来，魏忠贤掌权时，那些"被革职、贬调，有的被逮捕酷刑致死"的也就不一定都是所谓"正直的东林党官员"了（事实上也是如此）。既然如此，教参中"多次上疏熹宗""反对魏忠贤邪恶势力"的都是"在朝任职的东林党人"的说法也就有很大问题了。

被魏忠贤及其帮凶指为"东林党"的士大夫们（魏忠贤的爪牙崔呈秀、王绍徽曾编《天鉴录》《同志录》《点将录》，把那些不愿附丽者一律指称为"东林党"）作为朝内朝外的一股政治势力，他们喜欢评论朝政，指斥朝失，品评人物，其言辞比较偏激，与魏忠贤及其爪牙的争论也比较激烈。说他们"反对魏忠贤邪恶势力""要求允许知识分子议论朝政"没有错，但说他们"要求关心民生，反对横征暴敛；反对专制统治"则是没有多少根据的。在封建专制皇权时代，无论是在朝的官员，还是在野的读书人，即使对朝政有所议论，但也不可能去直接"反对横征暴敛"，因为"横征暴敛"者往往是皇帝本人，更不可能去"反对"皇帝的专制统治（封建皇帝是最大的专制者）及其所代表的"国家"政权（"朝廷"），他们所反对的或是能反对的只是一些具体掌权的人，"始吾以为天子命，乃东厂耶"（《明史·周顺昌传》）就是具体的表现，而目的仍是为了维护封建专制统治。至于说"东林党人的这些主张符合人民的愿望"，不知这里的"人民"所指的范围是什么，如果把部分士大夫的愿望等同于全体人民的愿望，把概念本身就笼而统之、大而化之、模糊不清且带有一定贬义的"东林党"认为是"人民"利益的代表，则是不恰当的拔高。

## 二、关于江南人民"同情并支持东林党人"

教参中说"江南人民深受阉党之害，同情并支持东林党人"，这话只说对了一半，因为"深受阉党之害"的主要是一些士大夫，而非广义的"江南人民"。时人黄煜在《碧血录》中明确记载："逆珰（宦官的代称）擅政，荼毒缙绅，其门有五虎、五彪、五狗、十孩儿、二十小孩儿、四十猴孙、五百义孙之属，所雠怨多在江南。"《吴县志》中也说："天启甲子逆珰魏忠贤窃大柄，荼毒忠良，缇骑纷出。"那为什么江南人民会"同情并支持"所谓的"东林党人"呢？这主要有两个原因：

一是被魏忠贤迫害的杨涟等六人和周起元等七人，他们多为江南人，有的曾在江南为官，有的与江南的关系较为密切。所以，"江南既数见缇骑以为常，而缇骑亦视江南为熟游故道。"（黄煜，《碧血录》）而这些人或"节义感人"，如杨涟，或"好为德于乡"，如周顺昌，或为官清廉"秋毫无所扰"，如魏大中。所以，他们受到了江南人民的尊敬与爱戴，他们的政治命运，也得到了江南人民的极大关注。老百姓心目中的这些"清官""好官"遭受"荼毒"，理应会激起他们的极大同情与愤慨，老百姓甚至为他们赴汤蹈火，牺牲生命也不足惜。颜佩韦临死时说"我为清官死，死有余荣"（朱祖文，《北行日谱》）就是典型的表现。更有书生朱祖文只因为感念周顺昌曾助其母旌节一事，不仅"间行诣都，为纳饘粥、汤药"，"奔走称贷诸公间"，还用非常生动感人的文字记载下周顺昌北行的细节，是为《北行日谱》，最后竟在周顺昌死后而"哀恸发病死"，可谓义薄云天。

二是因为"东厂番役横行，所缉访无论虚实辄糜烂"（《明史·魏忠贤传》），每次抓人，缇骑"皆有赇入则数十倍，利如私贩"（黄煜，《碧血录》）。为利所驱，他们不择手段，横行不法，每到一处，以酷刑"为号侈索赇，赇满所欲乃开读"，在逮捕周顺昌时，"缇骑大索金钱，数日犹未开读"，所以激起了江南人民对他们的强烈不满和极度忿恨，以致酿成了一场惊动朝野的"群体性事件"。

其实，这种"同情"的情绪，非独"江南人民"有，其他地方的人民也有。如杨涟（湖北应山人）被逮时，"士民数万人拥道攀号，所历村市，悉焚香建醮，祈祐涟生还"（《明史·杨涟传》）。左光斗（安徽桐城人）被逮时，"父老子弟拥马首号哭，声震原野，缇骑亦为雪涕"（《明史·左光斗传》）。魏大中（浙江嘉善人，其可看为"江南人"）被逮时，"乡人闻大中逮去，号泣送者数千人"（《明史·魏大中》）。这些情况都说明了正直的士大夫们对阉党倒行逆施的强烈不满与反抗行为，得到了广大人民的普遍同情与广泛支持。

### 三、关于此次事件的过程

#### 1. 与苏州丝绸行业工人罢工事件的关系

所谓的苏州丝绸行业工人罢工事件，教参的表述有几点明显错误：一是事情件发生的时间，其事发生在万历二十九年（1601年），并非天启四年（1624年）。二是事情的性质，"万历时，税矿中官所至为虐，多有激变，为民所愤击者"（赵翼，《陔余丛考》）。当时的情况是：税监孙隆加重捐税，机户被迫停工，织工失业。葛贤率领众人，击毙孙隆属下黄建节，包围税监衙门，要求停税。这是一次"暴力抗税"事件，而不是主动"罢工"。三是参与这次事件人员的身份，他们是"机户"（"工匠"），而非现代意义上的"工人"。四是将其与周顺昌进行"嫁接"，说"巡抚毛一鹭以煽动罢工的罪名逮捕周顺昌"完全是无中生有。几乎所有的史料都记载，周顺昌被逮是由于得罪了魏忠贤，受魏阉指使，其爪牙织造太监李寔"疏论前抚周公及周宗建、缪昌期、周顺昌、高攀龙、李应升、黄尊素六人，欺君蔑旨，结党惑众，阻扰上供。奉旨差锦衣校尉逮捕"（顾炎武，《顾亭林诗文集》）。

2. 此次事件的几个细节

由上文可知，逮捕周顺昌是皇帝的"旨意"，或者是魏忠贤"矫诏"的行为，而非魏阉之私人毛一鹭下的"命令"，无论怎么说，一个巡抚在没有接到朝廷旨意的情况下，去逮捕一个前吏部官员，既不合于礼，也不合于法。当然，毛一鹭不仅参与了对周顺昌的指控（"公之逮所由使也"），而且具体执行了此次抓捕行动。这是其一。

苏州市民与东厂爪牙发生冲突的地点不是教参所说的"街头"，而是都察院设在苏州的一个分支机构"西察院"（其时苏州有西察院、南察院、北察院），"巡按等官至校尉所居西察院宣旨"，"三学诸生肃而前述诸民意"，而"诸尉各举械将击诸生"。（黄煜，《碧血录》）于是，聚集的民众"直驱上堂擒校尉，群殴之"（顾炎武，《顾亭林诗文集》），一场混战由此发生。经过查实，死者是"从梁上惊堕而入"，而非"杀死"；"后询其党，名李国柱，本非校尉，乃行五百金贿谋与携来者也"（黄煜，《碧血录》）。这是其二。

据顾炎武回忆，冲突发生后，经过知府寇慎的反复劝说，"至日晡时，众始退"，但"苏人之围守校尉及周吏部者，街巷之间，千百为群，屯聚不解。而巡按亦以兵自卫。""数日天雨，围者少息"，"越一日，众始知之已行，而惧罪仍屯不解"。苏州市民"屯聚"不散，这一方面是想解救周顺昌，另一方面是给官府施加压力，不让其追究事情的责任，直到寇慎"乃榜曰："罪人已得，余无所问。'于是一麾而散"。他们并没有进一步的举动，如教参说的"砸官府"之类。这是其三。

逮捕周顺昌的消息，是一些书生最先知道的，张溥说"吾社之行为士先者，为之声义，敛赀财以送其行，哭声震动天地"。顾炎武也说"有生员王节等数十人具呈率吁，百姓各执香随之，至万余人"。可见"声义"之举，是由他们倡导并发起的。"三学诸生肃而前述诸民意，曰：'大人有事，地方讵不知。吏部居乡，立朝者尽为请于朝。'"（黄煜，《碧血录》）他们不仅对逮捕周顺昌的行动进行质疑，而且请求当局顺应民意，上达民情。所以，这次事件不是教参认为的"群众自发"行为，而是在"应社"成员宣传、组织、领导、指挥下的集体行动。这是其四。

## 四、关于此次事件的结果

事件发生后，毛一鹭立即向朝廷作了添油加醋的报告。但同时，寇慎和知县陈文瑞上下周旋，化大事为小事。先是劝慰百姓离开官府，不要影响"开读"（宣旨）；接着又因"知巡按索与织监善"，而"说之令求解于忠贤，疏中委曲其事"；再接着，"阴具舟于河"，并"馈之赆并死者之槥，宵行送之出境。然后宣旨令周吏部就逮入京"；最后，寇慎"密诇得首事者颜佩韦等五人，以他事摄之入狱"。而魏忠贤得到密报后，"惧激吴民之变，彷徨累日。及巡按疏上，但谓从役李国柱踏伤偶死。阁臣亦言国体所系，不可播闻，遂依之。票旨得不深究，而缇骑自此亦不更出"。（顾炎武，《顾亭林诗文集》）

正由于寇慎的种种努力，这场斗争既没有"被镇压"，朝廷也没有"在苏州大肆捕人"，有的资料上说抓捕了十三个人，"将佩韦等五人处斩，其余卒成有差，姓名逸"（苏州图书馆藏《吴县志》）。寇慎的努力和一贯的政声，也得到了苏州人民的高度评价："五人延颈就刃，语寇慎曰：'公好官，知我等好义，非乱也。'"（《明史·周顺昌传》）但不管怎么说，按照顾炎武的说法，也只是"责擒首恶而已"，"至于吾苏之祸，只及吾民，而士类获免，止于降黜"（朱祖文，《北行日谱》）。不但如此，当被诬而涉入同一案件中的李应升被逮时，"常州城士民聚观者亦数万"，并也发生了暴力反抗的行为，只因事情没有闹得太大，而"太守曾樱素惠民，抚之。须臾而定"（黄煜，《碧血录》）。没有任何人受到追究。从中也可以看出当时魏忠贤阉党统治力量其实是非常虚弱的。

## 五、关于五人的墓葬

张溥在文中明确说："夫五人之死，去今之墓而葬焉，其为时止十有一月耳。"近人蒋逸雪认为张溥此文写于天启七年（1627年）十一月，也正是魏忠贤"道死，诏磔其尸，悬首河间"（《明史·魏忠贤传》）的时间，这样来推断五人之死的时间在天启六年（1626年）十二月。这与《明史》中在记载周顺昌遇害（天启六年六月十七日）后再记载五人被株死是大体一致的。但黄煜在《碧血录》中却又明确说，五人死后，魏忠贤"颇衔李寔疏为激变。寔怖欲死，乃命浙抚潘汝桢请建生祠，以自解免。相望成风，生祠遂遍天下"。而据《明史》所载，潘汝桢所建名为"普德"的生祠，于天启六年（1626年）六月建成。这样来推算，五人应最迟于这年的六月前被害，靠谱的时间应是四月或五月，距离墓葬应为十八个月左右，因为生祠建造要有一段时间。事情过去并不太久，张溥再次把时间记错的可能不大（他在前文已把"丙寅"误为"丁卯"），最大的可能是传抄所误，原文因用毛笔书写，其一般字体应为行草，而行草的"八"粗看好像是"一"，传抄与镌刻者不明就里就误刻为"一"了。"十有一月"应是"十有八月"，这就没有了上述的时间矛盾，至于《明史》的记载，遵其"先官后民"的编撰原则，也解释得通，教参上所谓的"不到一年"魏忠贤"途中畏罪自杀"之说也就于史无据了。

正如苏州普惠生祠（也称尚公祠）"解说词"中所说，明思宗朱由检即位后，清除了魏忠贤及其党羽，并为东林党人昭雪，"普惠生祠"即为愤怒的苏州百姓所拆毁，其时尚未有安葬五人的动议。但按教参表述，却是先有公葬五位义士的倡议，再把"魏忠贤生祠夷为平地"，这与张溥所说"即除魏阉废祠之址以葬之"也有明显的矛盾。

五人就义后，"乡先生吴默潜遣人藏其尸，覆以石灰"，"明年顺昌冤白，毁逆阉祠，默于其旁葬之，题曰五人之墓，书人以愧不人者"（苏州图书馆藏《吴县志》）。由此可见，倡议公葬五义士的不是广义的"苏州人民"

而是一些士大夫，张溥也明确说是"郡之贤士大夫请于当道"，"贤士大夫者，冏卿因之吴公，太史文起文公，孟长姚公也"。后来为修建墓园，吴默、文震孟、姚希孟、钱谦益、瞿式耜等54人纷纷捐资。现在的墓园门厅内，还立有五义士之一的杨念如侄女出资镌刻的《五人义助疏碑》，上面列出了54位捐资人名单，为首的三位就是张溥提到的贤士大夫吴默、文震孟、姚希孟，另外还有张溥、钱谦益、杨廷枢等。据《吴县志》记载，这一行动也得到了当地政府官员的大力支持，巡按御史祁彪佳还捐出俸钱置买田若干亩与颜佩韦的父母妻子，"免徭役以供祭享"。很难想象，如果没有这些士大夫的出面倡议、牵头组织、筹措经费，仅靠一般意义上的"苏州人民"是不可能顺利办好这件事的。

## 六、关于几位"贤士大夫"

上述知识性错误，不仅出现在教参对写作背景的介绍中，也出现在教材对几个"贤士大夫"的介绍中。教材这样注释"贤士大夫"：

太史文起文公：太史，官名，翰林的别称，负责修史等事。文起文公，文震孟字文起，天启时殿试第一，授翰林院编修，故称太史。
孟长姚公：姚希孟字孟长，曾任翰林检讨，故亦称太史。

明清科举制度规定，翰林院属官有侍读学士、侍讲学士、侍读、侍讲、修撰、编修、检讨、庶吉士。其中，进士试一甲第一名（状元），即授翰林院修撰。明制，翰林院修撰、编修、检讨，列为史官，故俗称太史。《明史》中明确记载，文震孟"天启二年，殿试第一，授修撰"而非"编修"（《明史·文震孟传》），苏州"五人之墓"园中所立墓碑的背面，上镌有《五人墓碑记》的全文，其文后介绍为五人之墓"立石"者正是文震孟，上面也明确说其身份为"翰林院侍读前修撰"。而姚希孟在万历四十七年（1619年）中进士（名列第三甲第一百二十一名）后，所任的官是"庶吉士"而不是"检讨"（《明史·姚希孟传》）。明英宗以后惯例，从科举进士二甲、三甲中，选择年轻而才华出众者入翰林院任庶吉士，称为"选馆"，三年后，成绩优异者才可留任翰林，授编修或检讨，正式成为翰林，称"留馆"。但他却在任庶吉士两年不到后的天启初年（1621年），"寻请假归"，"四年（1624年）冬还朝"，"其明年（1625年），以母丧归"并被"削籍"为民，到崇祯元年（1628年），才"起左赞善，历右庶子，为日讲官"。至于他"掌南京翰林院"，那则是崇祯三年之后的事了，张溥怎么会有那样的"先见之明"而超前为他安排职务呢？正因为姚希孟终其一生都没有任过"检讨"，而庶吉士又不是史官，所以也就不能称为"太史"，课文中"太史文起文公"后的顿号应改为逗号。其注释应该为：

太史文起文公：太史，官名，翰林的别称，负责修史等事。文起文公，文震孟字文起，天启时殿试第一，授翰林院修撰，故称太史。

孟长姚公：姚希孟字孟长，曾任翰林院庶吉士。

综上所述，教参（包括教材后面的一些文字）上对《五人墓碑记》写作背景等知识的表述有非常明显的错误，需要结合真实的历史作正确的改动，使我们能够回到历史的"常识"。

# 一线串珠，片言居要

## ——《左忠毅公逸事》的叙述艺术

清代桐城派散文创始人方苞，主张散文要有充实的内容，同时也要讲究形式。在他看来，文章只有内容充实，行文章法谨严，才能深入人心，流传广远，也才能文以载道，文道合一。他的《左忠毅公逸事》就典型地体现了他的创作主张，记事写人，重在传神，既生动形象而又感情真挚。

从文章题目看，这是一篇记事散文，但又与一般记事散文不同，它的叙述重点并不在事迹的过程与事件的罗列上，而是通过记述左光斗"视学"和"狱中"两件"逸事"，兼写史可法在治兵中的事迹，既刻画了左光斗的形象，又集中表现了他的精神、品质。这种记事写人并以人物为中心的写法，是对司马迁的《史记》所开创的纪传体文学传统的继承、借鉴与运用，他所写的虽然是历史人物，所反映的也是重大历史事件，但却没有把人物淹没于宏大叙事之中，而是着力刻画人物，使人物的神采毕现。为此，他在文章的结构形式上，就有别于一般的叙述，而是经过了精心的构思与谨严的组织。这主要体现在叙事的特点上：每一件事的最后都用人物的话来收束。其具体表现为：叙述左光斗"视学"的最后是左光斗对他夫人讲的"吾诸儿碌碌，他日继吾志事，惟此生耳"；叙述左光斗在"狱中"的最后是史可法对他人讲的"吾师肺肝，皆铁石所铸造也"；叙述史可法治兵的最后是史可法说的"吾上恐负朝廷，下恐愧吾师也"。

出自两个人物的这三句话，在行文结构上可谓一线串珠，片言居要。

## 一、"吾诸儿碌碌，他日继吾志事，惟此生耳"

这是左光斗对自己的夫人说的话，赞扬、欣赏、厚望、欣喜之情溢于言表。他发现史可法是一个难得的人才，这得之于他的一次微服私访。从"视学"的公务活动看，这实际上是一次寻觅人才的行动。在一个"风雪严寒"的天气里，他在一座古庙中见到了写文章写累了趴在书桌上的史可法，看到了他没有完全写好的文章。文章虽然没有直接描写史可法写的文章怎么样，但通过对左光斗解开自己穿的貂皮裘衣盖在他的身上，为他关上门，并向寺僧打听的细节描写，说明了他对史可法的欣赏与怜爱。从史可法未完成的文章中，他看到了一个青年人的非凡才华与胸襟，所以他才会有这样的举动。

正因为此，考场上当叫到史可法的名字时，他非常惊喜地注视着史可法，及至看了他的考卷，当场批点他为第一名。他还把史可法叫到家中，让他拜见自己的夫人，并对夫人说了"吾诸儿碌碌，他日继吾志事，惟此生耳"这句评价极高的话。其实这句话不仅高度评价了史可法，而且还把自己的事业托付给了他，认为他是能够继承自己事业的唯一人选。这充分说明了他思贤若渴，爱才若子。左光斗觅才、惜才、选才、誉才的过程，表现了他爱惜人才、知人善任的远见卓识。他把史可法视作效忠国家的良才，自己事业的继承者，反映了他任人唯贤的磊落胸怀。

联系左光斗的生平，他是在被阉党排挤派去当无关紧要的学政官的，但他仍以国事为重，借去京畿"视学"的机会，寻找可以寄予厚望的才俊。所以，当他发现史可法这一难得的人才时，其欣喜之情溢于言表，并将其与自己的"碌碌"的"诸儿"进行比较，其为国事而对人才器重的思想可见一斑，这使他很不一般的行为得到了非常合理的解释。在行文上，他的这句话还给读者留下了一个悬念：他让史可法继承的是什么"志事"？史可法后来有没有不辜负恩师的寄望而继承下去呢？这使下面的故事叙述成了必然。

## 二、"吾师肺肝，皆铁石所铸造也"

时隔多年，史可法经常流着眼泪对别人说得最多的一句话是："吾师肺肝，皆铁石所铸造也。"这样的评价是对左光斗在狱中一事的概括。那么，史可法为什么对他的老师有这样的评价呢？这是因为左光斗在被诬下狱后，遭到了严刑拷打，且生命危在旦夕。史可法不惜冒着极大的危险，用自己真情的眼泪和金钱贿赂好不容易打动了"禁卒"，最后得以扮成打扫卫生的人才能够前往探监。这是他对恩师的深情厚谊，也反映出左光斗对他确实恩重如山。到狱中之后，史可法"抱公膝而呜咽"，左光斗即能"辨其声"，可见左光斗对史可法何等的熟悉，也显见他们的关系又是何等的密切！但是，左光斗的头脑却是非常清醒的，这又与其所受酷刑的惨苦形成鲜明的对比，显示左光斗临危遭难时的从容镇定，这为下文写他的异乎寻常的举动打下了坚实的基础。

对史可法的冒死探狱，左光斗不仅没表现出高兴、宽慰与感谢，反而是一反常态，先是"奋臂以指拨眦，目光如炬"，奋力睁开眼睛怒视史可法，这表现了他虽身受酷刑摧残，但动作仍然十分果断坚决，这种力量正是其不屈不挠斗争精神的体现，也是他对寄予厚望以国事相托的史可法的关爱的生动写照。所以他对冒失的史可法严声怒斥："庸奴！此何地也，而汝来前！国家之事糜烂至此，老夫已矣，汝复轻身而昧大义，天下事谁可支拄者？不速去，无俟奸人构陷，吾今即扑杀汝！"并摸索着地上的刑械，作出投击的样子，将史可法逐走。左光斗由气急而怒骂，态度愈严厉，愈能反映出他的忠贞刚烈，表现出他对史可法的爱之深，望之厚。

左光斗怒骂史可法的话中，"老夫已矣，汝复轻身而昧大义，天下事谁可支拄者？"正与上文的"他日继吾志事，惟此生耳"相一致，并巧妙地回答了读者的疑问：左光斗将挽救国家危亡的希望寄托在史可法身上，这正是"继吾志事"的具体内涵。

左光斗的这番不合情理、不近人情的反常言行，是他置个人生死于度外，唯念国家的具体表现。他怒逐学生的目的，是不想拖累爱生，要竭力保存国家精英，以便将来能够为国家效力，挽救国家颓败、溃乱的局面。这不是为学生个人生命与前途着想，而是为国家的命运与前途担忧。他虽因弹劾魏忠贤，遭陷入狱，但在生死关头，词语严厉，语重心长，仍然重于国事，轻于己身，教育史可法以天下为己任，其铮铮铁骨、凛然正气和刚烈品质感人肺腑、让人敬佩。这番话非常具体地表现了左光斗在如此艰难危险的困境中，仍然不忘为国爱才、惜才，以及对史可法的殷切期望——不要感情用事，要以国事为重。这充分显示了他的高风亮节。

### 三、"吾上恐负朝廷，下恐愧吾师也"

左光斗对史可法的殷切期望与言传身教，他的光辉形象与可贵品格对史可法产生了极为重大的影响。史可法在后来曾发自肺腑地说"吾上恐负朝廷，下恐愧吾师也"，表达了对恩师强烈的敬仰之情。为此，他在对抗明末农民起义军时，每次有警报，就几个月不上床睡觉；他让士兵轮番休息，可是自己却在帐篷外面坐着；每到寒冷的夜晚，站立起来，抖动自己的衣裳，铠甲上的冰霜散落下来，发出响亮的声音，这与当初左光斗不惜冒"风雪严寒"至深山古寺的情景是何等相似。这些细节生动地刻画了史可法忠于职守、身先士卒、严格律己的形象，他用切实的行动报答与告慰自己的恩师，这也正是左光斗精神、意志、品质的又一次形象而深刻的再现。

史可法刻苦自励、严于律己的操守与业绩，生动地显示了左光斗对他进行教育熏陶和精神影响的结果，说明了他完全堪当大任，也说明了左光斗有知人之明。虽然天气奇寒，但他却不敢有丝毫的懈怠；他宵衣旰食，不知疲倦，因为有左光斗的精神鼓舞着他，遗训警策着他，人格力量支持着他。左光斗的品格直接影响了史可法，由此可见左光斗对史可法往日的教诲之严、熏陶之深、影响之大。作者刻画左光斗，不仅运用了直接描写的方法，而且通过史可法的语言与行为来侧面烘托，使其形象与精神风貌更有光彩。

有人曾经苛责史可法对抗农民起义军，认为这是他的"局限性"之所在，但这样的"局限性"不是他个人的，而是历史的、时代的、文化的。作为一个蒙受朝廷"恩典"与恩师教诲的人，在肩负国家重任的时候，他怎么能超越他所在的政治环境与文化氛围，乃至历史和时代特点，去认可、认同起义乃至"反叛"自己的立场，背弃自己的追求，违背恩师的期望而站到农民起义军那一边呢？对历史及其历史人物，我们更多的不是去采取"批判"的态度，而是用今天的眼光去认识与发现，形成自己的历史观与价值观。当然我们可以用今天的视角去审视古人及其思想，但这种审视是一种回望，是一种历史的再现，而不是试图对历史进行改造。当我们对他们的思想有所认识、形成评价以后，也就获得了我们所想要的文化积淀，也就具有了我们所需要的思维品质。事实上，在忠于国家、忠于朝廷，抵抗入侵、为国献身这一点上，史可法的意志是非常坚定的，品格是非常高尚的。后来他督师扬州，拒降多尔衮，"富贵不能淫"，最后以身殉国，是值得高度赞扬的，这也是左光斗悉心、倾心教育的结果。

史可法的这句话，与文章前面的内容形成了紧密的呼应，这主要体现在：一是与"继吾志事"相呼应，说明史可法没有辜负老师的希望，真正继承了恩师的"志事"；二是与"老夫已矣，汝复轻身而昧大义，天下事谁可支拄者"相呼应，说明史可法所担负的正是支拄天下事的责任，也是恩师未竟的事业。左光斗与史可法之间的师生情谊是建筑在共同事业、共同抱负的基础之上的。从中我们可以发现，"他日继吾志事"这句话是布局的线索，是行文的核心，虽是"片言"，却方位"居要"，是文章主旨的集中体现。

对《左忠毅公逸事》而言，要欣赏的东西似乎有很多，比如：人物所处历史背景及由背景所体现出来的人物的精神风貌，文章的短小精悍、以一带万的选材艺术，注重细节描写的笔法，用人物的相互映衬来表现人物关系的手法，运用多种手法对人物进行描写，以及简练而精致的语言，等等。但如果从文章的谋篇布局与主题显现、情感表达来说，上述的这三句出自两个人物的话语，其实是以左光斗的"忠毅"精神为核心而贯穿成体，非常富于个性特征，更因其相互印证而为其精神品质画龙点睛。这样的写法，既使左光斗的形象充满思想的光彩，又有非常集中的精神亮点；既生动形象，又深刻感人。可谓担得千钧，且以轻运重，充分体现了方苞这位"桐城派"大家孤诣的苦心、独运的匠心。抓住这三句话，我们也就深入了文章的"精髓"，把握了文章的"经脉"，能够给我们带来一种全新的阅读视角，也使我们的欣赏活动变得鲜活起来。通过对这些关键语句的赏读和玩味，深会其意，深悟其妙，身临其境，深得"三昧"。这是"按照作者的认识认识作者，遵循作者的思路探究思路，紧扣作者的语言理解语言"（柳印生语）的具体表现。

[ 18 ]

# 剪不断，理还乱的"有趣"

## ——《金岳霖先生》教学中的一个关键问题

　　汪曾祺先生的回忆性散文《金岳霖先生》自收入苏教版高中语文必修第二册以来，一直得到广大师生的喜爱，也是不少教师在公开教学、优质课评比等活动中经常选择的篇目。课文后面的"活动体验"要求学生"说说作品从哪些方面写出了金岳霖的'有趣'"，与之配套的教学参考书中也明确说："第1段总领全文。'西南联大有许多很有趣的教授，金岳霖先生是其中的一位'，这是全文的核心句，其中'有趣'二字是'文眼'，全文就是围绕这两个字生发、展开的。"受这种说法的影响，几乎所有的教师都把"有趣"作为解读此文的锁钥，围绕"有趣"组织和引导学生去阅读、理解、品味。但如果对文章的范式作细致的分析，对金岳霖先生的生活与思想实际、文章所涉及人物所处的时代特征等具体方面作全面、深入的了解，而不是人云亦云、囫囵吞枣地解读文章，我们就会发现，这种已成的"结论"性认识是有失偏颇的。

## 一、从"有趣"看文章的典范性

　　毫无疑问，汪曾祺先生是文章大家，他的散文清淡闲适、质朴优美、韵味十足。作为一篇回忆性散文，《金岳霖先生》自然洒脱的特点得到了较为充分的显现。但也正因此，文章在供读者阅读与借鉴的"典范性"方面，就有一些值得推敲的地方，如编者的"文眼"之说。看上去，"有趣"一词出现在文章的首句，文章的主体部分也确实写到了金先生的一些"有趣"之事，甚至在文章的后半部分还明确地点出了"那情景一定非常有趣"。但形式上的首尾圆合，不代表内容上的天衣无缝。如果细读文章，我们就不难发现，"有趣"其实是不能作为"文眼"的，因为它不能"总领全文"。

## 1. 所写事情的时间

与空间一样，时间在文章的结构中对所写的事情有着很重要的线索作用，使所写内容受到限制。而"一个作家应该自觉地使自己受到限制。人的思想不能汗漫无际。我们不能往一片玻璃上为人斟酒"（汪曾祺，《逝水》）。文章开头说："西南联大有许多很有趣的教授，金岳霖先生是其中的一位。"结尾又说："联大的许多教授都应该有人好好地写一写。"从文章的完足性看，可谓首尾呼应，结构完整。那毫无疑问，文章所写的事情就都应是金岳霖作为西南联大教授时所发生的，不然文章的内容就会发生偏移，行文结构就不够严密。以此来检验，我们不难发现其中的不足。

文中所记述金先生的事情，时间跨度是很大的，从西南联大时期一直到"文革"之前，横跨30年左右。而在这30年之中，金先生的身份有了几次变化：西南联大教授，清华大学教授，北京大学教授（同时为民盟中央常委、全国政协委员），中国科学院哲学研究所所长。文中所写到的金先生请人吃饭纪念林徽因、坐平板三轮车"接触社会"这两件事，都是发生在他在中国科学院哲学研究所任职之时，与"西南联大"已经没有关系了。至于他的许多生活习惯，几乎贯穿了他的一生，更不是一个"西南联大教授"这样的称呼语能套牢的。人物的身份是随着情况的变化而相应改变的，把不属于同一时间段里人物所属不同身份时发生的事情放在人物的同一个身份上，这无论如何也是说不通的，故而"总领""核心句"之说也就站不住脚了。

以"金岳霖先生"为题目，自然可以写他各个时期的方方面面，可问题是汪先生在文章的开头与结尾都对金先生的身份进行了明确的界定——西南联大教授，所以他所应写的只能是"西南联大时期的金岳霖先生"。叶圣陶先生认为，写文章"必须在种种光景里画一圈界线，把要写的都圈在界线里边，用不着的都搁在界线外边"（《文章例话》），"西南联大时期"就是这样的"界线"。这好比让高中学生写一篇有关"童年"时期的文章，他就只能写"童年"这一"界线"内发生的事情，而不能写"少年"或"青年"的事情一样，否则我们就会认为"跑题"。与《金岳霖先生》形成明显对比的是，同样是写"西南联大"的老师，《沈从文先生在西南联大》回忆了沈从文在西南联大的行状、心境、所秉持的文学观念、藏书、对学生的态度等，笔墨就非常集中。

2. 所写事情的类属

汪曾祺选择了金先生的一些生活片段，如从表达效果来看，不可谓不传神。可他作为金先生的学生，却"对金先生所知甚少"，或者说他对金先生的了解并不充分。但耳闻目睹了金先生的一些往事，他又不自觉地拿起了笔，表达对师长的敬意。这致使他所写的内容比较随意，文笔也较为散漫。确实，"金先生的样子有点怪"，课堂提问请"穿红毛衣的女同学回答问题"，回答林国达的"怪问题"时的机敏，认为逻辑学"很好玩"，课堂上与王浩的二人对话（其实是因为他所教的"符号逻辑"课懂的人很少，汪曾祺说"这门学问对我来说简直是天书"），研讨问题时捉跳蚤，与斗鸡共桌吃饭，拿搜罗来的大梨、大石榴和孩子们比赛等几件事确可称得上"有趣"。林国达不幸死了，他一堂课都没有笑容；林徽因生日时，他请一些老朋友吃饭表达对她的深切怀念之情；毛泽东要求他"接触接触社会"，他坐三轮车到街上转悠。这些与所谓的"有趣"都扯不上边。至于写朱自清的衣着、闻一多的怒骂、王浩的长相、林徽因的才华，要说"有趣"那也是其他人的，而不是金先生的。特别是"接触社会"一事，有人对汪先生的"那情景一定非常有趣"之说，大不以为然："这却成了汪曾祺笔下'情景非常有趣'的'风景'了"（岳南，《金岳霖自以为是高级干部》），而认为"金先生此举另有一番难言苦衷"（刘培育，《金岳霖的回忆与回忆金岳霖》）。这"难言苦衷"所传达出来的是"酸楚""凄凉""悲哀"，而绝不是"有趣"。

关于金先生坐车，还需要有这样的一些了解：金先生坐车有几个阶段，先是坐专用小车；后来因哲学思想遭批判，改坐三轮车；"文革"中怕人议论，又改坐平板车。对金先生坐板车有几种说法：一是他每星期坐板车去王府井买苹果；二是用这种方式散步；三是用这种方式代步，教学参考书所附吕叔湘先生的短文也持此说；四是"文革"中"革命派"不许金先生用专车而派了一辆"排子车"（板车）让他去医院看眼疾。这些都有助于我们进一步去了解金先生其人其事。

　　大量史料证明，汪先生"对金先生所知甚少"确实是真实情况，既不是谦虚之辞，更不是故弄玄虚。"关于金先生的事，有一些是沈先生告诉我的"，这在《沈从文先生在西南联大》都有具体的体现。简单对比一下《沈从文先生在西南联大》与《金岳霖先生》，我们会发现许多事情都是他对金先生的间接了解：终生未娶，长期独身；养斗鸡，斗鸡和金先生一起吃饭；到处搜罗大石榴、大梨，和同事的孩子比赛；阅读广泛，认为"小说与哲学没有关系"；谈到兴浓处，忽从身上捉出跳蚤。包括金先生与王浩在课堂上的对话，也是听来的，因为汪先生与王浩相识于操场上"练盲肠"（打篮球）时（汪朗、汪明、汪朝，《老头儿汪曾祺》），两人虽同级但不同班（王浩在哲学系，汪先生在中文系）。王浩因入学较迟，第一年都没能选到金先生的"普通逻辑"课，只在晚自习温习时才得以向金先生请教问题（刘培育，《金岳霖的回忆与回忆金岳霖》）。新中国成立后，汪先生主要在北京文联工作，1958年后又被打成"右派"下放劳动，与金先生没有什么交集。与之形成对比的是，他与沈从文先生交往很多，先后写了十多篇有关沈先生的文章，而写金先生的仅此一篇。他在《西南联大中文系（纪念一个特别的存在）》中提到了许多老师，但没有写到金先生。

　　所以，把不同类属的事情，试图用同一个"标准"去统一，理解上必然是胶柱鼓瑟，教学时必然会捉襟见肘，破绽百出，难圆其说。

　　3. 所写事情的条理

　　许多教师认为此文既然出自大家之手，那就一定文质兼美，所以往往把它当作精美之作来读，并让学生从"精美"的角度来欣赏，其实，文章"精美"与否，应由文章本身来说话，而与作者身份无关，我们大可不必为尊者讳。概略地看，文章先写金先生的外貌，接着写他上课的情景，再写他的一些生活趣闻，最后写他的学术成果。这样的叙述并没有严密的逻辑顺序，不像教学参考书中所说的那样是"从外到内，由形及神"。更何况，在写他上课风采时写了他对林国达的感情，在写他对哲学的研究时又写了他捉跳蚤，在写他与朋友交往时又写了他对林徽因的感情（当然，他确实和林徽因、梁思成是很好的朋友，但与林徽因又是非同一般的"朋友"）；他响应领袖的号召去"接触社会"，是生活趣闻，是表明自己的政治态度，抑或是他一直

"追求进步"的现实表现？文章好像写了金先生的方方面面，但这些细节性的描写与叙述在条理上却又是说不上非常清晰的。教学参考书的编者似乎也已意识到了这一点，所以说汪曾祺是"反反复复，不避其烦地来突出金岳霖先生的率真"（"率真"与"有趣"有本质的区别，在这里编者偷换了概念）。选材的不够集中与笔墨上的不够经济所形成的这种"反反复复，不避其烦"，致使文章缺少了谨严的章法，给整体感知与文章细读都带来了一定的障碍。

教学参考书中还说："文中时有兴之所至、信手拈来的'闲笔'"，比如写了闻一多的衣着与痛骂蒋介石，朱自清的穿着，王浩的外表与兴趣爱好，"我"为王浩画像，林徽因的艺术才华，等等，"这些闲笔，增添了文章的意趣，体现了散文自然洒脱的'散'之美"。这种评价，其实仍然是囿于作者身份而作的评价，因为这些"闲笔"都游离于所写人物之外，与所谓金先生的"有趣"无关，属于节外生枝，旁逸斜出，从行文的条理来看都很难说是恰当的。

众所周知，所谓的好文章要"材料选得精当一点儿，话说得确切一点儿周密一点儿"，"说话要没有多余的话，作文要没有多余的文句"（叶圣陶，《文章例话》），只有遵循了这样的写作原则，我们才能判断文章的"精妙"与否，而不是因为是大家写的文章，就先入为主地认定为"精妙"之作，对文章进行分析与欣赏时再自我设限、自我框死，而死搬教条、生吞活剥、照本宣科。正由于文章的典范性不够，所以，如果我们一定要找出一个所谓的"总领句""核心句""文眼"来，并说"全文就是围绕这两个字（指'有趣'）生发、展开的"，那只是编者的一种"阅读期待"而已，与文章的实际情形相距甚远。

## 二、从"有趣"看人物的赤子心

张充和女士曾这样评价沈从文先生："不折不从，星斗其文；亦慈亦让，赤子其人。"借用"星斗其文""赤子其人"八个字来评价金岳霖也是非常恰当的。结合《金岳霖先生》一文，金先生的"赤子心"集中表现在以下两个方面。

### 1. 生活上的率性

汪曾祺笔下的金先生外貌比较独特，因患有严重的眼疾（青光眼），常年戴呢帽，脑袋仰着走路，眼镜一只白一只黑，穿着黄夹克，"天冷了就在里面围一条很长的驼色的羊绒围巾"。关于这一点，任继愈说他"不论冬夏，都戴一顶打网球运动员戴的遮阳帽"，任华说他"一年四季戴着遮光眼镜，他有时里面穿西服，外面又穿上长袍"，散木说他"长年戴着眼罩和大檐帽，连上课也照样戴着"。这些说法虽然有异，但都告诉我们，对常人来说很"有趣"的这些装扮，于金先生却是迫不得已的，这对他的生活来说无疑是一种痛苦与折磨。但他依然不以为意，就那样在联大的校园里走着。

陈公蕙认为他"淘气""喜欢逗孩子"，金先生自己说："我参加过斗蛐蛐游戏，它涉及高度的技术、艺术和科学。"在昆明时，他所养的鸡"能把脖子伸上来，和金先生一个桌子吃饭"。为此冯友兰曾将其与晋人和猪一起喝酒的风流故事相提并论："金先生的风流和他们一样。"可见他养鸡不是为了改善伙食，而是从喂养那些活蹦乱跳的可爱鸡群中，获得享受，乐在其中。

金先生还说："我个人的兴趣主要在水果蔬菜方面。最爱吃的水果是大李子。"他四处搜罗大的水果，"选最大个儿的摆在家里观赏，不去动"。这种兴趣几乎伴随他的终生。他的外孙女闵珊华每次走进他的房间，"第一眼看到的就是那些大得出奇的水果，它们被当成工艺品，陈列在房间里最显眼的地方"。这与《金岳霖先生》中说金先生把到处搜罗来的大梨、大石榴，"拿去和别的教授的孩子比赛"的说法也不完全相同。

### 2. 学术上的求真

金先生治学谨严，知识渊博，不落俗套，不赶浪潮，在他看来，学习哲学可以养成清楚的思想、怀疑的精神、容忍的态度和广大的眼界。他说："世界上似乎有很多的哲学动物，我自己也是一个，就是把他们放在监牢里做苦工，他们脑子里仍然是满脑子的哲学问题。"他把哲学问题当作自己的问题，他不是要替人家说话，而是自己说自己的话。他要求明晰地思想，他自己也的确能明晰地思想。《金岳霖先生》中提到金先生说"小说和哲学没有关系"。这是因为在金先生看来："小说中绝大多数语句不是命题；而且即使断定了某些真命题，这些语句的真也与这篇小说的真不相干。""小说并不等同于任何一般的陈述句，也不等同于这些陈述句的全部组合。当这些命题是假时，小说可以是真的；当这些命题是真的时，小说可以是假的。"

正如《金岳霖先生》中所写的那样，金先生主张独立思考，学术民主，自由辩论。他培养学生的方法是让学生在讨论会上公开辩论。在学术上，学生有时与他意见不同，甚至于争得面红耳赤。他的教学风格是率性、洒脱，讲课清晰明白，深入浅出。当学生觉得逻辑学很枯燥时，金先生却觉得"好玩"，这与大语言学家赵元任说自己研究语言学是为了"好玩儿"如出一辙。淡淡一句"好玩儿"背后藏着颇多深意。世界上许多大学者研究某种现象或理论时，他们自己常常是为了好玩。正如张申府所说，科学家是头脑简单的人。大科学家邦嘉雷也说，大科学家一生是个小孩子。唯其天真，所以得真。著名学者钱理群曾这样评价一些民国学人："那一代人，无论做学问、讲课，还是做事情，都是把自己的生命投入进去的，学问、工作，都不是外在于他的，而是和自我生命融为一体的。这样，他们所做的每一件事情，都会使他自身的生命不断获得新生和升华，从中体会、体验到自我生命的意义、价值和欢乐。"（钱理群，《谈谈"民国那些人"》）毫无疑问，这些话也正是对金先生的最好评价。

汪曾祺所说的金岳霖先生的"有趣"，应该理解为他的风度、气质、胸襟、学识和情趣，这是金先生的风骨、风趣或风雅，借用杜涌涛的话说，金先生是一个不失"硬朗"，而又"好玩""有趣"的人。这是由于他永远葆有着一份热爱生活、追求个性、向往自由的赤子之心。

纵观《金岳霖先生》全文，扫描金岳霖先生的一生，我们不禁要问：他真的"有趣"吗？或者说他的"有趣"是我们所理解的那样吗？他的一生是到底是"有趣。""有趣！"，还是"有趣？""有趣……"？真可谓"剪不断，理还乱"。综上所述，把"有趣"当作"文眼"，无端拔高了文本的阅读意义，错误解读了金岳霖先生的人格与品质，有意或无意忽视了许多发生在金岳霖先生身上的故事的真相，严重曲解了文本教学的真实意义，实有匡正的必要。

[ 19 ]

# 感伤、忧郁的特有光彩

## ——《囚绿记》的抒情语态

　　《囚绿记》是陆蠡散文中的名篇，历来受到读者的喜爱和评论家的推崇。这使作品的"多义性"得到了充分的体现，也为我们培养学生独立自由、个性化的阅读提供了很好的范例。但在完全脱离文本实际内容，注重挖掘文本社会意义、政治意义的话语背景下，"囚绿"的故事发生在一个极度敏感的历史时间（"七七事变"前后）、一个极易引发某种意义推断的地点（烽火四逼的古都北平）、一个有着强烈爱国精神而惨遭日寇杀害的民族志士身上，所以不少教师自然就去引导学生挖掘"绿"的某种"象征意义"：绿的"被囚"暗示着艰难的国运家运，揭示的是华北地区人民面临日本帝国主义侵略的苦难命运；绿的美姿、倔强与坚贞，正折射出中华民族不畏强暴、坚贞不屈的浩然正气与民族精神；"我"的"怀绿"就是在怀念苦难中的北平人民，是抒发光复祖国河山、渴求民族解放的真挚感情。而这一切也是诗人自己对祖国大好河山沦亡的忧虑以及爱国精神、民族气节的写照。这样的解读似乎很有道理，但却忽视了文本的逻辑基础：如果常春藤是民族精神和民族气节的象征，那"囚绿"的诗人充当的是什么样的角色？诗人的"囚绿"的行为又怎么理解呢？如此解读，也为学生理解文本主题、体会作者情感留下了巨大的疑问：在陆蠡产生"囚绿"的念头，实施"囚绿"的行为，后来又让"'绿囚'出牢"并"恢复自由"，最后"开释了这永不屈服于黑暗的囚人"的整个过程中，到底发生了什么事？或者说是什么原因促使他有了反差如此之大的行为变化？在这一过程中，诗人的心灵轨迹到底是怎样的？又应该如何认识与评价？

"挖掘"所谓的"象征意义"所带来的必然是对文本意义完全单一的解读，容易使学生的思维走进一个"此路不通"的"死胡同"。我们需要引导学生尊重文本，依照文本，从文本的抒情语态出发，读出诗人的切身感受，体会他对人生的感喟，倾听他心灵的声音，触摸一个感伤而忧郁的灵魂，才能真正欣赏到这篇散文"特有的光彩"（林非，《现代六十家散文札记》）。

## 一、记录心灵起伏的痕迹

陆蠡生活在一个民族矛盾与阶级斗争异常尖锐的深重苦难时代，这必然给他的心灵带来了沉重苦难，他无法逃脱特定的历史时代给他带来的感伤与忧郁。他曾经毫不掩饰地自我解剖："我没有达到感情和理智的谐和，却深受二者的冲突"，"在这矛盾和纠葛中，我听到我内心抱怨的声音。有时我想把它记录下来，这心灵起伏的痕迹"（《陆蠡散文选集》）。在这样的情绪状态下，苦难、哀愁、无奈这些不同而又相通的情感成分必然会汇聚于诗人的笔端，演绎为一种和谐而又强烈、深远而又浓郁的抒情氛围，引人入胜又挥之不去。

《囚绿记》所叙写的是诗人旅居北平的短暂生活片段：因为偶尔瞥见房间小圆窗外常春藤的绿影，于是"怀着喜悦而满足的心情占有"了一个矮小、潮湿、简陋、炎热的房间。"我"的这种"毫不犹疑""了截爽直"的坚定态度，连公寓里的伙计都感到非常的惊奇。这是因为："绿色是多么宝贵的啊！它是生命，它是希望，它是慰安，它是快乐。"它给"孤独而陌生"的诗人带来了生活的欢欣、喜悦，可以安放一颗"疲累于灰暗的都市的天空和黄漠的平原"的心灵，使他忘记了孤独，"忘记了困倦的旅程和已往的许多不快的记忆"。这是诗人由曾经的孤独、感伤而转入喜悦、满足情感的起点。

于是，他每天非常快活地坐在窗前，天天望着这绿色的生长。它生长中的每一个过程都是那么地引"我"注目：伸开柔软的卷须，攀缘绳索或枯枝；舒开折叠的嫩叶，渐渐变青、变老。"我细细观赏它纤细的脉络，嫩芽"，"我"希望它长得快，长得茂绿。甚至它在风雨中的淅沥声和婆娑的舞姿，也是那么地令"我"着迷。"我"每天的生活很充实、很饱满、很愉悦。这是诗人喜悦情感的具体化，这时的他已完全抛开了那现实生活中的所有不快，而沉浸于与"绿"为友的快乐之中，这时他的心境是平和的，他似有"相看两不厌，只有常春藤"之乐。

正是在这样的情境下，诗人萌生了一个自私的念头：与绿色更接近，更亲密；拿绿色装饰简陋的房间，装饰过于抑郁的心情；借绿色来比喻葱茏的爱、幸福和猗郁的年华；直至囚住这绿色，"要它为我作无声的歌唱"。但是，当他把两条浆液丰富的柔条牵上书桌、装饰房间以后，这幽囚的"绿友"的尖端却总是朝着窗外，它不了解"我"对它的"爱抚"与"善意"。它渐渐失去了青苍的颜色，由柔绿而嫩黄；枝条也开始变得细瘦而娇弱。他虽然可怜这"绿友"，但它的固执，却使他非常的"恼怒"与"不快"，"因为它损害了我的自尊心"。所以他生长出了一个魔念："不放走它"。这时的诗人，已从"欣赏者"转向了"占有者"，他与"绿"的关系也已从各自独立而变为相互对立。此时诗人的情绪极不稳定，心态发生了严重的偏移。

正是由于情绪的大起大落，诗人的一颗渺小的心灵开始了对自我行为的深刻解剖与反思，这使诗人发现了生活的哲理、生命的奥秘，也使他发现了诗。诗人明白了，微小的生命正如伟大的存在，一样应当有权利好好地活着。于是他决定让"绿囚"出牢，"临别时我珍重地开释了这永不屈服于黑暗的囚人"，并"向它致诚意的祝福"，这使他如释重负，好像一个犯错的孩子终于有了补过的机会似的。当他怀念着"绿友"，希望能够和它重逢并请它接纳自己的时候，诗人的情绪又一次恢复了平静。只不过这是经历心灵洗礼之后的敦厚、深厚、醇厚，"感情厚实，蕴藉有力，文字格外凝重不浮"，他从一个"隐微的生命提示一个崇高的真理，而这个真理带着温暖，很容易就落在我们的心头"。（刘西渭，《陆蠡的散文》）

通过这意蕴深长的常春藤，诗人率真地把自己的"心灵起伏的痕迹"袒露给了我们。透过这平易、质朴而又深致的文字，我们不仅清晰地感知到了诗人心灵的起伏、思想的发展和感情的变化，而且触摸到了他内心深处那渴求光明、渴求生命、渴求希望、渴求快乐的永远向上的灵魂，感受到了他"璞石一般的心灵"（刘西渭，《陆蠡的散文》）。

## 二、照亮的是人性的深厚

作为陆蠡散文作品的代表作，《囚绿记》所体现出来的是陆蠡十分自觉而强烈的人生意识。他以极为简练而优美的抒情笔法，感慨生命的执著与命运的不可抗拒，直逼人类自身的生存困惑，在形而上的哲思追寻中，表达了终极的人文关怀，极大地丰富和深化了其散文的美学意蕴。也许是因为故乡苦难情境的浸染和孤独、落寞生活的影响，也许是因为上世纪三十年代西方文化哲学思潮的流行，也许是因为青年时代特有的苦闷与感伤，陆蠡毫不隐瞒地袒露了自己的内心：看到代表生命与希望的绿色，喜出望外；充分享受绿色，感到生活有了新的意义；希望拥有绿色，装点自己的生活；因心灵发现而释放永不屈服的"绿友"；为"绿友"祝福，想能够再见到"绿友"，这是他"怀着无限的希望，从心灵一点的光辉中开始进取"的具体表现（《陆蠡散文选集》）。这是一个青年知识分子在孤独、寂寞中的人生独语，是一个真诚灵魂的自我展示。这个灵魂是纯洁的、善良的、正直的，虽曾有过那么一点自私，产生过那样可怕的"魔念"，但却对自然、对社会、对人生充满着关爱与不平，因为他深知："世界上，应有更高贵的东西。"（陆蠡，《〈竹刀〉后记》）于是，"在文字娓娓叙谈之中，照亮了人性的深厚"（刘西谓，《陆蠡的散文》）。而一颗可贵的赤子之心，正是照亮其深厚人性的光源。

无疑，陆蠡在《囚绿记》中关注的是在生活的角落里默默地挣扎着的卑微而屈辱的生命。他在北平的时间虽然很短暂，但他无疑遭遇到了人生旅程上的坎坷，他感到了孤苦、寂寞、郁闷而又无可排解，而这小小的绿色就正好成为一种最好的自我诉说与情感宣泄的对象，深潜心底的苦难景象、坚贞顽强的生命意志便自然浸染着他那浓郁的自我情思，浮现于审美的视野。他似乎暗示了社会自私、冷酷、无爱的真面目，以其深厚绵长的情感力量打动读者。在他的笔下，我们不难感受到浸润于字里行间的那种深沉淳厚却又十分复杂的情韵，其中有同情怜爱，有郁愤不平，也不乏叹息与无奈。常春藤是卑微的，在"我"自私的占有下，它无端地经历了屈辱和苦难，这种卑微与苦难笼罩在诗人深深的人生苦痛之中。"绿友"孤独地生，孤独地死，自由地生长，顽强地抗争，一切都是命定般的无望与凄凉，一切又都是对命运永不屈服的坚定与刚毅。

陆蠡尽力用情地抒写常春藤的苦痛与遭遇，也正是对自我苦痛与遭遇的人生感受的寄托与抒发：他要借绿的苦难，映照现实自我之情怀；他又从现实中自我的人生感受出发，去审视、理解绿的苦难人生，在"囚"与"不囚"之中表达了一种深沉的人生惆怅。正是如此独特的抒写姿态与表现角度，凸显出了他为自己自私的举动而深深地自责，他对常春藤充满了同情。常春藤"永不屈服于黑暗"的精神正可"表现诗人与黑暗世界的对立、抒写诗人自己向光明进取的精神"，这种"把对事物的叙写与哲理性的思考揉合起来，感情的晶泪和深沉的哲思交融为哲理的诗和诗的哲理"（吴周文，《陆蠡与他的散文创作》）的艺术笔法，使文章显得虚实交融无间，情味深厚蕴藉。我们更要让学生看到，在人生的最后时刻，面对凶残的日寇，陆蠡镇定自若地反对所谓的"大东亚战争"，以生命和鲜血铸就了他一生中最为壮美动人的作品。一个外表文静，"忠厚耿介，心地坦诚"（贾晓荣，《陆蠡研究述评》）的青年书生，竟能表现出那么坚定而强大的精神力量，我们难道不应该从他独特的人生体悟中，从他对丰富而深沉的精神世界的探索中，从他对自己的无情审视和对人生的深刻反省中，准确深入地观照、理解、评价这篇美文所呈现出来的忧郁、惆怅和深刻的时代悲怆与呼唤，进而感知其"绝代散文家"（蔡庆生，《陆蠡传》）的风采吗？以此为出发点，我们引导学生准确理解与把握诗人"囚绿""释绿"与"怀绿"的心灵轨迹也就不是什么难事了。相反，如果我们拘泥于某一特定历史阶段，刻意放大其"时代意义"，就不是对文本意义的"拔高"而是"矮化"，就无法把握作者沉郁的人生感慨和生活向往以及对生命、对人生深深的祝福与希望，进而削弱作品的艺术价值。

## 三、满足心灵自由的需要

黑格尔说："人作为心灵"应该"为自己而存在，关照自己，认识自己，思考自己，只有通过这种自为的存在，人才是心灵"。在这种"自为的存在"中，"把存在于自己内心世界里的东西"，"化成关照和认识的对象时，他就满足了上述那种心灵自由的需要"。（黑格尔，《美学》）为此陆蠡感喟道："心中念念不忘的是过去生活的遗骸，心中恋恋不舍的是曾被过去的生命赋予一息的遗物。"为了在黯淡的生活中寻找亮色和精神寄托，陆蠡把自己的笔触深入到了返还既往的生活，寄情于曾经相伴过自己的常春藤。这就使得他忠实于自我的切身感受，着力抒写自己内心的苦闷、孤寂、不满以至探求，这就决定了《囚绿记》独特的表达方式。

文章的主要内容展开了"我"和绿枝条的情感进程——从"我"对绿的认识到"我"折磨绿再到"我"放开绿的过程；而对"绿友"来说，则是从自然生长到艰难抗争最后到走出牢笼的过程。这个过程可以用一个图式来表示：

我——相遇——同住——幽囚——开释——怀念——绿
　　选定　欢喜　自私　南归
　　见绿　恋绿　囚绿　释绿　　念绿

很明显，文章的主要笔墨首先放在了对"我"的行为描述上，娓娓道来，不急不躁，不慌不忙，让我们"觉得他因物赋形，随影换步"，似与神通（林高峰，《试析陆蠡散文创作主题》）。但却不是纯然客观的描述，而是对其内心心绪进行具体细致的描绘，如"我"的"疲累"、"欢喜"与"快活"，"我""急不暇择的心情"、"并不感到孤独"、"自私的念头"、"魔念"、对绿的致意与怀念等等。这种随心所欲的畅叙，把"我"和绿友由相见到爱恋到囚禁到释放到怀念的全过程的行为和内心的所思所想所感一览无余地呈现在我们面前，让我们在丰富呈现其内心的过程中彻底地体验到他"囚绿"又释绿的心境。这种叙述方式不以客观的生活事实为依据，而以自我的真情实感为起点，它"不过分强调以人物活动为连结线索"，而"以情感的流向为中心轴线。情感犹如'士敏土'，借助它把形式的一切因素粘结在一起"。（袁振声，《陆蠡散文选集·序言》）它注重抒情写意，侧重从主观感受来把握生活气息和人生哲理的手法，使得诗人能够自由驱遣外界与内心，打破了写实限制和时空观念，在讲究内在艺术真实上下功夫，以创造性的艺术表现取代琐屑的描述或直接的告白，丰富了文章的艺术表现力。

尽管如此，陆蠡在文中却不是纯粹表现自我，而是给人一种希望，一种力量。作为一篇回忆性散文，他在写作时倾听到了自己心灵的声音，倾听了内心的抱怨与责怪、追求与挣扎。平静却蕴蓄着忧郁、质朴与敦厚的文字，表达出的是奔突奋争且寂寞的内心情感。为此，他借用有形、有声、有色的具体物象"绿"来排遣心灵深处的情感律动，文章篇幅虽短，格局也不太大，但笔墨却非常集中，小巧玲珑，笔墨凝练、圆美。透过文字，色彩明与暗的反差，力量强与弱的对比，单纯柔美的绿藤意象，诗人所努力显示出来的饱满坚韧的美感，一一呈现在我们的面前，让我们从中窥见了渴望自由，渴望生命，渴望欢乐的民族的精魂。

故此，我们必须让学生的阅读认识回归到人的文化上来，回归到提升生命存在的意义上来。从认识诗人的抒情语态出发，去倾听作者心灵的声音，"以对文本生命化感悟来唤醒学生沉睡的审美感觉和悟性"（潘新和，《语文：表现与存在》），去理解"风雨飘摇之中家国沧桑熔铸而成的成年者的忧郁、怅惘与深刻的孤独"，把握其"追求自我，觅寻自我的位置，在时代大我与自己小我之间寻找一种平衡，成为其永恒性的内在精神困惑"（贾晓荣，《陆蠡研究述评》）的情绪状态，从中体验到一抹盎然的绿色、一种圆美的生命，感受到奋发向上的力量。

# 如此解读为哪般

## ——《画山绣水》文本误读解析

一次市级青年教师"同课异构"优质课展示活动中，六位青年教师执教了苏教版语文九年级上册中杨朔的《画山绣水》一课。活动中，青年教师充分展现了先进的教学思想和较为良好的教学基本功。六节课的教学目标明确、内容具体、程序完整、环节流畅，师生互动，气氛活跃，可谓各显身手，异彩纷呈。但在对文本内容的准确把握上，却多少都存在着一些明显的不足。综合起来看，主要存在这样三个方面的误读：

## 一、对文章题目的误读

在六节课上，对题目"画山绣水"的含义出现了四种不同的解读：

第一种：桂林的山是如图画一样的山，桂林的水是如锦绣一样的水；也可以说桂林的山和水如图画一样、如锦绣一样。

第二种：这个题目用的是互文手法，桂林的山水是画出来的和绣出来的。

第三种：桂林的山水是作者刻意画出来的和绣出来的。

第四种：糅合了前两种说法，指作者画出来的和绣出来的山水，作者是说桂林山水美如画，美如绣，"画"和"绣"都是形容山水的美丽。

根据文题一致的基本写作要求，如果按照第一种理解，那么以"画山绣水"为题写出来的就应该是一篇完全意义上的"写景散文"，全文的内容就应该围绕桂林山水的"图画美"与"锦绣美"来充分展开。但通读全文我们会发现，杨朔的文章中，花在"山水美"的描摹上的笔墨并不多，虽然我们能从文章第二段"满眼画山绣水"一句中找到一点依据，但他却非常明确地说"不在这方面多费笔墨"；他更多关注的是桂林山水的"人情美"，文章的主要部分是桂林山水特别是一些山的名字的来历，其中有传说，有神话。在文章开始部分，他明确说"有点东西却特别触动我的心灵"，而从后文看，这"触动"他"心灵"的"东西"显然不是指"锦绣美"。他的目的是用如诗如画的场景来衬托渲染人物的精神面貌。所以与其说这是一篇"写景散文"，毋宁说是一篇"文化性散文"更为准确。

如果认同第二、第三种说法，那么我们就要考虑一个问题：桂林的山水到底是谁画出来和绣出来的？真的是作者刻意画出来和绣出来的吗？从文学作品产生和存在的事实来看，我们当然可以说这是作者主观所为，但如此解释所带来的问题是，学生容易产生这样的认识：桂林山水本来没有这样美，是作者用诗歌一样的语言把它写得这样美而已。这显然与实际情况不符。进一步说，如果将这样的认识推广开来，对所有描写美好自然风光的诗文作品，我们就都可以认为是作者的"创造"，这与"生活真实第一，艺术真实第二"的基本创造原则是相违背的。

至于第四种说法，除了上面所分析的之外，还有这样的不足：既然把"画"和"绣"当作动词来理解了，又怎么同时当作名词来理解呢？前后理解不一致的结果，只会使学生不知所措，认识迷糊。

从根本上说，桂林山水之美是人自然造化之功，"是大自然的千古杰作"，所谓"无水无山不入神"（吴迈语）。所以要问"画"和"绣"的动作主体是谁，首先是大自然。但这种"放之四海而皆准"的解释，对我们阅读散文本身没有太大的帮助，因为任何作家在描写某个山水景物时，总有自己独特的观察视角，总有自己需要表达的情愫，总有自己个性化的表述。要读解题目的含义，最好的办法就是回到文本中去，因为只有作者才能告诉我们题目后面的"密码"。其实，杨朔在文中是有所交代的，请看这样的句段：

（1）这种奇景，古往今来，不知有多少诗人画师，想要用诗句、用彩笔描绘出来，到底谁又能描绘得出那山水的精髓？

（2）凭着我一枝钝笔，更无法替山水传神，原谅我不在这方面多费笔墨。有点东西却特别触动我的心灵。我也算游历过不少名山大川，从来却没见过一座山，这样凝结着劳动人民的生活感情；没有过一条水，这样泛滥着劳动人民的智慧的想象。只有桂林山水。

（3）可是你千万不能一味贪看这类有趣的事儿，怠慢了眼前的船家。他们才是漓江上生活的宝库。那船家或许是位手脚健壮的壮族妇女，或许是位两鬓花白的老人。不管是谁，心胸里都贮藏着无数迷人的故事，好似地下的一股暗水，只要戳个小洞，就要喷溅出来。

我们只要把这些段落和句子（包括其中的一些词汇）反复读几遍，就不难准确认识题目"画山绣水"的含义：桂林山水独特的美，不仅是大自然的杰作，更是劳动人民（文中的"船家"是他们的代表）用生活的感情，用智慧的想象描摹（"画"与"绣"）出来的，除此，任何"诗人画师"（当然包括作家自己）都不能"为山水传神"，都不能描摹出那山水的精髓！这样理解，既没有上述几种说法的不足，又与文章的主体内容相契合，抓住了文章中所流露出来的作家的情绪与心境，与作家的写作意图相吻合。如此，解题这一个环节也就不能放在课的开头了，它必须在学生对文本内容整体感知乃至认真研读之后。

## 二、对文中四个传说的误读

文中借船户的口讲了漓江两岸有关山岩来历的传说，主要有："父子岩""寡妇桥""望夫石""媳妇娘（新娘）岩"等四个传说。对这四个传说的内容归纳，有四位老师几乎异口同声地说：这些传说都反映了劳动人民在旧社会所受的深重苦难，是旧时代劳动人民艰难苦恨的生活的形象反映；有两位老师则直接说：这是写"阶级压迫和阶级斗争"。以这样落后而陈腐的思想观点去理解这些传说所蕴含的思想内容，不免陷入"政治图解"的窠臼，既与现实时代相距甚远，更与现代中学生的思想认识风马牛不相及。我们还是先来看这四个传说的具体内容，然后再作一些基本的判断。

1."父子岩"

姓龙的父子二人，为了当地百姓免于饥荒，而不愿为一位员外造船，就逃到山中的岩洞里，最后饿死了。这样的故事，与"艰难苦恨的生活"其实是扯不上关系的。但也许因为有了一个对立面"员外"，而被冠以"阶级压迫和阶级斗争"，这样认识的前提是，"员外"作为土财主是"统治阶级"的一员，只要有"员外"的身份，他就必然是带着"原罪"的（这种认识与现在的有些人"仇官""仇富"的心态多少有点类似）。而故事中的"员外"只不过是出于一己私利（也许是被迫的）捐个官而已，还谈不上什么"阶级压迫"。龙姓父子出于"义气"不与"员外"合作而逃走，也不能算是"阶级斗争"。（现实生活中，普通百姓遭受有权有钱有势阶层欺压的事情，也没有听谁说是什么"阶级压迫和阶级斗争"。）

2."寡妇桥"

这是一个关于"善举"的故事，是传说，也是神话故事。"寡妇桥"也叫"寡婆桥"，一个善心的寡婆婆，尽管她自己也很穷，但还是拿出自己的全部积蓄去修桥，可几年也修不成。歌仙刘三姐"敬重寡婆婆心地善良"，帮助她修了一座"永久也不坏"的桥。关于故事的主人公，另一种说法是十八位寡妇，她们"自怨命苦，决心修道积德，做些善事，以求好运"，最后也是"得仙相助"修好了桥。从此以后，"村里年年风调雨顺，那十八名寡妇人人都重新找到了丈夫，成双成对，恩恩爱爱地度过了美好的晚年"。（《桥梁建设报》，1994年10月7日）不管传说的差异有多大，都与"阶级压迫和阶级斗争"无关，也与"劳动人民在旧社会所受的深重苦难"无关。

3."望夫石"

闹灾荒年代，一对夫妇逃荒途中，丈夫爬上山顶瞭望桂林时，妻子在山下望着丈夫。恰在这时，他们都死了，化成了石头。这可以说是"劳动人民艰难苦恨生活的形象反映"，但这样的情景难道只有在所谓的"旧时代"（"旧社会"）才会有吗？即如杨朔写作此文的1961年，全国也正在闹着饥荒，且在不少地方饿死了许多人。这个传说，显然也不能说是"阶级压迫和阶级斗争"的反映。

其实关于"望夫石"还有另外一个版本：一对名叫水生和水妹的年轻夫

妇,勤劳而朴素,他们的日子一直过得很艰难,但他们却一直想过上快乐的日子。仙人铁拐李两次搭船试他们的心肠,发现他们非常善良,慷慨无私地帮助他人,于是铁拐李点化他们夫妻成仙(化成了石头)。(李肇隆等,《桂林山水的传说》)这样的传说(神话),告诉我们的是"为人善良与快乐生活的关系"(在传统文化中体现为"善有善报"),更加说明了与"阶级压迫和阶级斗争"是扯不上边的。

4."媳妇娘(新娘)岩"

"媳妇娘(新娘)岩"其实是"梁祝故事"的翻版,充其量是一个"殉情"故事,类似的故事还有"鸳鸯滩""美女梳妆岩"等。一个美丽漂亮的姑娘,为了忠于自己的爱情,宁可放弃生命,也不屈从于强权。这个传说中,当然不排除有所谓的"压迫"与"抗争",但与"阶级"与"革命"却不可等同。如果庸俗化理解这样的故事,那么一些经典的爱情故事诸如"牛郎织女""孔雀东南飞""白蛇传"等的主题就要重新认识。

以上四个传说,其实反映的是劳动人民的朴素情感与美好愿望,其中涉及的有道德层面的,如龙姓父子遵守做人准则、"讲义气",寡婆婆的乐于助人、无私奉献;有伦理层面的,如年轻夫妇的相濡以沫、恩爱厮守,媳妇娘对爱情的忠贞不渝。这些都属于"劳动人民的生活感情"和"劳动人民的智慧的想象"。漓江两岸的人们用他们的艺术想象解释了一些山岩的由来、命名和特征,通过这种富有意义也富有情趣的说明,表现了他们对家乡的无比热爱的美好情感和对生活的理想与信念。

吊诡的是,进入新的历史时代以后,从小学到高中"政治"学科的课本中,都不再讲什么"阶级压迫和阶级斗争"了,为什么我们的语文课上还在大讲特讲呢?时至今天,难道我们语文教师的思维还停留在"革命"和"斗争"的年代,还在运用"阶级斗争"的思维方式来思考一些社会发展中的种种问题?还要做捍卫"革命"与"阶级斗争"理论的"卫道士"吗?真是匪夷所思!

## 三、对写作意图的误读

正因为对文中四个传说的误读,也就自然造成了对作者写作意图的误读。六位教师不约而同地问了学生这样的问题："本文的写作意图是什么呢？难道仅仅是赞美漓江优美的山水？"然后启发引导学生细读四个传说，对四个传说的内容进行归类。教师根据学生的发言归纳出这样的话："让人们在观赏美丽的自然风光时，不要忘记过去，不要忘记旧社会的苦难，不要忘记阶级压迫和阶级斗争，要珍惜现在的美好生活。"

在这样的课堂上，我们的思维好像回到了上世纪那个"千万不要忘记阶级斗争"的年代，那个令许多人不寒而栗、心有余悸、充满血腥的恐怖年代。

对学生而言，教师在这样归纳与总结的时候，有没有考虑过他们的认知水平？现在的学生懂得什么是"旧社会"，什么是"阶级压迫和阶级斗争"？作家刘震云在小说《温故一九四二》（电影名为《一九四二》）的开头部分借姥娘的口说："饿死人的年头多得很，到底指的哪一年？"接着他说："这牵涉到另一场中国灾难———九六〇年。"如果这样来认识中国人记忆中的饥荒年代，来理解新中国成立以后我们这个民族所走过的一些弯路，来正视那些"穷折腾"年代里我们做的一些荒唐事，来评价"浩劫"年代里人们的"苦难生活"，我们该怎样去引导学生形成一些教师所期望的认识与评价呢？这种强行灌输所带来的是什么呢？恐怕只能是思想的狭窄与僵化，精神的狭隘与矮化。

关于作品的写作意图，最好的"发言人"是作者自己，只有他才能真正拥有对作品理解与评价的"话语权"，这正所谓"国手置棋，观者迷离，置者明白"（刘熙载，《艺概》），读者的任何认识与评价只能在他所提供的文字里找到答案。其实，所谓的"写作（创作）意图"在文章的前半部分就已经交代得很清楚了：

凭着我一枝钝笔，更无法替山水传神，原谅我不在这方面多费笔墨。有点东西却特别触动我的心灵。我也算游历过不少名山大川，从来却没见过一座山，这样凝结着劳动人民的生活感情；没有过一条水，这样泛滥着劳动人民的智慧的想象。只有桂林山水。

作者为什么明明知道自己的笔是"一枝钝笔"，却还要写这样一篇文章？原因是"有点东西却特别触动我的心灵"，正因为这点"东西""特别"地触动了他，使他实在不能自已，所以他拿起了手中的笔来描绘桂林山水。而他的这种描绘，更多的是转述当地人们关于桂林山水的种种传说，这些传说形成了文章的主体部分。这些传说中"凝结着劳动人民的生活感情"，"泛滥着劳动人民的智慧的想象"，而这样的评价有如一根红线，贯穿文章的始终，成为文章的情感线索。由此我们对作者的写作意图不难形成这样的认识：作者除了对桂林山水特有的美进行赞美以外，还讴歌了生活在桂林山水中的人们，他们身上所表现出来的对美好生活的向往之情与坚定信念，对人性中美好的道德与情操的赞赏之情与充分肯定，泽辉后世的生活智慧和无穷的想象力与创造力，与自然山水之美有机相融，熠熠生辉。所以作者最后才说："人民在崭新的生活里，一定会随着桂林山水千奇百怪的形态，展开丰富的想象，创造出新的神话，新的故事"。赞美的对象前后完全一致，可谓首尾呼应。

问题还在于，文章从头至尾都没有提到什么"阶级压迫和阶级斗争"，我们为什么要给作品戴上这样的"帽子"呢？把写作意图说成是"不要忘记过去，不要忘记旧社会的苦难，不要忘记阶级压迫和阶级斗争，要珍惜现在的美好生活"，既与文章的整体内容不吻合，也与文章"落笔准确，不蔓不枝"（老舍语）的结构安排不相呼应，纯属牵强附会，无中生有。

也许有人会有疑问：不是作者自己说要"让这极美的江山，永久刻下千百年来我们人民艰难苦恨的生活记录"吗？这可能正是我们误读作者写作意图的一个重要原因。作者的语言诚然有时代的痕迹，但从句意来看，他是置"江山"于彼，而置"人民"于此的，说话的重点在"我们人民"上，尽管他的语言有明显的漏洞，因为那些传说不都是"人民艰难苦恨的生活记录"（此处可作为对文本内容概括上的一个"探究"问题，引导学生深入思考），但我们不能只抓住文中一两句具有时代特点的话，就想当然地依据作者所处的年代，依据他其他散文作品的主题，依据他的散文作品的一贯风格而乱扣"帽子"，却无视本文在结构上的精巧与内容安排的缜密。

曾有人这样评价杨朔和他的作品："杨朔的悲剧也是一代文人的悲剧。不仅仅是他在'文革'中的遭遇（'文革'初期杨朔即被打成'反革命修正主义分子'，在遭到隔离审查期间，他绝望地自杀了。——笔者注），也包括他的作品。以他的学养、才华、文字的锤炼以及对生活的热爱和真挚的感情，如果在另一种无拘无束的氛围中得到自由发挥，是可以留下更多、更有个性、更精彩的有永久价值的作品的。"（资中筠，《资中筠自选集》）以这样的视野来认识《画山绣水》的这一处"败笔"，我们就能"远想出宏域，高步超常伦"（刘熙载语），就会更加客观与公正，而不至于远离文本，远离作者思想情感，远离时代发展变化，远离学生接受心理而对作品进行"政治图解"了。

# 人不幸，天知否

## ——《老王》中"时代的影子"

有人曾经这样评价杨绛散文的特点："写人常通过一些小事的平静似水的叙说，描摹出一个人的最具风采的性格侧面，立起一个'人'的形象，更重要的是，有意无意之间'带'出一个时代的影子。"这种把人置身于一定的时代，让人的命运与历史的长河交相辉映的艺术笔法，特别是文中对于历史的一些"潜台词"，由于种种原因，在教学中并没有得到教师的普遍重视。最为明显的是，不少教师对文本的解读多聚焦于"那是一个幸运的人对一个不幸者的愧怍"这一句上，并将其视为解读文本的一把钥匙，课堂学习的主要任务就是去理解"幸运""不幸"与"愧怍"的具体含义，特别是对"愧怍"的解读，所用时间和所费精力最多。下面的解读就很有代表性：

一、杨绛为什么会"愧怍"呢？

面对老王的离世，作者觉得自己对老王的关心还不够，现在想帮助他都没机会了，所以"愧怍"；被老王在辛劳穷苦中仍坚守质朴、善良的精神所感动；对自己灵魂的拷问，觉得自己心底有一种居高临下式的怜悯和同情，老王全心付出，自己只是给钱再给钱，只关注老王的物质生活而忽略了老王精神生存的空间。

二、我们怎样理解她的"愧怍"呢？

作者看到了老王在辛劳穷苦的生活中还能够关心他人，同情他人，看到了人间的不平等，更看到了身处社会底层的老王的可贵品格。作者的道德在这里起了作用，真正有良知的知识分子，对人间的苦难总是能充满同情与悲悯。这是一种悲天悯人的情怀，这种以善良之心去体察善良之人的美好心灵给现在的我们以启示。

有的教师为了强化这样的主题认识，还出示了如下的诗句：

时光夹带着纷繁的故事
被调成了溶液
心地的朴质和真诚便如同一张滤纸
留在记忆的瓶子里的
除去愧怍，就只剩纯粹
忘却了默存的腿不知怎么的走不得路了的辛酸与憋屈
忘却了自己常坐老王的三轮却最终至不敢坐的无奈与凄凉
忘却了酷爱文字的自己一直到文革后好多年才敢提笔的绝望与疼痛
却念念不忘没请老王坐下没真正关切询问的糊涂
念念不忘别人可以不顾一切干扰与己亲近而自己却不能的不安
念念不忘明明知道自己该怎么做也想做甚至能做却最终没做到的愧怍
一颗真正襟怀坦荡悲天悯人的灵魂
会忘却命运于己的不幸
而念念不忘生活恩赐于己的幸福
别人可以记屈记愤
自己只懂得记愧

这样的解读，是对作者的误会，也是对读者的误导，因为它使文本的主体内容发生了偏移，让人误以为这不是一篇以记叙为主的写人文章，而是一篇以议论抒情为主的知识分子"思想忏悔录"。这容易使我们产生这样一些疑问：《老王》一文，所写的主体形象到底是"老王"，还是作者自己？这是在讲述一个普通人、悲苦人一生的不幸生活故事，还是要表白一个知识分子的某种心迹？是要表现身份和地位卑微者灵魂的纯洁、崇高与高贵，还是只表现知识分子的"悲悯情怀"？是想借此反映时代风云、历史潮流中人际关系的微妙，还是仅仅表现为"我"对"老王"的同情与关爱？尤其是想要通过一个身处社会底层者的悲苦命运折射出时代的悲剧，由此引发出对国家、民族、社会、个人命运的思考，还是仅仅停留于"我"的道德反省与灵魂救赎？

写人离不了写事，而所有的事情都是发生在一定时代中的，时代是人物生存、生长、生活的坚实土壤，离开了对时代风貌的反映，就无法表现人的独特心理，也无从理解人的一些思想与行为，更无法揭示出作品中所蕴含的民族心理和时代精神，不能展现出形象的典型意义。解读一篇文章，如果不能发现其中那或隐或现、或明或晦的"时代的影子"，那就不仅使其主体内容成了无源之水、无根之木，而且会大大地弱化甚至消解其阅读意义与价值。

老王的谋生本领不高，他只是一个蹬三轮的，属于一种极度个体化的自由劳动者，享有的是生产资料私有的个体经济。无疑，他在"解放前"就从事这项工作了，他也从来不会认为自己作为"单干户"而有什么不对。但是时代变了，标志着进入社会主义社会的"三大改造"运动在新中国建立初期的1952年就轰轰烈烈地开始了。在一个住房靠组织分配，吃饭、穿衣靠居委会发粮票、布证，工资、福利靠单位发放的组织化程度特别高的社会形态里，他的这种劳动方式和谋生手段，必然会与当时的"形势"格格不入并不可避免地发生冲突，他在与滚滚向前的时代车轮"猝然相遇"时就会显得措手不及。而老王的思想觉悟也同样不高，其"革命性"明显不强，他不可能理解这场"革命化"的运动，也不懂得如何做才能"跟上形势"，这就必然会给他带来"不幸"。这是他人生的失败，而随这种失败而来的是耻辱感，他没能使社会信服他的价值，并因此到了自惭形秽的境地。这就是为什么他说话的口气总是无奈的，语速总是迟疑的，语调总是低沉的甚至沙哑的的内在原因。

不难理解，造成老王不幸命运的也许有他个人的因素，但最主要的还是社会和时代对他的冷漠乃至抛弃。因为在一个以生产资料公有制为主体的集体经济模式之下，不可能有他的安身之处，除非他表现得特别的"积极"，但他又是那样的愚钝。引人深思的是，他的不幸故事发生在"翻身得解放，当家做主人"的"新中国、红旗下",他的身份理应是"领导一切"的"工人阶级",但很明显,他却背离了当时的"大好形势",而处于社会主流的边缘。由于种种原因,他"脑袋慢","没绕过来",也就是没有跟上时代的步伐,没有把握社会发展的脉搏,没有跟上潮流变化的节奏,在"晚了一步"之后,就再也"进不去了"。当"三大改造"剑指私有制和个体劳动的历史性变革运动来临时,其"进不去"的原因可能是较为复杂的,除了他的思想认识跟不上之外,也许是他的历史出身有些问题,也许是他的生活经历有点复杂,也许是他的社会关系不够清白,也许是"党"的宣传、动员工作不够细致,也许是他无意得罪了某个小小的权贵……种种无法说清、无从探寻的原因,使得他游离于社会体制之外,被淹没于历史洪流之中。不在体制之内,也就意味着他没有一定的身份,没有让人羡慕的地位,还要屡遭人们对他的白眼、蔑视与讥讽,连他的"田螺眼"也要被人们莫名其妙地诅咒,当然也就不能获取"当家做主人"的尊严与自豪了。这就埋下了他不幸的种子,注定了他命运的多舛、生活的窘迫、处境的艰难、地位的尴尬、精神的无助,使得他成天生活在"失群落伍的惶恐"之中。

其实,他所"惶恐"的还不仅仅是缺乏一种归宿感,他还成天生活在担忧之中,他担忧的是"处在无法与社会设定的成功典范保持一致的危险中,从而被夺去尊严和尊重",这种担忧的破坏力极大,它足以摧毁他"生活的松紧度",因为在一个瞬息万变、"左祸"横流的时代,他赖以"活命"的"破旧的三轮车"说不定什么时候就会被"以集体的名义"而上交或没收;他也会因为冥顽不化地走"单干"的道路而随时有被"揪出来"批斗的危险。其实因为他只有一只眼睛,人们已经"不愿坐他的车"了,他也因为享受不到社会或单位的福利待遇而活得很艰难了。不但如此,他甚至还会担忧"自己所处的社会等级过于平庸,或者会堕至更低的等级"(阿兰·德波顿语)。这不,在"史无前例的文化大革命"中,为了迎接尼克松访华,因"树立国家形象"的需要,所有的"坐人欠文明,不能让美国人看"(吕叔湘)的载客三轮车都被取缔了,他当然无法幸免,只好"把他那辆三轮改成运货的平板三轮",由"送人"而降格为"送货"了,他的生活水准也大大下降,"维持生活"都有很大的困难了,"幸亏有一位老先生愿把自己降格为'货'",让他运送,他的生活也才能"凑合"着过下去。与"失群落伍"相比，这样的境遇对老王的打击可以说是毁灭性的，所以时间不长，他很快就病了，而且病得很重，竟至时隔不久就离世而去了。

我们几乎无法理解，在大家都去"走集体化道路"的时候，老王何以能够继续"单干"？在伟大的首都北京，为何还有这样被人忽视、遭社会抛弃的个体存在？在人民都在欢呼雀跃地讴歌"我们走在幸福的大道上"的时候，为什么还有如此悲惨的人生遭遇？答案也许是多样的，但有一点是肯定的，那就是：思想落后的老王跟不上时代发展的步伐，一路高歌猛进的历史车轮把他远远地抛在了时代的巨大背影之后，他成了时代发展、社会变迁的一个可怜的牺牲品、一个遗弃者。所以，老王的人生悲剧绝不是他个人的悲剧，而是时代的悲剧、社会的悲剧，这是老王这一人物形象的历史意义和现实价值。杨绛先生撷取了时代生活之海中的一小朵浪花，借助这样一个挣扎于社会底层的人的命运，巧妙地演绎着时代巨变下匍匐于地的人们艰难的生存状态，使我们"能透过这些生活的镜头和画面，窥视到作家具有丰富内涵的心灵意象和时代历史面貌"（《杨绛散文选》）。

其实，何止老王这样没有文化、没有显赫身份、没有一定地位者如此呢？就是一些大知识分子，当政治风云变幻、历史巨变发生时不也同样很迷茫，找不到自己，找不到出路吗？他们固守已有的文化、思想、人生价值，坚守自己对社会、民族、国家的某种信念，始终坚持"尽管亿万'咱们'和'我们'中人素不相识，终归同属一体，痛痒相关，息息相连，都是甩不开的自己的一部分"，虽然"经过九蒸九焙的改造"（《杨绛散文选》），却依然"衣带渐宽终不悔"，并牢记传统的为人处世的方式、准则，在试图与一个自己从没有想过，更不曾见过的"新"的社会、"新"的价值体系、"新"的社会关系、"新"的治理模式作"可笑不自量"的心理抵制和行为拒绝，那又怎么可能会有好的下场呢？

在一个大的时代境遇下，原本身份高贵的大作家、大学者也同样成了"小人物"，与身处社会最底层的普通平民没有了实际的距离，两种原本毫无交集的灵魂有了情感的交汇。当人的生命被作为时代的殉葬品，当人的基本权利遭到了肆意的践踏，当知识分子被剥夺尊严、斯文扫地、沦落为"臭老九"的时候，老王这个苦难的灵魂所迸发出来的人性光芒，闪烁着的人道主义光辉，是多么温情、温暖而温馨啊！正因为有了如此鲜明的时代因素，虽然老王久已离世，尽管杨绛所"怀念的人，从极亲到极疏；追忆的事，从感我至深到漠不关心"（《杨绛作品集》），但老王对"我们"的同情甚至友情，却是"乌云的金边"，虽然那"乌云蔽天的岁月是不堪回首的，可是停留在我记忆里不易磨灭的，倒是那一道含蕴着光和热的金边"（《杨绛作品集》），那是多么的弥足珍贵啊！只不过"我们"在充分享受老王所带来的关爱时，却对他的生存状况除无限同情、无比感念之外就无能为力、徒唤奈何，这或许才是"愧怍"的真实内容。

正是因为杨绛历经了时代磨难，阅尽了人间世态，所以她对人生、历史和社会有着极为深刻的理解和真挚、基本的把握。她"深深把握着人生、社会和历史，但在表层又与所谓现实或时代保持着一定的距离"（《杨绛散文选》）。这种"间离"艺术，所形成的直接效果就是容易使读者对文本中所折射出来的时代风貌有所忽视。她在表现历史和时代时，其笔触是非常冷静的，她不对历史和时代作直接的评论，而是站在文字的背后，让文字自己说话。我们读到的永远是那些看似平淡的文字，如写她坐在老王的三轮车上与老王有一搭没一搭地"说着闲话"；写"我们"和老王的关系既熟悉又较为陌生，"我们"对老王的生存状态有点了解但又了解不多，"我们"对老王既有一些关心而又关心不够；即如写到"史无前例的文化大革命"中，"我们"所受到的非人待遇和巨大冲击（如夫妇二人被揪斗，剃阴阳头；被迫扫大院、清厕所；下放"干校"接受劳动改造；女婿被诬愤而自杀等），她仅以老王的一句问话"你还有钱吗"（其时，他们夫妇已被取消了工资，只拿生活费）一笔带过；甚至于老王没有能够被"组织"吸收的同时，"我们"也接受了第一次针对"旧社会过来的知识分子"而进行的"触及灵魂"的思想改造运动，她都没有只言片语的流露；更不用说在"我们"与老王交往的时间段内，所经历过的历次政治运动了（从杨绛的叙述可以看出，老王与"我们"的故事横跨了上世纪五十年代到七十年代，而其间针对知识分子思想改造的政治运动大大小小有十多次）。

这种"间离"艺术所显示出来的冷静，是渡尽劫难之后的洞明，是"万里长梦"（杨绛语）警醒之后的超然，是对现实认知与感悟而形成的透彻、冷峻与洒脱。这种冷静所形成的艺术效果是"至味无味"（老子语）的平淡，"其实不是平淡，绚烂之极也"（苏轼，《与侄书》）。在经历过"实现自我、失落自我、回归自我"（资中筠语）之后，杨绛忆旧却忘情，有感终无泪，只能用如此静观的笔触，去含蓄地描写老王不幸命运及其背后的故事，但她所"咀嚼的是人类的痛苦，她的作品是一部完整的二十世纪中国知识分子心灵的历史"（《杨绛散文选》）。在她"念此私自愧"（白居易，《观刈麦》）的同时，又何尝不是一个对时代有着极其敏锐洞察力的知识分子，在表达自己"惟歌生民病，愿得天子知"（白居易，《寄唐生》）的责任担当与家国情怀呢？

# [ 22 ]

## 为自己招魂

### ——《听听那冷雨》题旨探析

　　《听听那冷雨》是被誉为"右手写诗左手写散文，成就之高一时无两"（梁实秋语）的余光中先生的散文代表作之一。关于此文的题旨，与教材配套的教学参考书明确指出："《听听那冷雨（节选）》以作者在不同地方听雨、看雨、体味雨串起了一系列人生的感悟，表达了游子对祖国、对故乡的深深眷念。"翻阅众多的教学资料以及一些学生自学用书，也都把此文的题旨定为"抒发了浓浓的乡愁"，而且是唯一的主题。

　　我们要准确理解一篇文章的题旨，须从作品的实际出发，而不能先入为主，或是片面理解。只有在深入研究作品所写的具体内容之后，我们才能准确而全面地把握文章所要表现的主题。

　　将此文的题旨定位在"对故乡的思念之情"，很大一部分原因是文章的开头部分有这样的内容：

　　不过那一块土地是久违了，二十五年，四分之一的世纪，即使有雨，也隔着千山万山，千伞万伞。二十五年，一切都断了，只有气候，只有气象报告还牵连在一起，大寒流从那块土地上弥天卷来，这种酷冷吾与古大陆分担。不能扑进她怀里，被她的裙边扫一扫也算是安慰孺慕之情吧。

　　"不过那一块土地是久违了，二十五年，四分之一的世纪，即使有雨，也隔着千山万山，千伞万伞"所表达的确实是"对故乡的思念之情"。不仅如此，此文在最初发表时文末还有一个"附识"："一九七四年春分之夜。"这不仅记载了本文的具体写作时间，而且点明了作者彼时彼地的创作心境：从一九四九年到一九七四年，意味着海峡两岸阻隔已整整二十五年，"二十五年，一切都断了"，割断了的不仅是海峡两岸的政治、经济、文化和人员的自由往来，更在于年复一年地断绝了来鸿去雁的书信、亲人故旧的音讯和大陆故土的真实消息。作者在文中说，唯一不断的，"只有气候，只有气象报告还牵连在一起"。这真是唯一不断的吗？其实真正"不断"的，应是离别二十五载的游子对大陆故土的"剪不断，理还乱"的思念之情，这就使作者不由得在"雨里风里，走入霏霏"，"更想入非非"。

这段文字，给我们以一种认识上的错觉。因为我们总习惯用所谓的"感情基调"来判断一篇文章的所有内容。那么既然开头部分表达了"对故乡的思念之情"，整篇文章也就是这种情感的具体表现了。殊不知，这样的认识，往往不利于我们对作品的全部内容展开实事求是的评价。

除此，造成认定此文题旨为"对故乡的思念之情"的原因，恐怕还有余光中先生自己的表白所带来的影响。他的散文集《左手的掌纹》（《听听那冷雨》被收入其中）获得了 2003 年度的"华语文学传媒大奖"。在颁奖会上，他发表了获奖感言，他说：

乡愁是根深蒂固的人之常情，但不完全由地理造成。一个人多年后回到故乡，仍然可能乡愁不断，因为他所熟悉的故乡已经改变了。物是人非，便有乡愁。若是物也非了，其愁更甚。我当年离开大陆，"掉头一去是风吹黑发，回首再来已雪满白头"乃此生最大的伤痛。幸好那时我已经 21 岁，故土的回忆，文化的濡染已经深长，所以日后的欧风美雨都不能夺走我的汉魂唐魄。我在诗文中所以呼喊着狂吼着黄河长江，无非是努力为自己招魂。（《新京报》，2004 年 4 月 14 日）

他的这段话，虽然不是专门谈论《听听那冷雨》的，但却被众多的评论家所关注，加之在其第一辑"蒲公英的岁月"中，所以大家就难免将其归类为"乡愁"了。

在原文的第一段后，编者删去了一些文字，其中有这样的句子：

杏花春雨江南，那是他的少年时代了。再过半个月就是清明。安东尼奥尼的镜头摇过去，摇过去又摇过来。残山剩水犹如是。皇天后土犹如是。纭纭黔首纷纷黎民从北到南犹如是。那里面是中国吗？那里面当然还是中国永远是中国。只是杏花春雨已不再，牧童遥指已不再，剑门细雨渭城轻尘也都已不再。然而他日思夜梦的那片土地，究竟在哪里呢？

在报纸的头条标题里吗？还是香港的谣言里？还是傅聪的黑键白键马思聪的跳弓拨弦？还是安东尼奥尼的镜底勒马洲的望中？还是呢，故宫博物院的壁头和玻璃橱内，京戏的锣鼓声中太白和东坡的韵里？

作者笔下的"残山剩水""皇天后土"以及那些"纭纭黔首纷纷黎民"无疑指的是古老的大陆，但其所表现出来的却显然不是对大陆的思念之情，因为感慨于政权的更替，江山的易手，虽然在地域上说还是"中国"，但"杏花春雨已不再，牧童遥指已不再，剑门细雨渭城轻尘也都已不再"，乃至于他发出了"日思夜梦的那片土地，究竟在哪里呢？"的感叹。如果再联系作者所提到的傅聪、马思聪，我们更不难理解由于政治运动给知识分子所带来的极大冲击，不仅是肉体上的，更是精神上的，虽然身处大陆之外，对"史无前例"的运动也许不清楚、不明白、不理解，但作者对大陆人民命运的关注却一天、一刻也没有停止，这已经远远超出了"思乡"的范围。安东尼奥尼用他的镜头拍摄了他眼中的《中国》，但黑白片中所表现的部分真实生活，却激起了大陆人民的愤怒，遭到了大陆人民的一致声讨与谴责。围绕安东尼奥尼的《中国》所发生的一切，作者肯定从有关媒体了解到了，但他不明白，为什么事情会是这样？古大陆的纷纷攘攘，都引起了作者的深入思考。

在课文节选部分的第二段文字里，作者说："只要仓颉的灵感不灭美丽的中文不老，那形象，那磁石一般的向心力当必然长在。"于是，"凭空写一个'雨'字，点点滴滴，滂滂沱沱，淅沥淅沥淅沥，一切云情雨意，就宛然其中了"。作者通过对中国古老文字中的"雨"字的品味，来挖掘"雨"所蕴含的文化意韵，显示了中国传统文化对作者的深长"濡染"，表达了作者对传统文化的热爱、仰慕之情。

在第三段里，作者具体刻画了此刻香港和台湾的"雨"："雨气空蒙而迷幻，细细嗅嗅，清清爽爽新新"，这是他在"嗅嗅闻闻"那雨。写出了"雨"给自己所带来的美感。本段文字与所谓的"对故乡的思念之情"关联不大。

第四段中，作者回忆了自己在美国丹佛山上的生活经历，由此发出感慨："中国诗词里'荡胸生层云'，或是'商略黄昏雨'的意趣，是落基山上难睹的景象。要领略'白云回望合，青蔼入看无'的境界，仍须回中国，台湾湿度很高，最饶云气氤氲雨意迷离的情调。"于是他重笔描写了在台湾、在台北观赏领略雨境的美好景象。如果说借此要表达"思念故土之情"的话，那这里要表达的也只是对"台湾、台北"的思念，而非对"大陆"的思念。关于这一点，余光中在他的另一篇散文《地图》中明确说："他将自己的生命划为三个时期：旧大陆、新大陆和一个岛屿。他觉得自己同样属于这三种空间，不，二种时间"，"旧大陆是他的母亲。岛屿是他的妻。新大陆是他的情人"。于是，他"也会怀念这个岛屿，在另一个大陆"，并表露自己的心迹："既然已经娶这个岛屿为妻，就应该努力把蜜月延长。"这是因为，"他喜欢这座岛，他庆幸，他感激，为了二十年的身之所衣，顶之所蔽，足之所履"（余光中，《蒲公英的岁月》）。

山隐水迢的中国，割舍不掉的是中国文人墨客的奇境韵味。于是在第五段中，作者写到了"雨不但可嗅，可观，更可以听"。在对故乡雨声回味的同时，他想到的是晏殊的"高楼目尽欲黄昏，梧桐叶上潇潇雨"，是元好问的"骤雨过，珍珠乱撒，打遍新荷"，是李清照的"梧桐更兼细雨，到黄昏，点点滴滴，这次第怎一个愁字了得"。这种"断肠人在天涯"的游子之痛与南宋亡国之臣蒋捷相通，于是他化用了蒋捷的《虞美人·听雨》，年少时欢乐无忧，到中年在异乡的惆怅，进而到老年的凄苦无奈。这岂不是"掉头一去是风吹黑发，回首再来已雪满白头"的最好演绎？这不仅仅是游子对故乡的思念了，更多的是有了"亡国之痛"，更多的有了自我人生的沧桑之感。对照一下余光中的身世经历，在这里他所抒发的不正是自己大半生的闯荡、挣扎、彷徨、苦痛、忧虑、懊悔与无尽的感慨吗？如果单一以"乡愁"来论，那么，蒋捷的"亡宋之痛"又怎么能与余光中对大陆和台湾的阻隔而产生的情绪相提并论呢？难道台海分隔是一种"灭亡"的形式吗？如果是的话，那余光中所怀念的岂不是"国民党蒋介石反动政权"？

在接下来的几段文字中，作者从大陆上雨天的屋瓦，写到台岛上日式的瓦屋，写了"从春雨绵绵听到秋雨潇潇，从少年听到中年"。诚然，对乡村无时不在的恋情，那江、那桥、那船，时时浮现，这种故土眷念之情怀每每随一点点雨滴而响动。但可不要忽略下面的一段文字："千片万片的瓦翩翩，美丽的灰蝴蝶纷纷飞走，飞入历史的记忆。""鸟声减了啾啾，蛙声沉了阁阁，秋天的虫吟也减了唧唧。七十年代的台北不需要这些，一个乐队接一个乐队便遣散尽了。要听鸡叫，只有去《诗经》的韵里寻找。现在只剩下一张黑白片，黑白的默片。""正如马车的时代去后，三轮车的时代也去了。"这难道说的也是"对故乡的思念之情"？显然不是。这里所咏叹的是对传统文化在现代文明的冲击下荡然无存的感伤。作者在文末说："厦门街的雨巷走了二十年与记忆等长，一座无瓦的公寓在巷底等他，一盏灯在楼上的雨窗子里，等他回去，向晚餐后的沉思冥想去整理青苔深深的记忆。"面对现实，作者黯然神伤，凄迷与悲愤的情绪在字里行间荡漾，于是，他发出无助的感慨——"前尘隔海""古屋不再"，他在用这样的文字"为自己招魂"。

值得我们注意的是，作者在原作中，还直接表达了对现代文明直接冲击古典韵味的迷惑，他借助于对浪漫情人的勾勒，点出了黑白片中的另一幅色彩的逆向情绪，那"油布篷"的情景，在浓郁的"温存"里抒写了淡淡的哀愁。时间的快节奏，不容人们磨磨蹭蹭，"儿女情长"也已难得一见。人们的生活更多是为奔波，你看那"上班下班，上学放学……"，如此快速地转动，甚至是"索性把湿湿的灰雨冻成干干爽爽的白雨，六角形的结晶体在无风的空中回回旋旋地降下来，等须眉和肩头白尽时，伸手拂就落了"。但作者又非常坚信："无论工业如何发达，一时似乎还废不了雨伞。只要雨不倾盆，风不横吹，撑一把伞在雨中仍不失古典的韵味。"但不知出于怎样的考虑，教材的编者在"节选"部分中把这些文字删去了，这直接造成了对文本解读的偏差。

如此看来，仅仅以"乡愁"来概括这篇文章的题旨是不全面的，在《听听那冷雨》中，作者所要传达的是对中国传统文化的深深孺慕之情，是对传统文化在与现代文明碰撞中而不断式微的无端感伤，是对政治命运、人生遭际不堪回首的无尽感叹，是对大陆、故土的深深依恋、忧虑与无限热爱。说到底，这是作者选择生活中的一种常见意象，借助一种独特的表述为自己招魂。这种"魂"就是千百年来在传统文人身上所集中体现出来的"家国情怀"，它或者表现为"穷年忧黎元，叹息肠内热"（杜甫语），或者体现为"先天下之忧而忧，后天下之乐而乐"（范仲淹语），或者显现为"天下兴亡，匹夫有责"（顾炎武语），其流传至今、生生不息、光耀千秋，激励着无数的人们去思考自己的人生。

我们在研究与分析一篇文章的主题时，往往有一些现成的标签，有一些概念化、程式化的分析方法来左右甚至制约我们的思维，甚至有时是"以人定文""因人废文"。在这些方面，我们是有过教训的。凡是所认为的"正面人物""伟大人物"，那他们的作品所表现的肯定是"伟大""崇高""激昂""乐观""积极"等感情；而如果是所谓的"反面人物"或在历史上现实中较普通的人物，那他们所表现的就只能是"反动""落后""消极""低沉""颓废"等感情。所以，"实事求是"永远是我们评价一篇文章的科学态度。具体到余光中身上，我们恐怕不能因为他写过一些表达"乡愁"主题的作品，就想当然地认为他的所有作品就都是这一个主题；也不能因为他的某一作品中有了"乡愁"的情绪，我们就主观认为该作品就只有"乡愁"这一个主题；我们更不能因为他生活在台湾，就理所当然地认为他的作品肯定就只会表现"乡愁"，乃至要给他戴上"乡愁诗人"的帽子，这是连诗人自己也不会完全认可的。他曾经不止一次地说过这样的话："大家都说我是乡愁诗人，到后来我就烦了。"他解释说，乡愁固然很美，可是乡愁也不一定是绝对正面的价值，因为一个人一离故乡就发愁、想家的话，有可能这个人没有出息。按照中华传统文化的训示，他应该在外面有所贡献，有一番功劳，使得他的故乡因他而自豪，远远胜过他回到家里守株待兔。乡愁，是一种家国情怀。

余光中确实写过很多表现"乡愁"的诗文，但他还有许多其他的好作品，我们不应该只是一味地关注"乡愁"。只有阅读与认识视野宽阔起来了，我们才能引导学生对《听听那冷雨》的丰富主题与深厚情感，理解得更加全面，也更加客观，才能够从中读出文本所表达的意蕴，思考独特的意义。

# 怎一个"尊老爱幼"了得

## ——《散步》主题刍议

关于莫怀戚散文《散步》的主题，在实际教学中，下面的几种解读比较有代表性，且流传极广，影响至深：

（1）《散步》描写了一家祖孙三代在田野上散步的事，一家人和和睦睦，充满了温馨。事件看似很平淡，但读者却从中悟出了许多道理：儿子孝敬母亲，母亲疼爱孙子，中华民族尊老爱幼的传统在此得到充分的体现。作为中年的作者既肩负着赡养老人的责任，又有抚育下一代的义务。如何起到承前启后的作用呢？作者给我们作了很好的诠释。

（2）（通过对文章结尾的理解，）我们看到了中年人承前启后的历史责任。他们要赡养老人、抚育孩子，是生命之链中最重要的一环。所以也要请同学们更多地关心父母、理解父母的辛劳，做一个有孝心的孩子。

（3）读完这篇文章，有如接受了一次道德的洗礼。……一个"慈母"，一个"孝子"，一个真诚地理解，一个绝对地信任，这种良性的因果循环正反映了古朴的伦理道德之美。……

在散步遇到走大路还是走小路时发生了分歧，于是，"我"决定委屈儿子，原因是"我伴同他的时日还长"。这个选择应该说是入情入理，体现了"我"爱幼更尊老的情感。……

这一家三代人的温和、谦让与体贴都融进了这深深的爱之中。这不正是以血缘构成的家庭最稳定、最能持久也是最为宝贵的东西吗？"我"和妻子分别背起母亲和儿子，这一"背"实际上是背起生活的重担，架起了两代人之间的桥梁，含蓄地影射了"我"这一辈人赡养老人抚育儿女的重大使命。

怎一个"尊老爱幼"了得！

要了解一篇作品的"主题"，最有说服力的应该是作者自己。套用一句俗语——"知子莫如父"，作为文学作品的创造人——作家，他对自己的作品应该最有发言权。当然，作为阅读主体，我们的教师和学生可以有自己的认识与评价，但这种阅读体会或感悟应该尊重作家的创作本意，或者说作家的创作意图应该成为我们解读作品的最好钥匙。要正确全面解读《散步》这篇精美的散文，我们先来看作家自己是怎么说的：

《散步》写于1985年。因为是发一种"生命的感慨"，所以注定了它的抒情色彩，因我不善诗作，它就成了散文。
……
切入角度：强化"生命"，淡化伦理，一是因为伦理说得已经太多，出新很难，二是"生命之说"不但本质，而且人性与动物性的参照也出来了，只有人类才不但保护幼小的生命，而且善待衰老的生命。所以成熟的生命，即所谓中青年人吧，其责任的沉重可想而知，其社会性，或曰伦理性质，也暗暗渗透了出来。
而且沉重的责任，自需背负，所以我在文中设计了背：背小的，背老的；将整个世界背起来，中青年人责无旁贷。……

作者的自述，透露出了这样几点：一是文章的突出主题是有关"生命的感慨"；二是文章中虽然涉及了中国人的一种传统美德"敬老爱幼"，但作者明确说要"强化'生命'，淡化伦理"；三是确定这样的主题的考虑是"'生命之说'不但本质，而且人性与动物性的参照也出来了"，人类"不但保护幼小的生命，而且善待衰老的生命"（当然，作者说所有的动物都不会"善待衰老的生命"，有待商榷）；四是"成熟的生命，即所谓中青年人"，承担着极其沉重的责任，作者通过"渗透"的方式，也巧妙地传达出了"伦理性质"；五是被作为"尊老爱幼"集中体现的"我背母亲""妻子背儿子"的情节并非实有其事，而是作者的"设计"。

而在众多的解读文章中，作者的这些陈述却被有意无意地忽略了，遭到了不应有的漠视。如上所述，大多数教师在指导学生学习这篇课文时，仍然把它的主题定为"尊老爱幼"，有关杂志或网络上的大量"教案""教学设计""课例"也持这种说法。笔者曾经在许多语文教师中作过调查，结果他们几乎异口同声地回答这篇文章的主题就是这四个字。

《散步》一文不足七百字，却含义隽永，意味深长。全文的主要内容有这样几点："我"劝母亲散步；全家一起散步；选择大路小路的分歧；"我"决定委屈儿子；母亲却依从了孙子；在不好走的地方，"我"和妻子分别背起母亲和儿子。结合文本内容和作者的陈述，我们可作这样的解读。

1. 对生命的感悟

文中有两处非常精彩的景物描写，一处是"我"眼中的：

这南方初春的田野，大块小块的新绿随意地铺着，有的浓，有的淡；树上的嫩芽也密了；田里的冬水也咕咕地起着水泡。这一切都使人想着一样东西——生命。

冬去春又来，那随处可见的绿意，那密密的嫩绿的新芽，那咕咕作响的水泡，洋溢着浓浓春意，充满着诗情画意。它们充分显示着生命气息的浓郁，生机的盎然，生命力的旺盛。这"是对生命的高歌，是对生命力的礼赞"。面对如此美好的自然生命，作者触景生情，自然而然地想到了人类的生命，想到了母亲的生命。自然会轮回，生命有代谢，正是在经历了一个又一个冬天的严寒之后，我们才更加体会到了春天的灿烂；春天在招手，生命在呼唤，正是因为母亲已步入老年，所以做儿子的才更加希望母亲像春天的万物一样充满生机与活力！

一处是母亲眼中的：

她的眼睛随小路望去：那里有金色的菜花，两行整齐的桑树，尽头一口水波粼粼的鱼塘。

人是自然之子，和自然交融，享受大自然，享受阳光、空气，这是满足生命本身的需要，给人以莫大的快乐。母亲眼里的春色是这样美好，春天在召唤，生命在呼唤。这字里行间流露的正是一种对生活的酷爱，对生命的彻悟。

"人，应该在希望中栖居。"生活中，一个老人看到小孩总是会充满欢喜、慈爱、欣赏，因为在幼儿的身上，老人看到了自己美好的幼年，燃起了自己生活的希望。所以，没有一个老人会因为见到小孩而产生孤独、无助，以及对生活的恐慌情绪的。与此相同，母亲看到的春色是这样的美好，这样的美景自然会激发母亲对美好生命的珍爱。母亲的目光中，流露的是对新生的欣喜，对生活的热爱，对生命的彻悟。大仲马说："世界上无所谓幸福，也无所谓不幸，只有一种境况与另一种境况相比较。只有那些曾经在大海里抱着木板经受凄风苦雨的人，才能体会到幸福有多么的可贵。"（《基督山伯爵》）这正是母亲此时的心境。

作者还非常巧妙地通过儿子的口，直观地揭示了生命传承的奥秘："小家伙突然叫起来：'前面也是妈妈和儿子，后面也是妈妈和儿了。'"天真稚嫩的话语，传达出的却是对生命的最质朴的认识：美好的生命状态，是由于其代代相因、生生不息之传承。儿子要走小路，不仅因为小路上有美丽的风景，更因为年幼无知的他还没有经历过生命的磨难；母亲要走大路，不仅因为大路平坦，不想因走小路而给儿子增添负担，更重要的是她历经过人生之路的坎坷，明白生命之途的坦荡来之不易。

对生命的热爱，源于体会到了生命的快乐，而生命的快乐之中，"天伦之乐"是极为重要的内容，爱情、亲情、家庭，这是人生非常重要的价值，这才有了两对母子、祖孙三代、一家四口在田野里其乐融融地散步，而演绎出一曲生命的赞歌。"我们都笑了"，正形象地告诉读者，这样的一段生命历程，是一次幸福之旅，是一次快乐之行。

2. 对生命的珍爱

古希腊哲学家伊壁鸠鲁说"身体的无痛苦和灵魂的无纷扰"是人的最大快乐，托尔斯泰也说"健康是一个人的最大幸福"。"母亲本不愿出来的。她老了，身体不好，走远一点就觉得很累。我说，正因为如此，才应该多走走。"享受健康，是享受生命最基本的方面，是生命骨子里的东西，是生命古老又永恒的需要。温馨质朴的语言，饱含着一个儿子对母亲的真切关心，凸显的是对他人生命的关爱特别是对年老者生命的关爱，拳拳之情溢于言表。

刘亮程在《寒风吹彻》中说："一个人老的时候，是那么渴望春天来临。尽管春天来了她没有一片要抽芽的叶子，没有半瓣要开放的花朵。春天只是来到大地上，来到别人的生命中。但她还是渴望春天，她害怕寒冷。"作者的母亲也不例外，所以他非常庆幸母亲"又熬过了一个严冬"。一个"熬"字，并非对严寒的冬天的抱怨，而是母亲顽强生命力的突出表现，蕴含着母亲对生命的渴求与酷爱。在春天的田野里，母亲看到了金色的菜花、整齐的桑树和水波粼粼的鱼塘。这是一位饱经风霜的老人对美景、对美好生活的向往，对自我生命的眷念与珍爱。

诚然，母亲对散步的态度开始并不积极，在常人看来"轻松愉快的户外活动"，母亲却"不愿"，这是因为她"老了，身体不好，走远一点就觉得很累"，这是老年人再也正常不过的身体状态和心理状态。显然，这种"不愿"，只是一种客观情势所迫而已，而不是完全"不赞同"或拒绝，所以当"我"劝她"应该多走走"时，她也就同意了。她当然明白，散步，可以活动筋骨，可以放松心情，可以调节生活节奏，可以锻炼身体。母亲态度的转变，既有对儿子的信任，也有对儿子的尊重，更有对生活的热爱。她的"信服"与"听话"，我们不能误认为是一种"非常态的行为"，而是生命发展的自然结果，是母亲因生活境况发生变化后人生态度转变的正常景象。人们常说，被苦难淘洗过之后，人的心会变得柔软而朴素；马斯洛也说，就算是面对死亡，每个人仍然拥有自由意志。文中母亲的心态正是如此。

### 3. 对生命的尊重

在散步的路上，发生了分歧："母亲要走大路，大路平顺"；"儿子要走小路，小路有意思"。"我想一个两全的办法，找不出；我想拆散一家人，分成两路，各得其所，终不愿意。我决定委屈儿子，因为我伴同他的时日还长。我说：'走大路。'"对如此两难选择，作者曾这样来表露自己的心迹："只有人类才不但保护幼小的生命，而且善待衰老的生命。所以成熟的生命，即所谓中青年人吧，其责任的沉重可想而知。""我"在一边是老、一边是幼的矛盾冲突中，理智地选择了遵从母亲的意愿，所体现出的不仅爱幼更加尊老的情怀，令人感佩，它折射出作者尊重并善待衰老生命的光辉。

这样的尊重不仅存在于"我"对"母亲"的态度上，也同样体现在母亲对"我"和孙儿的顺从上。"她现在很听我的话，就像我小时候很听她的话一样。"所以才有原先因为"身体不好，走远一点就觉得很累"而不愿出去走走，而听了"我"的劝告后"信服地点点头"而欣然参加这样一次极为难得的心灵之旅。虽然孙儿要走小路的想法与自己有冲突，但经过短暂的思考，她怜爱地"摸摸孙儿的小脑瓜"，决然提出："还是走小路吧。"母亲的善解人意、设身处地、对儿子的无限信任和对孙子的由衷疼爱，使得她的生活充满了温情，她的生命也更有了延续下去的理由。作为饱经沧桑的母亲，她知道自己是生命，儿子和孙子更是生命，家人之间就要以生命和生命互相对待。她更清楚，生命还需要相助，所以她非常坦诚地提出："我走不过去的地方，你就背着我。"这是她对生命状态的清醒认识，也是她对儿子的无比信赖，更是她借此品尝甜蜜与幸福的契机。儿子懂得了母亲的意思，他也义不容辞地承担了背负的责任——背小的，背老的，将整个世界背起来，中青年人责无旁贷。

### 4. 对生命的担当

正如作者所说"沉重的责任，自需背负"，为了突出勇于担当生命的责任，文章中有了"歧路之争"，由身为中年的"我"来裁决，而"我"却不能两全。由于"我"在家庭中的独特身份和地位，这样的争执仲裁权"取决于我"，因为"母亲老了，她早已习惯听从她强壮的儿子"，而"儿子还小，他还习惯听从他高大的父亲"，妻子呢，"她总是听我的"。正是家人对自己的无比信任，"一霎时，我感到了责任的重大"。一个强壮的生命作为家庭中的顶梁柱，上要赡养老人，让母亲安享晚年；下要抚养孩子，关心教育，让他健康成长；同时还要与妻子相濡以沫，和睦相处，让她幸福快乐。这种对生命责任的勇于担当和义不容辞，突出表现在遇到危难之时。正因为如此，当在蜿蜒的小路上遇到母亲与儿子都走不过去的时候，"我蹲下来，背起了母亲，妻子也蹲下来，背起了儿子"。"我和妻子都是慢慢地，稳稳地，走得很仔细"，通过这样的描写，作者巧妙地"渗透"了社会伦理的重大主题，极为含蓄地写出了"我"作为一个站在老与幼、新与旧生命之链连接点上的中年人对生命和社会的责任。

文章的最后一句"好像我背上的同她背上的加起来，就是整个世界"是文眼所在，是文章主题和思想情感的升华，与文章的第四段中"这一切都使人想着一样东西——生命"前后呼应，对全文起到了画龙点睛的作用。在朴素的文字里，饱含着责任，满溢着温馨，闪烁着理性，让我们在欣赏生命之美的同时，感受到了生命的分量。

不难看出，作者写景物的一草一木，写人物的一举一动，自始至终都在围绕"生命"这一凝重而宏大的主题，强化"生命"意识，弘扬"生命"精神，张扬"生命"本性，凸显"生命"责任；热爱"生命"，珍视"生命"，善待"生命"，关怀"生命"，"生命"的旗帜在高高飘扬！

所有这些，都不是一个"尊老爱幼"所能代表得了的！

"这样的一次散步，表层的是生活，深层的是生命；表层的是温馨和谐的亲情，深层的是对生命的爱惜和珍视；表层的是亲人的互敬互爱，深层的是对生命的追问和思考。"（袁爱国语）为什么我们在引导学生阅读文本时，总是匆匆地"走过"，停留于浅表，满足于肤浅，而不能深入其"肚腹"，进入其"心脏"，贯通其"血脉"，穿越其"灵魂"，审视其"全身"？因为它需要有"不畏浮云遮望眼，只缘身在最高层"的眼界与气度，需要有"千淘万漉虽辛苦，吹尽黄沙始到金"的坚持与自信，还要有"漫卷帘衣延草色，欲回春气入书丛"的求实与察变，而这些往往是我们较为缺乏的。

# 任何"言说"都无法表达

## ——《云南冬天的树林》误读举隅

于坚散文《云南冬天的树林》是苏教版选修教材《现代散文选读》第四个专题"文字绘出的图画"中的一篇教读课文。在这篇文章中，作家描述了自己对自然的纯真的注视与倾听，表达了他对人与自然、语言与自然的关系的独特理解。但是由于作家较为独特的言语表述，一些语句的意思较为抽象，学生对文本具体、准确、深入地理解有不少困难。实际教学中，有的教师对文本的意义解读也存在着严重的偏差，削足适履、胶柱鼓瑟的现象还较为普遍，对文本解读的精准性明显不够。概括起来，主要在这样一些方面有明显的"误读"。

（1）于坚的诗《便条385》。

一匹马跑过草原
被诗人捉住
关进形容词的马厩里
骏马
死掉的马

有的教师喜欢用于坚的这首诗作为本文解读的引子，从环节安排看是完全可以的。但问题是，被用来作为铺垫式引入的文本要具备一些条件才能发挥应有的作用：一是被引入的文本虽不一定要求文本体式与所要阅读的文本一致，但其所表达的主题与所要解读的文本应该是一致的，也就是说两者之间虽不能"同质同构"，但也起码是"同质异构"，而不能是"异质异构"；二是被引入的文本在阅读理解的难度上应明显小于需阅读的文本，因为引入新文本的目的是为了激发学生的阅读兴趣，帮助学生理解文本内容。

这首诗所要表达的是于坚对"物与词、世界本真和文学的关系"的一种认识，在他看来，事物的本真往往被我们用一些词汇所掩盖了，所以他对文学家用文学的语言来描述自然事物的做法采取的是否定的态度。这种态度在文本的前半部分是很明显的，比如他重点描写了"落叶"，"死亡并不存在，生命并不存在，存在的只是一片叶子，或者由'叶子'这个词所指示的那一事物"，"它是另一个时间中的另一种事物"，"在那些文字里，一片叶子只是一个名词和些许形容词的集合体，没有动词"，"一切细节都被抹去，只被概括为两个字'落叶'"等语句都表达了这样的意思。但在文本的后半部分，他却用大量的笔墨来写他所观察到的自然景象，描写的是一种真正的自然，一种人与自然之间"物我同一"的美妙状态，而对"世界本真和文学的关系"甚至"语言与自然的关系"并没有多少直接涉及的文字，更何况，作家自己也同样运用了"文学的手法"来写他所看到的自然景象（他同样在用大量的语词来描写一切）。正因为教师对文本解读的不全面，所以才出现了这种貌似"同质异构"其实是"异质异构"的小诗"窜入"的现象。

另一方面，由于学生对作家的创作思想以及审美趣味并不了解，而诗歌的表达方式又比较独特，再加上所表达的内容又非常抽象，所以在理解的难度上要明显地大于所要阅读的作品。

（2）云南冬天的树林的"特征"。

对此，有教师这样解说：

云南树林的更替更接近于自然，树叶的生死有种大化的味道，悄然、平静。不像北方的树，每到秋天，它们像是抗拒恶劣的气候或是向上天申诉似的，一起从树冠上飞下，来向大自然展示它们抗争的力量与决心。那种死亡是让人惊悚的，经过这场搏斗之后，大地便归于沉寂，荒寒。而云南树林里的死亡更接近日常生活的状态，平和的状态。

我们有什么根据说"云南树林的更替"要比北方的"更接近于自然"？难道北方的树林都是因"不自然"的"人为"原因才发生"死亡"的吗？这显然有违自然常识。北方"树叶的生死"就没有一种"大化的味道"，就不是"悄然"而"平静"的？这也明显与现状不符。说"北方的树，每到秋天，它们像是抗拒恶劣的气候或是向上天申诉似的，一起从树冠上飞下，来向大自然展示它们抗争的力量与决心"，这也只是人们的一种印象或者一种感觉，甚至是一种隐喻，而不是它的本真状态。如果说北方的树的死亡是让人"惊悚的"，那难道就只有云南的树的死亡才值得"欢欣与赞美"？同样是树，同样是树叶的飘落，同样是树的自然习性，同样是新陈代谢，同样是腐烂成泥，同样是为了树的更好生长，为何要分出彼此，辨出优劣？

如果说有区别，那么造成这种区别的根本原因就在于地域，在于气候条件的不同。严格地讲，云南是没有"冬天"的，其实在我国南方的大部分地区，四季都是不明显的。借用"冬天"这个词，只不过说明了华夏文明的主要发源地——黄河流域文化的巨大影响而已。作家自己也说："云南的冬天没有通常诗歌所惯写的某些冬天意象"，"在云南，'冬天'这个词和正在眼前的具体事物无关"。所以，在云南的树林里，"树叶永远，每一个月份都在死去"，当然，它们也在"每一个季节都活着"，"连绵不断的死亡和连绵不断的生命在云南的每一个季节共存，死去的像存在的一样灿烂而令人印象深刻"。这就是云南冬天的树林的"显著特征"。

柳宗元有一首题为《柳州榕叶落尽偶题》的诗："宦情羁思共凄凄，春半如秋意转迷。山城过雨百花尽，榕叶满庭莺乱啼。"我曾问学生两个问题："时光正值'春半'为何会'榕叶满庭'？既是'榕叶满庭'那就是一片衰败现象，可却又为何出现'莺乱啼'的景象呢？"结果，几乎所有的学生都从作者的主观情感上去找原因，而没有从地处我国南方的广西柳州这一有别于北方的地区去作客观分析，其因就在于学生生活在四季分明的"北方"，缺乏在"南方"的生活经验。其实，柳宗元在诗中运用的是虚实结合的手法，既是对自然现象的客观描写，又是触景生情后的独特的心理感触。

（3）文章的写景特点。

不少教师在引导学生研习文本时，对文章的写作特点作了如下的解释：

于坚在用语言表达自己的观察的时候，总是尽量避免传统人文精神的干扰，避免使用过于花哨的带主观色彩过多的形容词和修辞手法，而尽可能采用最简单直接的描述——白描来呈现自然的直观状态，用富有质感的语汇让人身临其境。写的是实实在在的景致。

说作家"尽量避免传统人文精神的干扰"基本是符合作品实际的，但要有所限制。这里的"传统人文精神"指的是所谓"北方的心境"，也就是作家没有用"北方"的思维方式，"北方"的情感态度，"北方"的语言习惯来看待"云南冬天的树林"，这不能不说是一种写作上的突破。正是他的这种写作追求，使我们了解了自然状态的丰富多彩，形态多样，而不能说他就完全撇开了所有"传统人文精神"。比如他这样来命名云南的冬天："在这里，冬天这个时间概念所暗示的只是一种教科书上的文化，一个云南口音的罗曼蒂克小诗人幻觉中的小矮人和白雪公主；一个来自外省的漫游者所讲述的关于暴风雪和蓝胡子的传奇故事。"同样，他这样写自己在树林中观察"光"的变化后的欣喜心情："把一群最坚硬的岩石称为羊群，把一棵孤立的马尾松叫作堂吉诃德先生，这不足为怪，这不是浪漫者的小名堂、小幻觉，因为是被光的变化欺骗了，这是令人愉快的错觉。有时候，光会沿着一棵长满苔毛的老树的脊背溜下，像一只金色绒毛的松鼠。而真正的松鼠却看不见，它们隐身于大群的黑暗中，混迹于一堆看上去像老虎的东西中。""罗曼蒂克小诗人""小矮人和白雪公主""蓝胡子""堂吉诃德先生"等这些极度文学化的人物都出现在文本中，我们能说这不是"传统人文精神"的具体体现？

至于说作家在文中"避免使用过于花哨的带主观色彩过多的形容词和修辞手法"却明显与文本的写作实际不符。这种认识可能源于教材编者在本专题的"品读与探讨"部分中的说法："《云南冬天的树林》力求客观地描绘事物的真实状态，避免主观的想象与夸张。"从文学作品的创作来看，没有哪一种作品是能完全"避免主观"的，即使在语言形式上做到了，但在字里行间也会流露出作家的主观思想感情，正如清人王夫之所言："情景名为二，实不可离"，"情景合一，自得妙语。撑开说景者，必无景也"。(《姜斋诗话》) 王国维也说："昔人论诗词，有景语、情语之别。不知一切景语皆情语也。"（《人间词话》）明朝"后七子"之一的谢榛对"景"与"情"的不同作用说得很明确："情融于内而深且长，景耀乎外而远且大。"（《四溟诗话》）对这些耳熟能详的"常识性话语"，于坚怎么会彻底摒弃呢？事实上他也做不到，他也根本没有这样做。如上文所述，他不是在文中把岩石叫作"羊群"，把马尾松叫作"堂吉诃德先生"，把那会"沿着一棵长满苔毛的老树的脊背溜下"的光比喻成"一只金色绒毛的松鼠"吗？这些既带有修辞手法又有表意丰富的动词、形容词的语汇不是"主观色彩"又是什么？

我们再来看作家对"叶子"的一些描写语句："一片叶子的落下就是一次辉煌的事件。""这片树叶，忽然就从那绿色的大陆上腾飞而来，像一只金蝶。""它并没有向花朵炫耀自身，进而索取花粉的愿望。""在进入大地之前，它有一阵绵延，那不是来自某种心情、某种伤心或依恋，而是它对自身的把握。""一片叶子的死亡令人感动。""一片叶子的落下包含多少美丽的细节啊！"想象和夸张随手拈来，形容词使用恰到好处，拟人、比喻的修辞手法运用自如，自我情绪也表露无遗。所有这些，不都洋溢着浓浓的"主观色彩"吗？

（4）"一切细节都被抹去，只被概括为两个字'落叶'。"

许多教师都会让学生对这句话进行研讨，但"答案"不外乎这样：

我们平时抹去了所有的细节，只用空洞的"落叶"这个词代替。因为"文化"的缘故，"传统"的缘故，"人之常情"的缘故，我们提起落叶时总是会想到很多，我们可能会伤感，会寂寞，会孤独，会悲观，但是对于落叶本身，其实我们知道得实在很少，我们所有文化和审美的习惯，既是一种人文精神的获得和知识的贮藏积累，但同时也是一种阻隔和遮蔽，因为它们，我们忽略了真实的状态和言说以外的风景。

"我们平时抹去了所有的细节，只用空洞的'落叶'这个词代替"这一说法符合写作实际吗？于坚说："一切细节都被抹去，只被概括为两个字'落叶'。"果真如此吗？古今中外不知有多少诗人、散文家、小说家对各种各样的"树叶"进行了生动、形象、丰富而不乏细致的描写，而那些美妙言词所描写的景象难道就不是"真实的状态"？于坚在文中甚至夸张地说"没有人知道这些树叶是何时掉下来的，世界上有无数关于树和森林的书，但没有一本描述过一片叶子的落下。"如此断语，符合事实吗？且不说生活在山中的樵夫（林木工人），即如一个真正的旅行家他也会用他的眼睛去观察，用他的笔去记录下他所观察到的一切。（于坚本人不也是这样做的吗？）抛开文学家不谈，难道植物学家对树叶落下的解释就不是一种文字"描述"？在这里，我们的教师完全被作家"忽悠"了，在解读文本时，既没有质疑的眼光，也没有质疑的见识。

我们对"落叶""知道得实在很少"，对"叶子"的认识形成了"阻隔和遮蔽"的主要原因是缺乏生活体验，缺少必要的知识积累与储备，而不仅仅是受"文化和审美的习惯"的影响。

那我们怎样来理解"一切细节都被抹去，只被概括为两个字'落叶'"这句话呢？是不是像教参中所说的那样，于坚对人们匆匆忙忙中忽略的自然界的细节比较关注？如果是那样的话，他只要细腻地描写"这是一片怎样的叶子"就可以了。但他却用叙议结合的手法这样说道："实际上，死亡并不存在，生命并不存在，存在的只是一片叶子，或是由'叶子'这个词所指示的那一事物，它脱离了树和天空的时间，进入了另一种时间。在那儿具有叶子这种外形的事物并不呈现为绿色，并不需要水分、阳光和鸟群。它是另一个时间中的另一种事物。"为什么作者并不愿意轻易地将这种事物称为"叶子"？原因很简单，于坚在这里所表现出的并不仅仅是对描写的兴趣，而更是对"叶子"这个现成语词的排斥，他隐含这样一层意思：由于受现成的语言束缚，我们对世界、自然的认识与理解都带有固定的心理认同，这是作家的审美趣味、由此形成的思维习惯以及对事物的认识方式较为独特的结果。这种思维方式并不新鲜，我国古代哲人就有"白马非马"的哲学命题。

（5）"在树上的并不暗示某种攀登、仰视的冲动；在树下的并没有被抛弃的寂寞。躺下。"

对此，有的教师预设了这样的"答案"：

我们不应流于所谓"绿"就象征着向上，而"落叶"则必定是凋零的俗套，应以审美的姿态去接近事物本身。

去掉人的自高自大，亲近自然，尊重自然作为客体的自在性，在自然面前，人作为主体必须放弃自己优裕的地位，更不要想当然地去表达什么意义。真正地走进自然，就必须澄怀虑思，卸去我们对自然的种种预设的想法，沉入自然中去，让自然去呈示自己的状态。

引导学生对事物（比如"绿""落叶"等）的认识要"不落俗套"，不囿于陈说，这是正确的。问题是对具体的事物或事物的性质而言，我们却不能一概而论。诚然，我们可以对一些传统文化背景下的词汇及其所具有的意义进行个性化、多元化解读，甚至可以为标新立异而"反弹琵琶"。但每一个词语都有其基本的意义，如果离开了它的基本意义，我们在解读文本时就会"否定一切"，进而闹出笑话。也就是说，个性化、多元化解读是一种思维过程的展现，其思维的结果是对原有"概念"意义的补充、纠正、完善、衍生，而非完全的"覆盖"与"取代"。"以审美的姿态去接近事物本身"绝不是搞"历史虚无主义"，也不是去"怀疑一切"，再说，人们赋予"绿""落叶"等景象与事物以人文精神的意义，难道就不是一种"审美的姿态"？

"躺下"，是观察的一种姿势，而并不一定代表某种"态度"，要想从这一词语中寻找什么"哲理"是很困难的。一般情况下，采取怎样的姿势来观察事物，与特定的空间位置有关，比如在飞行于高空的飞机上观察茫茫云海，可采取平视，但更多的情况是俯视，而要看脚下的大好河山，就只能俯视；对于一棵高大的树木，我们可以仰视其婆娑的树顶，可以平视其苍劲的树干，也可以俯视其裸露的树根。是否"自高自大"，能否"亲近自然""尊重自然作为客体的自在性"，与观察的姿势毫无关系。对这样一个只表示一种观察姿势的词语作如此解读，属于典型的"过度理解"，作品本身并没有这样的意思。至于"走进自然，就必须澄怀虑思，卸去我们对自然的种种预设的想法，沉入自然中去，让自然去呈示自己的状态"，那需要的是排除一切思想杂念，卸除一切心灵包袱，去"宁静、自在"地"沉思或倾听"，而不是只要一"躺下"，就可以做到的。

（6）"但它在着，不需要言说。它在那儿，云南12月份的天空下。"

这是文章最后一段中的文字，有教师这样解析：

这一小节写了树叶的两种姿态：作者要强调的是自然的自在状态。"不需要言说"，是指当人放低姿态与自然同一的时候，自然就会向你敞开，也因为这敞开，我们才看到了真正的自然，一个物我同一的世界，神与物游，那是一个澄明之境。

认为最后一小节写的是"树叶的两种姿态"，与教参上的说法如出一辙，属于典型的断章取义。原文是这样写的：

但它在着，不需要言说。它在那儿，云南12月份的天空下。那时，世界的思想里充满了寒冷和雪。而它在那儿，在世界的念头之外，在明朗的高处，结实、茂盛，充满汁液。在那儿，阴暗的低处，干燥、单薄、灿烂而易碎。在那儿，云南的冬天，那山冈上的树林上。

这段文字中有三个物称代词"它"，前两个"它"承上文"那一片耸起在黑夜中的黑暗的东西"指的都是"树林"，第三个"它"所说的才是两种"树叶"，一在"明朗的高处"，一在"阴暗的低处"。最后一句"在那儿"的是在"山冈上的树林上"的"云南的冬天"，换句话说就是，"云南的冬天在那山冈上的树林上"，而没有"寒冷和雪"。教者对文本的解读粗疏至此，恐怕就不仅仅是解读的能力问题了。

教师解读时还往往会忽略一点，就是关于"在"与"在着"的区别。其实作家并没有有意区别这两者，这从"但它在着，不需要言说""它在那儿"不难看出。"在"在此处作为动词，是指"树林"及"树叶"处于某个地点或位置，并无深究的必要；"在着"则是指"树林"的一种状态，一种景象，一种姿势。

在所谓"冬天"的云南，在云南的树林里，一切事物仍然以它们的本真状态呈现着，当我们潜心凝视和忘我倾听时，我们才能认识到真正的自然、完全的自然、丰富的自然。而这一切是任何"言说"所无法表达的，也是任何"言说"都会显得苍白、空泛、单调甚至浅薄的。如果"言说"了，那就有可能对我们完整认识自然形成某种"阻隔和遮蔽"，因为我们的"言说"所用的还是传统的语词，所以最好的办法是"无以言说"也"不需要言说"，用作家的话说就是我们没有对自然的"命名权"。教者认为"不需要言说"，是指"当人放低姿态与自然同一的时候，自然就会向你敞开"完全是胡乱联系，"不需要言说"怎么会成了"放低姿态与自然同一"？这完全误会了作者的意思，至于说什么"因为这敞开，我们才看到了真正的自然，一个物我同一的世界，神与物游，那是一个澄明之境"完全是教师（包括教参编者）强加给文本的，对文本没有真正读懂、读深、读透、读活。

由此可见，一些教师的文本解读能力亟须提高，一定要解决"教什么""会教什么""能教什么"的问题，如果连文本"写了什么"还没有弄清楚，又怎么能引导学生去研究文本"怎么写""为什么这样写""写得怎么样""还能怎么写"呢？当然，退一步说，"弄不清楚"还比故作高深式的"糊弄"好一些，不然就会出现"你不说我还明白，你越说我越糊涂"的状况，真如西谚所言"我眼本明，因师而瞎"了。而"流毒"传播，贻误众生！

# 不应该那么改动

## ——《肖邦故园》课文与译文的比较分析

　　《肖邦故园》的译者韩逸对《肖邦故园》原文这样评价："介绍了伟大的作曲家肖邦故居的历史和现状，由远及近，由景及人"，语言简洁、自然而酣畅。特别是文中对平原风貌的描写，"表面上看并不引人注目"，"却闪现出了出人意料的灿烂光彩"，"对肖邦故居景色的描绘生动自如，不加雕饰，使人感到平凡而又亲切，既像一支恬静优美的抒情乐曲，又像一幅清新秀丽的田园山水画。文中追述肖邦的生平，笔端包含感情，把肖邦对乡土的眷念表现得缠绵缱绻，凄恻感人，字里行间流露出了作者对伟大音乐家的深沉的爱"。（《世界文学》，1986 年第 4 期）但该文被选入苏教版中学语文教材后，却被编者作了很大的改动，原译文有 6000 多字，但课文只有 4100 多字，被"瘦身"近 1/3。如此"大刀阔斧"地改动，不仅使译者所赞扬的艺术表现力受到了不可避免的破坏，而且给师生的学习带来了很多的困惑与疑难。

　　借用鲁迅先生的"凡是已有定评的大作家，他的作品，全部就说明着'应该怎样写'。……在学习者一方面，是必须知道了'不应该那么写'，这才会明白原来'应该这么写'的"（《且介亭杂文二集》）的话来说，我们也必须是知道"不应该那么改动"，才会明白原来"应该这么写"的。仔细对照译文，课文对译文的改动大小有 20 多处，小到某个标点符号，大到连续的段落，所涉及的有历史事件、历史人物，有译者所称道的大段的景物描写，也有作者的多处引用，还有作者自我情感抒发的片段等。限于篇幅，本文拟选择其中的部分从三个方面作简略的比较分析。

## 一、对词语的改动

（1）课文：

它不仅仅成了波兰人朝拜的圣地，举行精神宴会的殿堂，参观游览的古迹，而且为数众多的外国音乐家、钢琴家、作曲家都把造访这个伟大艺术家的摇篮、这个喷射出了肖邦伟大音乐的不竭源泉，看成是自己一生的夙愿。

译文：

它成了不仅仅是波兰人朝拜的圣地，举行精神宴会的殿堂，参观游览的古迹，而且就像第一个提出要整修这幢小屋，在此建立一座永久性纪念碑的那位外国钢琴家那样，时至今日为数众多的外国音乐家、钢琴家、作曲家都把造访这个伟大艺术家的摇篮、这个喷射出了肖邦伟大音乐的不竭源泉，看成是自己一生的夙愿。（黑体字为原译文，下同。）

"它不仅仅成了"与"成了不仅仅是"相较，看上去读起来顺畅一点，但所强调的侧重点不同，前者重在"不仅仅"，而后者则重在"成了"。从原文看，"成了"放在前面是有考虑的，一方面是为"在伶仃孤苦之中一跃而成了波兰人民所能享有的最珍贵的古迹之一"的小屋的命运感到庆幸，一方面也是为写这一"变迁"的由来（原句被删了），表达了为其在今天获得世界性荣耀而感到骄傲与自豪之情。

（2）课文：

热那佐瓦沃拉。一百多年以前，弗雷德里克·肖邦的摇篮就放在这儿的一间小房间里。

译文：

热那佐瓦沃拉。**一百几十年前，**弗雷德里克·肖邦的摇篮就放在这儿的一间小房间里。

虽然同为模糊性表述，但"一百多年以前"显然没有"一百几十年前"具体、准确。肖邦出生于 1810 年，本文写于 1965 年，距离肖邦出生时间为 155 年，原文最后有写作日期，但被编者删去了，掩盖了这一时间表述上的问题。

（3）课文：

肖邦是在这儿出生的。在热那佐瓦沃拉只不过是度过了出生后几个月的时光，后来他的双亲便迁居华沙了。但肖邦对这出生之地怀有无限的眷恋之情，经常跟他心爱的妹妹卢德维卡一起探望故里。

译文：

**然而，**肖邦却是在这儿出生的。**自然，任何一个书呆子都会说，**虽然肖邦在热那佐瓦沃拉只不过是度过了出生后几个月的时光，后来他的双亲便迁居华沙了。**须知**肖邦对这出生之地怀有无限的眷恋之情，经常跟他心爱的妹妹卢德维卡一起探望故里。

用"然而……却……"表示语意的转折，突出了这片土地对肖邦艺术生命的重大影响。无疑，改后的句子失去了这样的意思。加上删去了译文中对"这片土地的景色"的大段描写文字，也使"这儿"的独特价值没有了着落。"须知"好似对"任何一个书呆子"的友情提醒，但也更加肯定地说明了肖邦对这片土地的一往情深。至于译文中所提到的"卢德维卡"（又译为"路德维卡"）不是肖邦的"妹妹"而是姐姐，其出生于 1807 年，比肖邦大三岁。肖邦的两个妹妹分别是伊莎贝拉（生于 1811 年）、艾米莉亚（生于 1813年）。（加沃蒂，《肖邦传》）

（4）课文：

1848 年，当肖邦自爱丁堡给友人写信的时候，眼前兴许也浮现出了故园景色。

译文：

1848 年，当肖邦自爱丁堡给友人**格日玛瓦**写信的时候，眼前兴许也浮现出了故园景色。

可能是为了方便学生阅读，原文中所提到的大量人物都被删去了。此处也是如此，但学生可能会产生新的疑问：这位友人是谁？为什么要提到他呢？用笼统的"友人"来指称，会使所要表达的内容不确定。其实这是肖邦在自己生命的末日时写的一封信，收信者为波兰诗人、政治家格日玛瓦（1790—1871），他从年少时就一直是肖邦的好朋友，对肖邦的生活、思想甚至艺术创作都有很大的影响。

（5）课文：

倘若你在这样一个隆冬季节，站在小屋的前边，望着被积雪压弯了的光秃秃的树枝、黑洞洞的窗口，你就会感到你是和肖邦在一起。

译文：

倘若你在这样一个隆冬季节，站在小屋的前边，望着被积雪压弯了的**屋顶**、光秃秃的树枝、黑洞洞的窗口，你就会感到，你是和肖邦在一起。

那曾经如诞生了耶稣的"马厩"似的"小屋"，是肖邦降生之所，是肖邦艺术生命的不竭源泉，也是"充满了惊心动魄的事变和无法解释的衰落"之所，是现在人们朝觐和凭吊的圣地，更是作者所着力描画的重点，所以"屋顶"一词是无论如何不能删的；生活经验告诉我们，既然是"光秃秃的树枝"，上面也就没有叶子，积雪是无法"压弯"它的，删改使原文的表述有了矛盾。

"你就会感到"后面原有逗号，表示语句的停顿、语气的舒缓，这一句子的结构性中断，更加突出了后面要说的"你是和肖邦在一起"这一句话，使所表达的意思更加明确。

## 二、对句子的改动

（1）课文：

弗雷德雷克·肖邦的摇篮就放在这儿的一间小室里。它曾经是个相当热闹的处所，斯卡尔贝克家族在这儿修建了一座宫殿式的府第。院子里和花园里想必到处是人……这儿原先也该有……还有干草垛。

译文：

弗雷德雷克·肖邦的摇篮就放在这儿的一间小室里。**我们简直不能想象这地方当年的模样**，它曾经是个相当热闹的处所，斯卡尔贝克家族在这儿修建了一座宫殿式的府第。……还有干草垛。

"我们简直不能想象这地方当年的模样"强调的是作者的主观感受，紧接着对处所情景的描写是作者据此的推断与想象，而非一种写实，去掉之后，后面的"想必"与"也该"就没有了着落，使得语言前后表述的相关性不紧密，缺少了必要的照应，内容上显得突兀而不自然。

（2）课文：

德居斯太因侯爵对肖邦说过……

译文：

**在参加周末音乐会的时候，尽管我们身边是形形色色的听众，我们也能**

重复一遍德居斯太因侯爵对肖邦说过的话……

删去的这句话交代了引用德居斯太因侯爵话语的背景，它虽然是德居斯太因侯爵听肖邦演奏的感受，但却说出了包括读者在内的所有听众的感受，非常自然地引出后面的话题：肖邦是在用他的音乐同各种各样的听众促膝谈心，而不仅仅是在同德居斯太因侯爵促膝谈心。

（3）课文：

然而，这里最美的是冬天。……如今既没有马，没有雪橇，也没有狐裘，更没有裹着狐裘的美女。没有母亲，没有姐妹——只有无边的静寂。

译文：

然而，这里最美的是冬天。……如今既没有马，没有雪橇，也没有狐裘，更没有裹着狐裘的美女。**既没有玛丽亚·沃金斯卡，也没有德尔芬娜·波托茨卡，亦不见那第一位情人——康斯丹齐亚·格瓦德科夫斯卡。**没有母亲，没有姐妹——只有无边的静寂。

被删去的三句话是对"裹着狐裘的美女"的具体交代，而她们非凡的身世、幢幢的身影、美丽的姿容、婀娜的舞姿、美妙的歌喉都与现在的"静寂"形成了鲜明的对比。这几个"美女"都曾经对肖邦的生活与艺术产生过重大影响：玛丽亚·沃金斯卡（又译作玛丽亚·沃德辛斯卡）（1819—1897），是波兰女钢琴家，肖邦曾在1836年向她求婚；德尔芬娜·波托茨卡（又译作黛菲娜·波托茨卡）（1805—1877），是肖邦的女友，以美貌闻名，有艺术才华；康斯丹齐亚·格瓦德科夫斯卡（又译作康斯坦斯·格拉德科夫斯卡）（1810—1889），是女歌唱家，肖邦的第一个恋人，1830年10月2日在肖邦于华沙举行的告别音乐会上唱过歌。肖邦的许多作品的创作灵感，就来自她们几个。所以，这三位美女是不能从肖邦的生活中被"删去"的。

（4）课文：

这幢清寒的小屋，远离通衢大道，茕茕孑立于田野之间，隐蔽在花园的密林深处，恰恰是在这贵族府第简陋的侧屋里诞生出世界上最伟大的音乐天才之一——肖邦，这个欧洲文化伟人中的一个，他的作品不仅为欧洲的音乐增辉，而且使整个欧洲文化放出异彩。

译文：

这幢清寒的小屋，远离通衢大道，茕茕孑立于田野之间，隐蔽在花园的密林深处，**这正好应了一句箴言：神飞荒野，乐在自由。否则如何理解：**恰恰是在这贵族府第简陋的侧屋里诞生出世界上最伟大的音乐天才之一呢？**——肖邦正是那些造就了今天称之为欧洲文化的伟人中的一个，**他的作品不仅为欧洲的音乐增辉，而且使整个欧洲文化放出异彩。

原文引用了一句箴言，目的在引出自然景象与生活在其中人物的关系，删去以后，两者之间缺乏必然联系。而后文的很大篇幅说的都是这种联系。"肖邦正是那些造就了今天称之为欧洲文化的伟人中的一个"显然要比"这个欧洲文化伟人中的一个"表述更为准确，因为其不但交代了"文化""伟人"这些概念的来历，说的是人们今天的认识，与以往包括对肖邦在内的认识形成对比，而且对肖邦在欧洲文化史上的独特地位与价值也作了充分肯定；而后者则是一个简单判断，说的只是某种事实而已。

（5）课文：

秋天又别有一番风味。……那么多的乐曲。
于是，我们开始理解那个客死远方巴黎的人的深沉的郁闷：久别经年，他只能依稀记得"国内唱的歌"。

译文：

秋天又别有一番风味。……那么多的乐曲。**我们望着树上光秃秃的枝**

柯，悄声哼起了一支歌曲：

树儿自由地生长

叶儿轻轻地飘落……

于是，我们开始理解……"国内唱的歌"。

译文中有许多写参天大树的文字都被删去了，但原文中所着重描写的景色之一正是那些大树。这几句被删也是如此，因为此段主要写的是树及其落叶，"我们"观察的正是这一自然景象，哼起歌曲也是一种自然的反应，这是"我们"对肖邦音乐的体会，也是"我们"对肖邦思想情感和艺术生命的感悟，可谓触景生情，与后面的"于是"和"理解"衔接得更紧。

## 三、对段落的改动

（1）课文：

过去生活的痕迹已荡然无存。19世纪，这儿是个被人遗忘了的角落。

译文：

过去生活的痕迹已荡然无存。**正如我说过的那样，如今甚至难以想象昔日那种繁荣的景况。热那佐瓦沃拉经历过暴风雨式的变迁，它的历史，一如整个波兰的历史，充满了惊心动魄的事变和无法解释的衰落。**19世纪，这儿是个被人遗忘了的角落。

与上文紧密呼应，仍然沿着"不能想象"来说。同时，把热那佐瓦沃拉的变迁历史与波兰的历史巧妙地连接了起来，为下文写热那佐瓦沃拉的"事变"与"衰落"张本，也为写肖邦与波兰的关系埋下伏笔。而没有关于"事变"与"衰落"的叙述，热那佐瓦沃拉就不会成为"被人遗忘了的角落"，就不能使后文的介绍成为自然。

（2）课文：

要更好理解肖邦音乐同波兰风光的联系，……事情并不那么简单。诚然……并且给予应有的评价。一年四季都得细心观察这些色彩。

译文：

要更好理解肖邦音乐同波兰风光的联系，……事情并不那么简单。我以为，我们对马佐夫舍风景的价值估计过低了。诚然……并且给予应有的评价。我不知道，这儿的风光是否能使一个外国人赏心悦目。两次世界大战之间的一位波兰作家尤利乌什·卡登·班德罗夫斯基曾经思考过这件事，他说：

"不知这儿的景观是否算是和谐，一条小路犹犹豫豫蜿蜒伸展，时隐时现，若有若无，终于披着一身沙土消失在牧场边缘。不知这儿的布局是否合理，那边一片森林，这边一排麦草盖顶的茅舍，逶迤延向山丘。当你登上山头，你会看见溪谷里有一条弯弯曲曲、流水潺潺的小河正慢悠悠地流淌，尽管未受什么阻挡，也无须绕什么大弯。而在它身后则是梦一般的平原——那延绵不断的灌木林就像萦绕地面的青烟，使这片平原显得格外迷茫。

"啊，这样的景色！单调、模糊、无棱无角。此外，便是细雨纷纷，烟笼雾罩。"

这是秋天的景色。但是，一年之中还有其他季节。每个季节都有自己的魅力和色彩。

一年四季都得细心观察这些色彩。

对朴素的环境与肖邦艺术创作的关系，作者有自己的认识："我以为，我们对马佐夫舍风景的价值估计过低了。"这使后面的"诚然"一段话不至显得突兀。被删去的几段话，正是作者用来佐证自己说法的可信程度。而尤利乌什·卡登·班德罗夫斯基又正是"看到这些形、声和色彩的微妙差别，并且给予应有的评价"的人。特别是"每个季节都有自己的魅力和色彩"这一句很重要，因为它开启了下文，使写"一年四季都得细心观察这些色彩"

显得理所当然，没有了这一句，后面所写的内容就衔接不上了。

（3）课文：

这片土地的景色正是肖邦音乐最理想的序曲……共同色调。肖邦是在这儿出生的。

译文：

这片土地的景色正是肖邦音乐最理想的序曲……共同色调。**从画面讲，这儿的景色并不引人注目。这是个大平原，一马平川。这儿既没有悬崖峭壁，也没有狭谷峻岭。坦荡的平原一眼望不到边，开阔而单调。无论是布祖拉河，还是肖邦家门口的乌塔拉斯河都在这里拐弯，穿过平坦的牧场流去。抬眼一望，便会看到一棵棵孤零零的参天老树，傲然屹立，也会看到许多低矮的灌木丛，还会看到绿树掩映下的古旧房舍，它老态龙钟，却说明了昔日文化水准。耕种的土地一直延伸到地平线的远方，黑麦地、燕麦地阡陌纵横，开花的荞麦一片洁白，甜菜的茎叶绿宝石似的晶莹。**

**亚当·密茨凯维支歌唱过这片土地，他那支传神妙笔描写过"如画的田野"，描写过阡陌上"静静的梨树成行"。可是，密茨凯维支并不了解波兰内地，他从未到过日思夜梦的马佐夫舍地区，他的双脚从未踏上过这片原野。维斯瓦河畔的华沙，就是点缀在这广袤的原野上的一朵绚丽的鲜花。然而，**肖邦却是在这儿出生的。

这段被删去的文字，描画的是"这片土地的景色"，是承接上文说其风光朴素而来的，很好地说明了其"正是肖邦音乐最理想的序曲"的情景。其中所描写的"平原""牧场""参天老树"与"灌木丛"等都与上文所提到的皮埃尔·卢梭在其风景画名作《枫丹白露之夕》中所描画的景象惊人地相似（可惜也被删掉了），表现出了这丛林之下与平原之上流转着的无声无形的生气，非常巧妙地呼应了前文。用"然而""却"正说明了这"如画的田野"对肖邦艺术生涯的重要意义。所提及的亚当·密茨凯维支，是为后面写肖邦的作品与他的一样都是民族的精神支柱服务的，并与肖邦创作与儿时之国紧密的渊源关系形成对比，突出了其对肖邦创作的意义。

（4）课文：

人们有时会……便能重新获得对波兰文化的信心，相信它已渗透进了民族的最深层。到了肖邦之家……

译文：

人们有时会……便能重新获得对波兰文化的信心，相信它已渗透进了民族的最深层。**能这样欣赏肖邦音乐的人，便善于从许多表面现象、日常琐事、小小的烦恼以及讨厌的劳碌奔波里发掘出生活中最深刻的美和最有价值的东西。**到了肖邦之家……

很明显，如果没有被删去的这段话，"能重新获得对波兰文化的信心，相信它已渗透进了民族的最深层"的说法就显得有点空泛。这是从音乐与人的具体关系、对人们生活的某种影响来说的：使人在平庸的物质生活中受到思想的熏陶、精神的感染、美的力量的激发。这与下文赞扬肖邦的音乐成为"民族的最坚韧的纽带""民族精神的支柱""不可估量的威力"衔接得非常自然。

（5）课文：

我们带着惊讶和柔情……音乐般配。春天，……

译文：

我们带着惊讶和柔情……音乐般配。
**我们跟许多人一起来到这里，凭吊伟大艺术家的故居。我们怯生生地站在门口，对这璞玉浑金的处所发出声声赞叹。**
**人们怀着虔诚的心意朝觐圣地，**
**普普通通的屋宇，质朴无奇。**

只因在这儿降生的是你……

须知当年也曾有三个博士

凭星指路，匆匆赶到一间平凡的马厩里。

……

这是诗人的说法，而我们却在揣度，这房舍，这花园在一年中的什么时节最美？是秋天，是夏日，还是春季？

春天，……

被删去的文字有三点值得注意：一是与上文相连，始终围绕"我们……凭吊伟大艺术家的故居"的所见所闻所感而写，而这正是散文的特点之一，同时使得行文上下贯通，联系紧密。二是引用的诗歌中出现的"马厩"这一具有特殊含义的概念，据《圣经·新约全书·马太福音》记载，耶稣诞生在犹太伯利恒的一个马厩里，有三个博士因在东方看见他的星，而特来拜他。这其实隐喻了伟大的肖邦如耶稣一样出身之平凡，但又是同样之伟大，也隐喻现在人们怀着无比崇敬的心情对肖邦的拜访，这是对他的极高评价。三是两个问句，巧妙地过渡到下文写小屋的一年四季，使得结构严谨缜密，行文自然流畅，没有突兀之感。

当然，对篇幅较长的文章进行改动有时是很有必要的，但这种改动应该以不影响原文的意思表达、不影响原文的艺术表现、不影响师生对文章的阅读理解为前提，否则就是不尊重原作（包括译文）、不尊重作者（包括译者），也是不尊重读者。笔者无意于吹毛求疵、求全责备，但正如茨威格所说："对比对我来说永远是一种具有启发性的、具有创造力的因素，我喜欢这种方法是因为运用它时可以避免牵强附会。"（《与魔搏斗的人》）

# 我有柔情忘不了

## ——《苏州园林》原是"文艺写作"

　　叶圣陶先生曾经对"文艺写作"是怎么一回事作过这样的阐释："就经历过、体验过、想象过的生活着着实实地想，把它想清楚，想得轮廓分明，须眉毕现——想的目的是把在生活里见到的某些东西告诉人家——想的手段是语言，让语言把想清楚的东西固定下来。"(《叶圣陶散文乙集》)照叶老的意思，"文艺写作"的前提是"着着实实地想"，清楚明白地想，而所"想"的一定是作者经历过、体验过、想象过的生活；"文艺写作"的依靠是语言，依靠语言想，依靠语言固定、归类、整范、升华想清楚的东西，并依靠语言把它们呈现给读者。后者的道理不言而喻，单就前者而言，应该作为我们判断一篇文章是否为"文艺写作"的一个标准。

　　长期以来，叶圣陶先生的《苏州园林》一直被视为典型的说明文，现行各种版本的语文教科书几乎无一例外地都把它编排在"说明文单元"（或板块）里。但揆诸叶老原文，我们却不难发现他所写的是他所"经历过、体验过、想象过的生活"，这样的"生活"必然带有他个人色彩的思想感情，他是用个性化的语言来表达他的这种感情，而不是去单一、纯粹地说明苏州园林情况、阐明其建筑原理而给人以相关知识；文中虽然有对"苏州园林"这一实体事物的解说，但却不是以向读者介绍有关苏州园林知识为目的的，而另有"深意存焉"。说白了吧，这是叶老的"文艺写作"，而非真正意义上的"说明文"。

我们先来看被各种版本教材所删去的开头：

一九五六年，同济大学出版陈从周教授编撰的《苏州园林》，园林的照片多到一百九十五张，全都是艺术的精品：这可以说是建筑界和摄影界的一个创举。我函购了这本图册，工作余闲翻开来看看，老觉得新鲜有味，看一回是一回愉快的享受。过了十八年，我开始与陈从周教授相识，才知道他还擅长绘画。他赠我好多幅松竹兰菊，全是佳作，笔墨之间透出神韵。我曾经填一阕《洞仙歌》谢他，上半专就他的《苏州园林》着笔，现在抄在这儿："园林佳辑，已多年珍玩。拙政诸图寄深眷。想童时常与窗侣嬉游，踪迹遍山径楼廊汀岸。"这是说《苏州园林》使我回想到我的童年。(《叶圣陶散文乙集》)

这是典型的"文艺写作"笔法。作者用平实的语言交代了自己与图册《苏州园林》、与图册作者陈从周、与苏州园林的密切关系。文章开门见山，首先回忆了与陈从周《苏州园林》图册邂逅的故事，图册甫一问世，他就"函购"了一本，这一行动本身，又何尝不是因为内心对故乡的呼唤？接着叙述欣赏图册的心理情绪是"新鲜有味"，由画册勾起了他对童年生活的回忆，"回想"一词为全文奠定了情感基调。这种回忆是特别"愉快的享受"，也非常持久而难以忘怀，"多年珍玩"的不仅是图册本身，更是那段美好的童年生活，当然也有与陈从周的美好交往。"拙政诸图寄深眷"集中叙说了他对故乡园林的深深眷念，而与陈从周长达十八年的交往，更加使得这种情感历久弥新、醇厚浓烈。

无独有偶，时隔四年，叶老在他的另一篇与"园林"有关文章的开头进行了类似的表述，又一次集中流露了这种情感：

一九五六年，同济大学建筑系印行陈从周教授编撰的《苏州园林》。我汇去五块钱购得一册，随时翻看，非常喜爱。苏州园林多，这许多摄在相片里的园林，大部分我没到过，可是最好最著名的几个，全是我幼年时经常去玩的。拙政园，沧浪亭，怡园，留园，网师园，几乎可以说每棵树，每道廊，每座假山，每个亭子我都背得出来。看了这几个园的相片，仿佛回到了幼年，遇见了旧友，所以我喜爱。相片中照的虽是旧游之地，又好像从前没有见过这一景，于此可见照相艺术的高妙，所以我喜爱。每张相片之下题着古人的词句，读了词句再来看相片，更觉得这一景确乎是美的境界，所以我喜爱。可惜的是词句之下没有标明是谁的词句，什么调。再则相片之外还有测绘精确的各个园的平面图，各处亭台楼阁的平面图或立面图，以及窗槅、花墙之类的精细图案，这些是我国古建筑史的珍贵资料，虽是外行也懂得，所以我喜爱。还有一点，这本图册不是陈从周教授个人的著作，是他带领建筑系的同学出外实习的产物。这样的实习是最好的教学方法，最合于教育的道理，所以我喜爱。

过了十八年，我跟从周开始通信。这才知道他善于绘画。承他画了好多幅梅兰松竹赠我，我在一九七四年十二月间回敬他一阕《洞仙歌》，现在抄在这儿。

园林佳辑，已多年珍玩。拙政诸图寄深眷。想童时常与窗侣嬉游，踪迹遍山径楼廊汀岸。今秋通简札，投赉招琼，妙绘频贻抱惭看。古趣写朱梅，兰石清妍，更风篠幽禽为伴。盼把晤沧浪虎丘间，践雅约兼聆造形精鉴。

到现在十年了，十年间虽然晤谈好多回，同游沧浪亭和虎丘的愿望可没有实现。(《叶圣陶散文乙集》)

这一大段文字，好似《苏州园林》一文的补充，更加明确地叙说了自己与苏州园林的关系——"全是我幼年时经常去玩的"，也更加具体地叙说了自己与《苏州园林》图册的关系——"仿佛回到了幼年，遇见了旧友"，还具体介绍了与图册作者陈从周的美好交往，也更加直露地抒发了自己的情感。不仅如此，叶圣陶还曾经赠诗给陈从周，继续表达这样的情感：

古来妙手善用墨，墨着纸时化众色。古来墨竹为专门，露叶风姿落墨得。陈公贶我墨竹图，神与古会笔自殊。语我苏州近重访，写此一景亦堪娱。览图顿忆故乡胜，无问网师与拙政。廊角栏边阶砌旁，每见此景发清兴。(陈从周，《梓室余墨》)

在写于不同时间的诗文里，叶老都如此深深地眷念苏州园林，这绝不是偶然。苏州园林是他幼时生活的见证，"白发无情侵老境，青灯有味是儿时"（陆游，《秋夜读书每以二鼓尽为节》）。经历过太多人世的沧桑，最值得怀念的是无忧无虑的儿时生活，而苏州园林正是这种情感的出发点与载体。乃至他与陈从周因苏州园林而结缘，并曾相约同游，以了却思念故乡、思念故乡园林的心愿。其实，不仅叶老如此，陈从周先生也是这样，直到晚年时，他还无比深情地说："如今，我每见到这本《苏州园林》，总是别有一番滋味，'我有柔情忘不了，卅年恩怨尽苏州'。我想这样来讲，我的感情还是真实的。"（《园林清议》）

独特的情感表达需要，决定了开头部分的抒情色彩，而散文化的笔调正是对作者所"想"内容准确表达的最佳语言选择，这与所谓的"客观说明"判若云泥。惜乎教材编者硬生生地将其从原文中剥离，使叶老所表达的思想情感离开了具体的语境，也使后面的许多文字与所谓"说明文"的表述特点不相一致。

我们再来看被各种版本教材删去的结尾：

可以说的当然不止以上写的这些，病后心思体力还差，因而不再多写。我还没有看见风光画报出版社的这册《苏州园林》，既承嘱我作序，我就简略地说说我所想到感到的。我想这一册的出版是陈从周教授《苏州园林》的继续，里边必然也有好些照片可以与我的话互相印证的。（《叶圣陶散文乙集》）

叶老在此交代了写作的缘由：为风光画报出版社出版的《苏州园林》作序。按理说，既然是为一本书写序言，就应该对书的主要内容及其特点作简要介绍或评价，但由于叶老"还没有看见"这本书，所以对其内容无从"说明"与评价。但由这本画册的名称，却触发了他对故乡的思念，所以他围绕苏州园林叙述了自己"所想到感到的"的一些情况，其主观情感左右了他的表达方式：用文艺性语言描述了记忆中苏州园林的模样，介绍了自己所感到的苏州园林的情趣与特征，寄托了浓浓的思乡之情，而这都不是以介绍客观事物特征为主的"事物说明文"的写作内容。

其实不仅在开头与结尾有这种文艺性表达，其他段落中也有，请看正文的第一段：

苏州园林据说有一百多处，我到过的不过十多处。其他地方的园林我也到过一些。倘若要我说说总的印象，我觉得苏州园林是我国各地园林的标本，各地园林或多或少都受到苏州园林的影响。因此，谁如果要鉴赏我国的园林，苏州园林就不该错过。

这就非常清楚明白地告诉我们，叶老所写的是对苏州园林的个体"印象"，"我觉得"透露了文中所概括苏州园林的特点是个人的某种认识与看法，这正是文艺性表达的基本特征。这种主观性极强的表述，与说明文的客观介绍是格格不入的。

正文第二段中，叶老谈了对苏州园林整体风格的认识："似乎设计者和匠师们一致追求的是：务必使游览者无论站在哪个点上，眼前总是一幅完美的图画。""似乎"一词明确无误地告诉读者，这是一种不确定的看法，带有极强的主观判断与自我推测，它不是通过介绍历代设计者和匠师们的设计理念，通过对园林的实地考察而形成的客观而肯定的认识，这种"或然"性表述所带来的也可能"似乎不是这样"，这正是散文化语言的特点。而"说明文"所说明的事物的特征应该是"已然"或"必然"，而非"或然"。下文对其整体布局、建筑物摆布、假山和池沼的设计、栽种和修剪树木、花墙和廊子、细部特征、门和窗、图案设计和雕镂琢磨功夫、建筑物的色彩等所有方面的介绍，都是这种主观见解下的产物，都是长期留存于作者脑海中的苏州园林的样子，也都是给他留下最美好印象的。这一主观认识还有一点容易使人产生怀疑：包括苏州园林在内的中国所有的园林，又有哪一个不是充分体现出"图画美"的呢？这与说明文语言表达严密的要求是有冲突的，如此鲜明的主观认为与说明文的客观介绍是不相对称的。

这种艺术性表述同样出现在正文的第五段：

①苏州园林栽种和修剪树木也着眼在画意。②高树与低树俯仰生姿。③落叶树与常绿树相间，花时不同的多种花树相间，这就一年四季不感到寂寞。④没有修剪得像宝塔那样的松柏，没有阅兵式似的道旁树：因为依据中国画的审美观点看，这是不足取的。⑤有几个园里有古老的藤萝，盘曲嶙峋的枝干就是一幅好画。⑥开花的时候满眼的珠光宝气，使游览者感到无限的繁华和欢悦，可是没法说出来。

这段文字包括标点在内共170个字，其中，说明的句子是句①、句③④的前两个分句，有65个字；描写的句子是句②⑤⑥、句③的第三个分句，有84个字；议论的句子是句④后两个分句，有21个字。描写和议论的文字多达105个，这到底是以"描写和议论为主"还是"以说明为主"呢？

虽说以哪一种表达方式为主有时并不由字数多少而定，但我们可以通过对句子之间逻辑关系的分析，得出很明确的认识。即以说明句③而言，其说话的重点不在对"落叶树与常绿树相间，花时不同的多种花树相间"的"说明"上，而恰恰落在对"一年四季不感到寂寞"的"描写"上；同样的道理，句④的前两个分句"没有修剪得像宝塔那样的松柏，没有阅兵式似的道旁树"虽是"说明"，但其后的冒号则非常明确地交代了这样说明的目的是为了得出自己的一种认识或结论："因为依据中国画的审美观点看，这是不足取的。"所以，这样的表达方式不是"在说明中运用描写和议论"，而是在"在描写中运用了说明和议论"，所要具体、强化与深化的不是有的教师所认为的"人们对事物特征的认识"，而是自己"对事物特征的认识、见解与看法"。

还有下面这些叙述，无一不彰显了其"文艺写作"的特点：

他们惟愿游览者得到"如在画图中"的美感，而他们的成绩实现了他们的愿望，游览者来到园里，没有一个不心里想着口头说着"如在画图中"的。

我想，用图画来比方，对称的建筑是图案画，不是美术画，而园林是美术画，美术画要求自然之趣，是不讲究对称的。

假山的堆叠，可以说是一项艺术而不仅是技术。或者是重峦叠嶂，或者是几座小山配合着竹子花木，全在乎设计者和匠师们生平多阅历，胸中有丘壑，才能使游览者攀登的时候忘却苏州城市，只觉得身在山间。

这也是为了取得从各个角度看都成一幅画的效果。

游览者看"鱼戏莲叶间"，又是入画的一景。

无非要游览者即使就极小范围的局部看，也能得到美的享受。

综合起来看，谁都要赞叹这是高度的图案美。摄影家挺喜欢这些门和窗，他们斟酌着光和影，摄成称心满意的照片。

这些颜色与草木的绿色配合，引起人们安静闲适的感觉。花开时节，更显得各种花明艳照眼。

可以说的当然不止以上这些，这里不再多写了。

仔细读这些语句，我们还能说它们的表达方式是"客观说明"吗？在我们所读到的说明文里有如此多的"非说明"文字吗？

对苏州园林，叶老是根据自己的记忆，按照其构成的各个要素叙说的，它们虽然涉及了整体与局部、大与小等说明的元素，但对每一个元素并没有具体展开，没有像一般说明文那样对苏州园林的形状、构造、类别、关系、功能，以及其原理、含义、特点、演变等作具体的介绍，而只是较为模糊地来表述，这也正是"回忆性文字"的特点所在。从这个角度看，教材编者将原文题目改为"苏州园林"是有很明显的不足的，因为涉及苏州园林的很多内容，作者都没有写到。叶老原文写于1979年2月6日，题目是《〈苏州园林〉序》，后来发表于1979年第4期《百科知识》时，改为《拙政诸园寄深眷——谈苏州园林》。"序"如上述，他只好写一写自己所知道的一些情况；而"谈"则是"漫谈"之意，写作上比较自由、灵活，其必然带有主观性与情感性，甚至带有一些随意性，其表述也必然是文艺性的。叶老用原《洞仙歌》词中"拙政诸图寄深眷"一句略加改动做文章题目，更加说明了其"文艺写作"的初衷。其实"序"也好，"谈"也罢，都是由此而触发出来的一段记忆，都是表达自己对故乡的思念之情。如此一篇写自己经历、见闻中的真情实感的文章，怎么会是"说明文"呢？

顺带说一句，《〈苏州园林〉序》被叶至善、叶至诚编辑收入了《叶圣陶散文乙集》，正如他们在《编后琐记》中所言，此书在编辑时，叶老参与了修改与校订，可见将其定位为"散文"也是得到叶老认可的。

　　木心说："任何流传的信仰以误解始成。"而我们"总是以误解当作理解，一旦理解，即又转成误解"。这样的教训实在太多，需要我们谨记。但愿叶老的这篇综合运用记叙、描写、说明、议论等表达方式的"文艺写作"，能够引起我们的重新认识，得到正确的理解。

# 为什么要这么表明

## ——《沙漠里的奇怪现象》辨读

　　叶圣陶先生曾经说过："读一篇文章，首先要弄清楚它说的什么。"而要能够"真正弄清楚"其所说的意思，"第一，自然要理解词句"。但是，读者仅"理解了词句所表明的意思还嫌不够，要进一步理解它为什么这么表明"。以这样的要求来看竺可桢的《沙漠里的奇怪现象》一文，我们不能满足于一般结论性的解读，而要去仔细体会"话里的意思和情趣"，真正明白作者"如是说"的内在原因。

　　这篇课文本自 1961 年 2 月 19 日《人民日报》上的同名文章，虽然编者"略有改动"，但对原文只是一些词句的改动，文章的整体和主要意思没有什么改易。所以，我们对文章词句表面和其背面的意思只要"遵守约定俗成的规范"（叶圣陶语）去理解，就不会有什么偏差。但前提是，这种理解必须建立在作者"遵守约定俗成的规范来运用词句"（叶圣陶语）的基础上。换句话说，如果因为其他一些原因而使作者没有能够遵守词句运用的规范，那我们的理解就容易有偏颇。所以，我们不能仅仅满足于理解作者表达了什么，还要进一步理解为什么这样而不是那样表达。

　　文章题目的中心概念是"奇怪现象"，虽然它比"现象"这一概念的外延小，但它仍然带有一定的"泛指性"，也就是说文章要能写出沙漠里的所有（或绝大多数）"奇怪现象"（可概述，可特写；可略写，可详述），至少要能够让读者明白沙漠里到底有哪些"奇怪现象"，其中最为"奇怪"的现象是什么。可作者在文中没有涉及其他，只介绍了两种"奇怪现象"："作怪"的光线，"作怪"的声音。题目意思为泛指，文章内容却为特指，这与词句运用的"规范"是有冲突的。

按照说明文的一般写法，接下来的内容应该是介绍沙漠里的一些"奇怪现象"了，可事实却非如此。第一、二自然段是围绕沙漠是否"可怕"来说的，但"可怕"并不等同于"奇怪"。说"古代亲身到过沙漠的人"，"都把沙漠说得十分可怕，人们对它也就产生了恐惧的心理"。这是"写他们对沙漠'可怕'和'恐惧'的观感"（出自教师教学参考书），与"奇怪"没有什么关系。作者在引用法显和玄奘的话时，都着重提到了他们所描述的"人认不出路""人多迷路"的景象，这确实是够"可怕"的，但却不能说是"奇怪"。作者在将其与现代科考人员横穿大戈壁的情形相比较时，也只提到了"并没有什么鬼怪离奇的东西阻挡了他们的行进"，也就是说只照应到了法显所谓的"恶鬼和火热的风"，却又与"迷路"的情形没有密切的关联，上下文不能做到严丝合缝。可见这两段文字不仅没能围绕题目的意思具体展开说明，段落之间的联系也是不够紧密的。

第三自然段结合现代科考条件，说的是法显、玄奘深入大戈壁时，由于主客观原因而使得探险过程"十分困苦"，这仍然说的是沙漠的"可怕"。"可怕"作为一种心理认识，是一种由于外界某种事物或现象给人心理所带来的显明而压抑的情感状态。而"困苦"背景下客观条件的艰难及其给人所带来的穷苦、苦痛与难受，必然会使人感到"可怕"。所以这段文字也是围绕"可怕"来说的，而与"奇怪"无关，这同样使得该段文字与题意处于一种游离的状态。

第四、五自然段介绍、描述并用现代科学知识解释了在古人那里被视为"魔鬼在作怪"的两种沙漠现象，内容才真正回到"奇怪"这一中心上来，而不再涉及所谓的"可怕"。也只有这两段文字才最能体现题目的意思。

叶圣陶先生认为，写文章"必须在种种光景里画一圈界线，把要写的都圈在界线里边，用不着的都搁在界线外边"。作为题目的中心词"奇怪"，就是这样的一圈"界线"，它对文章的主体内容具有制约与规范作用。诚然，"困苦"可以用来解释"可怕"的原因，但"可怕"却不能解释"奇怪"，因为"奇怪"主要是指事物或现象的不寻常、不一般，以及由此给人带来的

"奇异""惊奇"的心理感觉，用"可怕"来说明"奇怪"，是明显的"越界"。文章前三段说的是沙漠的"可怕"，不仅与后两段所说的"奇怪"内容上有跳脱，而且也被剥离于题意之外，不能集中体现题意，显得非常枝蔓，这使文章的整体性遭到了破坏。而一篇典范文章的语言应该是什么样的呢？汪曾祺先生说："语言像树，枝干内部液汁流转，一枝摇，百枝摇。语言像水，是不能切割的。一篇作品的语言，是一个有机的整体。"以这样的认识为准则，从题目对内容的限制来看，前三段文字被生生地切割开来了，由此折射出来的是作者思维并不缜密，思路不够清晰，文章结构也不严谨。

按理说，竺可桢是一位态度极其严谨的科学家，他的语言功底也是非常深厚的，在他的文章中不应该出现上述不能"遵守约定俗成的规范来运用词句"的情况，这是怎么回事呢？要解答这一疑惑，需要我们去揭开该文的面纱。

查阅《竺可桢文集》和《竺可桢全集》可知，对沙漠的考察、治理等是竺可桢在 1959 年到 1961 年所思所行的主题，所以他写的与沙漠有关的一些文章也就集中于这一时期，分别是:《改造沙漠是我们的历史任务》《对于今后黄土高原干旱和半干旱地区水土保持工作的几点感想》《变沙漠为绿洲》《在治沙工作汇报会上的讲话》《改造沙漠必须算好水账》《向沙漠进军》《沙漠里的奇怪现象》。

《沙漠里的奇怪现象》原本不是单独成篇的，是《变沙漠为绿洲》中的一小部分。原文是"1960 年为少年儿童撰写的一篇通俗文章"（《竺可桢文集》），没有正式发表，后来作者从中节选了一些内容以"沙漠里的奇怪现象"为题发表于 1961 年 2 月 19 日《人民日报》第 6 版"知识小品"栏目。

《变沙漠为绿洲》是作者为了响应当时党和国家领导人"向地球进军"的号召而写的（其科学性有历史和现实局限性）。原文由三个部分组成:（1）向地球进军;（2）历史的教训;（3）征服沙漠的道路。《沙漠里的奇怪现象》就节选自第三部分。从文章内容看，作者所表达的主要意思是我们要"变沙漠为绿洲"，就要"向沙漠进军""征服沙漠"。作者客观而全面地分析了"征服沙漠"所面临的困难，仔细梳理了"征服沙漠"的经验和教训，非常系统地提出了"征服沙漠"的方式方法，热情洋溢地展望了"征服沙漠"的美好前景。在"征服沙漠的道路"这一部分中作者这样说:

人类知道了沙的进攻方式以后，就可以设计应付的方法，……对游击式的沙粒突击，人类就用防护林带保护农田。……对付沙漠的阵地战，即沙丘的进攻，应付的方法比较复杂。……对于流动沙丘却必须设法坚守阵地，使其不能前进一步。

但是单能固定阵地还是取守势，我们有了充足的水源，必须向沙漠进攻。古代亲身到过沙漠的人……（与《沙漠里的奇怪现象》基本相同）

我们戳穿了沙漠的骗局以后，就可以大无畏的精神、满怀信心地向沙漠进军。（《竺可桢文集》）

把节选部分放置到原文的语境中，我们可以梳理出作者的思路：在古人看来，沙漠是可怕的——在现代人看来，它是不可怕的——沙漠里一些看起来可怕的现象都是可以解释的。原文中还有许多文字涉及人的意志品质方面，都是为了说明沙漠的"不可怕"，在此不加赘述。"可怕"与否，是作者对沙漠所发现、所理解的"道理"，而"说明文的好坏在乎所发现、所理解的道理准确不准确。发见得准确，理解得准确，写下来的就是好的说明文"（叶圣陶语）。毋庸讳言，作者在发见与理解附着于沙漠是"可怕"的道理上是一以贯之的。而"奇怪"的道理则没有得到完全而充分的体现。

依照这一思路，我们就不难理解作者为什么要从古人对沙漠"可怕"的观感写起，这是要突出"沙漠并不可怕""沙漠是可以征服的"这一主题；说"我们的地质部、石油部、中国科学院的工作人员已经好几次横穿新疆塔克拉玛干大戈壁，并没有什么鬼怪离奇的东西阻挡了他们的行进"，以说明其"不可怕"；把法显、玄奘穿过沙漠时的"十分困苦"的情形与现代科考条件进行对比，说明在古人看来非常艰难"困苦"的情形在现代条件之下完全可以克服，同样说的是"不可怕"；而沙漠中"作怪"的光线和声音也是"不可怕"的，因为它们"都是可以用科学道理来说明的"，所谓"见怪不怪，其怪自败"是也。正因为消除了人们对沙漠"可怕"的认识和"恐惧"的心理，所以，我们才"可以大无畏的精神、满怀信心地向沙漠进军"，从而实现"变沙漠为绿洲"的宏伟目标。可见原文的主题是集中而明确的，思路是清晰而条贯的，结构是严密而整饬的。

联系具体的语境，我们对《沙漠里的奇怪现象》中不能"遵守约定俗成的规范运用语言"的一些现象也就"见怪不怪"了，理解了"话里的意思和情趣"，也就知道了为什么要这么表明的缘由。这篇文章的题目如果改为"沙漠真的可怕吗"也许更为确切，可以关顾原来的主题，消除现有题目的不足，有助于我们破解现有文本的阅读难题。由此可见，对某一大家所写的文章，我们千万不能先入为主地认定为"精妙"之作，对文章进行分析与欣赏时再自我设限、自我框死，而死搬教条、生吞活剥、照本宣科。

# 科普作品应姓"科"

## ——《国宝——大熊猫》指瑕

　　《国宝——大熊猫》一文源于同名的"关于大熊猫的知识性读物"（叶永烈语），原书作为"中学生文库"丛书之一，于1986年11月由上海教育出版社出版。共有七个部分：（1）国宝誉满全球；（2）国宝小史；（3）大熊猫的脾气和生活；（4）愿国宝人丁兴旺；（5）不会说话的演员；（6）抢救大熊猫的战斗；（7）大熊猫的未来。收入教材时，作者叶永烈作了较大改动。两相对照，课文主体内容源于原书前三章。由于要压缩篇幅，同时又要能够相对全面介绍大熊猫的相关知识，对原书内容自然需有大的删改，作者修改难度之大可以想见，特别是在"科学性"上要慎之又慎。这主要牵涉到内容是否科学，资料是否可靠，数据是否准确，表述是否严谨等问题。笔者将课文与原书内容进行了全面对比阅读，并检索了一些有关大熊猫的知识介绍，发现改动的文字恰恰就在这些方面存在一些明显的瑕疵，给教学带来了一定的困惑，对学生掌握相关知识也造成了一些误导。下面按照课文顺序作具体分析。

　　（1）第一至三段：

　　1980年11月5日下午3时，德国柏林机场铺了红地毯，挂起"热烈欢迎中国人民的友好使者"的大字标语，机场上挤满了手捧鲜花的欢迎人群和记者。

来自中国的专机刚刚降落，人们企盼已久的中国"贵宾"终于露面：黑眼圈，黑耳朵，一身乌云盖雪的皮袍！

哦，来自中国的一对大熊猫，名叫"天天"和"宝宝"。

经查阅有关资料，从 1957 年到 2008 年的 51 年间，我国共赠送给 9 个国家和我国香港、台湾地区 29 只大熊猫，具体情况如下：

| 国家或地区 | 时 间 | 名 称 | 数 量 |
| --- | --- | --- | --- |
| 苏联 | 1957 年及以后 | 平平、安安 | 2 |
| 朝鲜 | 1965 年至 1980 年 | 丹丹、三星、琳琳等 | 5 |
| 美国 | 1972 年 4 月 | 玲玲、兴兴 | 2 |
| 日本 | 1972 年 10 月 | 兰兰、康康 | 4 |
| | 1980 年 | 欢欢 | |
| | 1982 年 | 飞飞 | |
| 法国 | 1973 年 12 月 | 燕燕、黎黎 | 2 |
| 英国 | 1974 年 4 月 | 佳佳、晶晶 | 2 |
| 墨西哥 | 1975 年 9 月 | 迎迎、贝贝 | 2 |
| 西班牙 | 1978 年 9 月 | 绍绍、强强 | 2 |
| 前联邦德国 | 1974 年 11 月 | 天天、宝宝 | 2 |
| 中国香港特别行政区 | 1999 年 3 月 | 佳佳、安安 | 4 |
| | 2007 年 | 盈盈、乐乐 | |
| 中国台湾地区 | 2008 年 12 月 | 团团、圆圆 | 2 |

"德国柏林机场"应为"柏林西区联邦德国的特姆佩尔霍夫机场"（P1，原书页码，下同），当时柏林西区的机场还有泰格尔·奥托·利林塔尔机场，另有舍讷菲尔德机场，所以不能笼统地说"柏林机场"。第二次世界大战后，德国分裂为民主德国和联邦德国两个国家，民主德国首都为柏林，联邦德国首都为波恩。1990 年 10 月 3 日两德统一后德国首都为柏林，而中国大熊猫

"天天"和"宝宝"是赠送给联邦德国的。

第三段说"哦，来自中国的一对大熊猫，名叫'天天'和'宝宝'"的"来自"前应加上"原来是"，语句才通顺。

（2）第四段：

（大熊猫）有时拖着笨拙的身体，摇摇晃晃地在草地上玩耍。

"笨拙"的意思在此处为"不灵巧"。大熊猫虽然身体胖软，体型肥硕似熊，但它善于爬树，这是它的食肉祖先的本能，幼年大熊猫爬树多为玩耍，所以它的身体还是很灵巧的，并不"笨拙"。原书中也说"一旦遇见虎、狼时，它会迅速爬上树，溜之大吉"（P32）。大熊猫虽也有一些天敌，但袭击的多是其幼仔和病弱年老者，因为年轻体壮的大熊猫仍不失食肉祖先的凶猛，遇强不弱，令敌害生畏。动物园里貌似温顺憨态的大熊猫一旦被激怒，也有伤人事件发生。所以"笨拙"只是人们的一种印象，而非其特征。所以，此处可改为"有时拖着胖软的身体"。

（3）第五段：

我国古籍中把大熊猫称为"貘"。

在古代，大熊猫除了被称为"貘"之外（P18），其名称还有数十个之多，如貔貅、貊、驺虞、白熊、白豹、花熊、竹熊、食铁兽等等，这是由于在古代大熊猫的分布范围比现在广得多，而又无法统一其名称，所以把它的古代名称统称为"貘"是不完全的。可表述为"我国古籍中把大熊猫称为'貘''貔貅''白豹''白熊'等"。

从另一个角度说，由于古代没有完整的动物图谱留存下来，所以"貘"（只在《诗经》中有这个名称）也并不一定指的就是大熊猫，正如今天我们所说的"貔貅"与大熊猫不完全是同一个概念一样，动物学中也另有"貘科"动物，其外形特征与大熊猫较为相像。上列古称有的只是一些推测或名称借用，学界也并没有一个统一的说法。所以不能笼统地说"我国古籍"中如何如何。

（4）第六段：

大熊猫体态丰满，四肢粗壮，尾巴短秃，毛色奇特，头和身躯乳白色，而四肢和肩部黑色，头上有一对整齐的黑耳朵，还有两个黑眼眶，很像戴着一副八字形的黑眼镜。

说大熊猫"头和身躯乳白色，而四肢和肩部黑色"并不完整，正如叶永烈自己说："严格地说，大熊猫的毛色，不仅仅是黑白相间。"它的头部和身体毛色黑白相间分明，但如细加分辨，它的躯干和尾部白色，两耳、眼周、四肢和肩胛部全为黑色，雌熊猫腹部则是棕褐色或灰黑色，口角有棕褐色斑纹，喉部灰黑色（P31）。原文第二段中说它有"一身乌云盖雪的皮袍"，"乌云盖雪"原是猫的一个品种，其外形特征是背部为黑色，腹部为白色，头部、脖子上下黑白均等，用在这里形容大熊猫明显不对。

（5）第七段：

1972年10月，中国政府赠送的大熊猫"兰兰"到达日本上野动物园，在头九个月里，每天前往参观的人竟达30万之多，形成了"熊猫热"。1979年"兰兰"在东京不幸病故时，3000万日本人向"兰兰"致哀。日本首相也发表讲话，痛悼"兰兰"离世！

1972年9月下旬，日本时任首相田中角荣访华期间，周恩来总理答应赠送日本政府一对大熊猫——"兰兰"和"康康"，所以在日本东京都上野动物园展出的应该还有"康康"。"兰兰"和"康康"到达东京都上野动物园后的3个月内，平均每天的参观者达1.5万多人次，而非"30万之多"。截至1975年，日本的总人口数为1.1亿多，如果每天有30万人去动物园，九个月就是8000多万人，如果再加上后来去参观的，差不多所有的日本人都去参观过了，这几乎是不可能的。1980年大熊猫"欢欢"嫁给日本，前往拜会的观众最多的一天14万人（P6）。1979年9月，"兰兰"不幸病故，震惊了日本全国。唐锡阳在《大熊猫出国史记》中记载"在东京数千人为她举行了追悼会，成千上万的群众在动物园外排成长队送别，有些人还臂戴黑纱"（WWF 自然论坛），较为可信。说"3000 万日本人向'兰兰'致哀"，数据并不可靠，因为到底有多少人致哀是无法统计的，而日本当时也并没有举行全国性的"悼念"活动。

（6）第十至十一段：

大熊猫的学名其实叫"猫熊"，意即"像猫的熊"。也就是"本质类似于熊，而外貌相似于猫"。严格地说，"熊猫"是错误的名词。这一"错案"，是这么造成的：解放前，四川重庆北碚博物馆曾经展出猫熊标本，说明牌上自左往右横写着"猫熊"两字。可是，当时报刊的横标题习惯于自右向左认读，于是记者们便在报道中把"猫熊"误写为"熊猫"。"熊猫"一词经媒体广为传播，说惯了，也就很难纠正。于是，人们只得将错就错，称"猫熊"为"熊猫"。

其实，科学家定名大熊猫为"猫熊"，是因为它的祖先跟熊的祖先相近，都属于食肉目。

在这段文字里，作家介绍了大熊猫的定名情况，并认为"'熊猫'是错误的名词"。这就有必要简单介绍一下"大熊猫"的名称及其来历。

前面说到，古籍所记载的许多动物或神兽可能指的是熊猫，在中文里，熊猫和猫熊都是近代用语，不是古代用语。1869 年，法国天主教传教士阿尔曼·大卫在四川宝兴县邓池沟认识了熊猫后，给"熊猫"定名为"黑白熊"，归属于熊科。1870 年，大熊猫标本寄到巴黎后，巴黎自然历史博物馆主任米勒·爱德华认为它既不是熊，也不是猫，而是与在中国西藏发现的小熊猫近似的一个物种，便正式定名为"大熊猫"，拉丁原文的意思是"体色黑白相间，并且与小熊猫脚形相似的动物"。所以，熊猫（panda）这个名称其实是小熊猫（lesser panda，也称火狐 firefox、红熊猫 red panda）先取得的，熊猫科的学名 ailuridae 便是取自小熊猫的学名 ailurus fulgens。大熊猫（giant panda）的称呼原是相对于小熊猫而命名的。1915 年编成、1935 年出版的《中华大字典》"熊"之（三）："熊猫，兽名，似猫而善升木。"从所附熊猫图看，指的是小熊猫。1938 年出版的《辞海》"熊猫"条称："怪兽名，产新疆；……距今六十年前，为法国科学家比利大卫氏所发现。"最新版《辞海》（第六版）同时列出了"熊猫""猫熊""大熊猫"三个名称。"熊猫"一词在马来西亚和新加坡也都是最常用的称呼，只有我国台湾地区称猫熊。日本、韩国、朝鲜、越南等国家虽然口语叫法不同，以汉字表达作大熊猫。

既然早在 1870 年西方学者就把它的学名正式定为"大熊猫"（而非作者所说的"猫熊"），《中华大字典》和《辞海》中也都早有"熊猫"词条，这说明"熊猫"一词早已存在，且为世界所公认，并非一个"错误的名词"。作者所提到的"解放前，四川重庆北碚博物馆曾经展出猫熊标本"指的是 1939 年在重庆平明动物园举办的动物标本展览，之所以对其误读，从而引发"熊猫"与"猫熊"之争，只是由于中国人的阅读文字的习惯使然，中国人歪打正着读对了。（动物标本展览时的标牌制作者不可能不考虑中国人的阅读习惯。）至于说"科学家定名大熊猫为'猫熊'，是因为它的祖先跟熊的祖先相近，都属于食肉目"，这与"体色黑白相间，并且与小熊猫脚形相似的动物"的解释有冲突，应该是作者个人的看法，而不是科学上的认定。

据《人民日报》报道，中美两国科学家于 2007 年 7 月 18 日发表报告称，在中国广西发掘出的距今大约 200 万年的一种大熊猫头骨化石，是迄今发现最早的大熊猫祖先，其祖先可追溯到几百万年前。（《人民日报·海外版》，2007 年 6 月 21 日）这次发现另一饶有趣味之处在于，早在 200 万年前，大熊猫就基本是"素食主义者"了。现在国际上普遍接受将它列为熊科、大熊猫亚科的分类方法，目前也逐步得到国内的认可。

（7）第十二段：

后来熊一直保持肉食习惯，而大熊猫却弃荤食素，最喜翠竹，偶尔也吃玉米秆、幼杉树皮。这是为什么呢？据科学家研究，大熊猫远祖虽是肉食动物，后来，由于寻不着肉食，只得吃满山丛生的竹子，代代相传，也就养成了吃竹子的习惯。大熊猫食用的竹类共有 17 种，其中最爱吃的是冷箭竹和华橘竹。

前面说过，虽然大熊猫被人们列入熊科，但此熊非彼熊，所以在生活习性上不好作直接联系。大熊猫由食肉而改食素，不是其主动行为，而是长期进化的结果。事实是，大熊猫所食几乎包括了在高山地区可以找到的各种竹类植物，约有 50 种，而不是"共有 17 种"（"共有"是"总共只有"之意，是一个确数，而野生大熊猫所食限于客观条件，是无法明确下来的，只能是一种概略统计），原书中说的是"近 20 种"（P34）。除此它们也采食其他数十种植物，如无芒小麦、玉米、木贼、青茅、多孔蕈、野当归、羌活、幼杉树皮等。甚至一反常态，捡食动物尸体，或捕捉较小的动物为食，而不是完全"弃荤食素"，叶永烈也说它是"酒肉和尚，常常开荤"（P34—37）。说它们是"由于寻不着肉食，只得吃满山丛生的竹子，代代相传，也就养成了吃竹子的习惯"是作者的一种推测，而不能视为"科学家研究"（P37）。既然"养成了吃竹子的习惯"，那又为什么"开荤"呢？大熊猫从春到夏爱以筇竹、刚竹属的几种竹，以及巴山木竹、拐棍竹、糙花箭竹、华西箭竹、大箭竹等近 20 种竹笋为食，最喜欢吃竹子最有营养、含纤维素最少的部分，即嫩茎、嫩芽和竹笋，而不是只有冷箭竹和华橘竹两种为其最爱（P34）。

（8）第十三段：

大熊猫没有固定的栖息场所，到处流浪，走到哪里，吃到哪里，睡到哪里。别看它笨重肥大，走路摇摇晃晃，爬起树来却挺高明。它的听觉非常灵敏，受到惊扰时，就非常灵活地攀上高高的树梢，躲藏起来。

与其他同等躯体大小的食肉动物相比，大熊猫的活动范围最小，每年为 4~7 平方公里，原书中表述为"占有 4 平方公里左右的势力范围"（P39）。其雄性"公民"每年的活动范围为 6~7 平方公里，每月只在家园的一半范围活动；雌性"公民"年活动范围较雄性小，为 4~5 平方公里，每月活动较集中在总面积的 1/10 的范围内。除发情期外，大熊猫常过着独栖生活，昼夜兼行。它们常年在这样小的天地里活动，因此活动范围小，并非"到处流浪，走到哪里，吃到哪里，睡到哪里"。

正如叶永烈所说，"大熊猫的听觉、视觉都很迟钝"（《辞海》中也如是说明），它"头上无角，视听不灵，自卫能力差"（P32），但这里却又说它"听觉非常灵敏"，既自相矛盾，也与事实情况不符。

（9）第十四段：

刚生下来的仔熊猫却小得出奇，体重只有 0.1～0.15 公斤，像只小老鼠，仅相当于母体重量的千分之一，因此不易成活。大熊猫从出生到长大为成体约需两年左右时间。

　　这段文字把大熊猫"不易成活"的原因只归结为其幼体"小得出奇"，这不正确，难道说幼仔体形大、体重重就容易成活？某个动物幼仔成活率的高低与其体形、体重、身高等基本生理数据没有什么关联。大熊猫产仔多数为单胎，即使产下双胎也往往因营养跟不上而只能抚养其中一只。大熊猫幼仔非常脆弱，很易因缺乏营养、患病、气候恶劣或遭遇天敌而夭折。

　　刚出生的大熊猫幼崽体重在 100 克上下，有的只有 80 多克（P52），所以应该用模糊一点的词语表达，说其"只有 0.1～0.15 公斤"并不准确。大熊猫幼崽出生后一个月左右，会长出黑白相间的毛，体重约有 1 公斤，但不能行走，眼不能感光。三个月的幼仔开始学走步，视力达到正常。半岁后的幼仔体重在 10 公斤左右，它可以跟着母亲，学吃竹子，还要吃些奶补充营养，同时开始学习野外生存的本领。满一岁时幼仔在 40 公斤左右，到一岁半时体重可达 50 公斤以上，这时大熊猫幼仔才开始独自生活。可见大熊猫"从出生到长大为成体"所需的时间应该为"一年半"，而不是"两年左右"，原书中作者也是这样介绍的（P54）。

　　（10）第十五段：

　　正因为大熊猫繁殖艰难，存活又难，所以如今我国野生的大熊猫屈指可数，估计只有 1000 只左右。

　　成语"屈指可数"的基本意思是：形容数目很少，扳着手指头就能数过来，相对于"1000 只左右"，用"屈指可数"来形容显然不准确，可改为"数量极少"。"只有"是"仅有，唯有"的意思，"只有 1000 只"意为"仅有 1000 只"或"不超过 1000 只"；"1000 只左右"是有可能少于 1000 只，也有可能多于 1000 只，"左右"一词的不确定正与"估计"相应，但却与"只有"矛盾。而"只有 1000 只"又显得过于肯定，难以核实。为准确表达考虑，可改为"估计 1000 只左右"。原书的表述是"据调查，中国现存的大熊猫活体，大约有1000多只"（P42），是比较准确的。

（11）第十七段：

> 大熊猫之所以珍贵，不仅因为它体态可爱，数量稀少，更重要的是，它是有着300万年历史的古老动物，对科学工作者研究古代哺乳动物具有珍贵的价值。

大熊猫之所以"珍贵"，主要原因一是"数量稀少"，二是研究价值高，但作者说"不仅因为它体态可爱"，也就是说把其"体态可爱"也列入"珍贵"的原因之一了（虽然不是主要原因）。"珍贵"的意思是"价值高，意义大，宝贵"，用在大熊猫的"体态可爱"上，显然是说不通的。

正如作者在原著"后记"中所言，他毕竟"只是'熊猫迷'，不是'熊猫专家'"，原著"只是一本常识性的小册子，不是学术著作"（P106），虽说是作者的自谦，但也道出了某种事实，所以出现上述的一些问题也就在所难免了。但作为进入教材的课文，则非得是严肃的"学术著作"不可。虽然内容可以浅显一些，文笔也可以生动、活泼一些，但作为给学生阅读的科普作品，姓"科"的本质是不能有一点含糊的。

**图书在版编目（CIP）数据**

领悟经典：语文教学文本解读 28 例 / 张正耀著 . —上海：华东师范大学出版社，2017

ISBN 978–7–5675–6381–0

Ⅰ . ①领 ... Ⅱ . ①张 ... Ⅲ . ①中学语文课—教学研究 Ⅳ . ① G633.302

中国版本图书馆 CIP 数据核字（2017）第 074541 号

大夏书系·语文之道

# 领悟经典
## ——语文教学文本解读 28 例

| | |
|---|---|
| **著　　者** | 张正耀 |
| **策划编辑** | 朱永通 |
| **审读编辑** | 卢风保 |
| **封面设计** | 百丰艺术 |

| | |
|---|---|
| **出版发行** | 华东师范大学出版社 |
| **社　　址** | 上海市中山北路 3663 号　邮编　200062 |
| **网　　址** | www.ecnupress.com.cn |
| **电　　话** | 021‑60821666　　行政传真　021‑62572105 |
| **客服电话** | 021‑62865537 |
| **邮购电话** | 021‑62869887　　地址　上海市中山北路 3663 号华东师范大学校内先锋路口 |
| **网　　店** | http://hdsdcbs.tmall.com |

| | |
|---|---|
| **印　刷　者** | 北京季蜂印刷有限公司 |
| **开　　本** | 700×1000　16 开 |
| **插　　页** | 1 |
| **印　　张** | 14 |
| **字　　数** | 220 千字 |
| **版　　次** | 2017 年 6 月第一版 |
| **印　　次** | 2017 年 6 月第一次 |
| **印　　数** | 6 100 |
| **书　　号** | ISBN 978‑7‑5675‑6381‑0 / G·10300 |
| **定　　价** | 35.00 元 |

| | |
|---|---|
| **出 版 人** | 王　焰 |